Benjamin Steininger
Raum-Maschine Reichsautobahn

Kaleidogramme Bd. 2

Benjamin Steininger, geb. 1974, lebt und arbeitet als Kulturwissenschaftler in Berlin. Aktuelle Hauptforschungsgebiete sind das Netz der Bundesautobahnen, sowie eine kinetische Theorie des Kunststoffs.

Benjamin Steininger

Raum-Maschine Reichsautobahn

Zur Dynamik eines bekannt/unbekannten Bauwerks

Kulturverlag Kadmos Berlin

Die Deutsche Bibliothek – CIP-Einheitsaufnahme

Die Deutsche Bibliothek verzeichnet diese Publikation in der Deutschen Nationalbibliographie; detaillierte bibliographische Daten sind im Internet unter http://dnb.ddb.de abrufbar

Internet: www.kv-kadmos.com
Umschlaggestaltung: kaleidogramm, Berlin
Umschlagabbildungen: 1. Seitlicher Blick auf ein 2005 in Bau befindliches Fahrbahnteilstück der A 113. Zum Riss auf dem Buchrücken vgl. Abb. 21.
2. Amateuraufnahme der Reichsautobahn bei München, Mitte der 1930er Jahre.
Gestaltung und Satz: kaleidogramm, Berlin
Druck: Digitalakrobaten

ISBN 3-86599-002-9

Inhalt

Von jenseits der Leitplanke

Das Photo auf dem Titelblatt zeigt die Reichsautobahn. Man sieht einen frühen Abschnitt bei München, aus der Perspektive eines Zaungasts, genauer, aus der Perspektive eines Fahrradfahrers. Aufgenommen hat das Bild mein Großvater, unterwegs auf einer Fahrradtour durch Deutschland, vermutlich 1935.

Ebenfalls aus der Perspektive eines Zaungasts ist diese Arbeit über die Reichsautobahn geschrieben. Ich bin weder Straßenbauer noch Autobesitzer noch Raumplaner, sondern Fahrradfahrer und Pläne- und Landkartenleser. Und ich kenne darüber hinaus die Maschine Autobahn aus der Perspektive des Zaungasts, der sie, obwohl er daneben steht, benutzen will, aus der Perspektive nämlich des Trampers. Als Tramper kann man sich entweder treiben lassen, oder man muss wissen, wie das Ding funktioniert, auf dem man reitet. Möglicherweise gewinnt man dann von jenseits der Leitplanke aus ein spezielles Wissen über das Verkehrssystem: über schnelle und langsame Auffahrten, über Knotenpunkte und Rastplätze zur Tages- und Nachtzeit und nicht zuletzt über den eigenartig exterritorialen Baukörper Fahrbahn, dieses Gebäude, das wohl nur zum Schein links und rechts an nasses Gras grenzt, das in Wirklichkeit aber zwischen Kartenblättern und Nummernschildern verlegt wurde und das, obwohl es nur ein paar Schritte entfernt ist, Stunden weit weg sein kann.

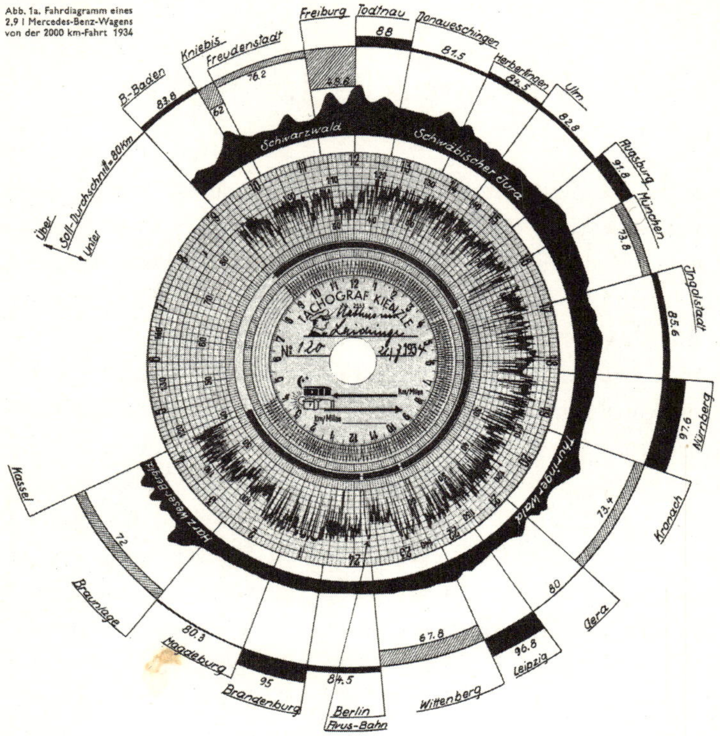

Abb. 1: Teil eines Kienzle-Fahrdiagramms zur zweiten »2000 km durch Deutschland«-Fahrt vom 21.7.1934. Besonders hervorgehoben wird die hohe Durchschnittsgeschwindigkeit auf der Avus-Bahn.

Abb. 2: Gute Reifen haben 1934 noch die Aufgabe, schlechte Straßen abzufedern. Dunlop-Werbung von 1934.

Einleitung

[Das Automobil] wird seine Kraft in den Dienst des ganzen Volkes stellen und sich wie ein gelehriges, fleißiges Ungeheuer benehmen. Doch damit es aufhört zu schaden und damit es wohltätig wird, muss man ihm Straßen bauen, die seinem Wesen entsprechen, Heerstraßen, die es nicht mehr mit seinen wilden Pneumatiks aufreißen kann und deren vergifteten Staub es nicht mehr in die Brust der Menschen schleudert. Diese neuen Straßen wird man den Fuhrwerken von geringer Schnelligkeit so gut wie allen einfachen Tieren verbieten müssen. Man wird Hangars und Viadukte anlegen, damit auf der Zukunftsstraße Ordnung und Harmonie geschaffen wird.[1]

Anatole France 1908

Wir kennen Spinnennetze, Fischernetze, Vogelnetze. Sie dienen immer dazu, jemanden zu fangen, die Insekten, die Fische, die Vögel. Netze werden immer gebaut, um anderen die Freiheit wegzunehmen, sich ihrer zu bemächtigen, sich nutzbar zu machen und wenn es sein muss, zu töten. Die Kunst beim Bau der Netze besteht darin, sie so zu gestalten, dass sie die Opfer überraschen, überfordern und die Opfer diese Netze möglichst nicht wahrnehmen, ja sogar als attraktiv, sicher und vorteilhaft empfinden – dann hat man den größten Erfolg. Warum sollte es bei den Straßen- und Autobahnnetzen anders sein?[2]

Hermann Knoflacher 1995

Der Rennkalender für das Jahr 1933 wurde im Sommer kurzfristig geändert. So konnte das 13. Würgauer Bergrennen nicht wie geplant am vorletzten Juliwochenende stattfinden. Es musste auf den 13. August verschoben werden, weil unter der Regie des Nationalsozialistischen Kraftfahrerkorps (NSKK) und des Automobilklubs von Deutschland (AvD) vom 21. bis 23. Juli eine neuartige Straßenrallye veranstaltet wurde, die »2000 km durch Deutschland«[3].

Das Rennen wurde weniger als Sportereignis erdacht, sondern vielmehr als »gewaltige Dauerprüfungsfahrt«[4], als Industrietest für Mensch und Maschine. Alle namhaften deutschen Automobil- und Motorradfabriken schicken auf neuen Modellen ihre Spitzenfahrer ins Feld – Hans Stuck ist etwa für Auto-Union, Ernst Henne für BMW und Manfred von Brauchitsch für Mercedes-Benz mit von der Partie. 211

Automobile sowie Motorräder mit Beiwagen starten in Baden-Baden. Die Route führt über Stuttgart nach München, über Nürnberg und Hof nach Chemnitz, wo 244 Motorräder hinzukommen. Weiter geht es über Dresden nach Berlin, über Braunschweig ins Rheinland, über den Nürburgring und Kaiserslautern wieder zurück nach Baden-Baden. Ziel ist dabei, je nach Motorengröße bestimmte Durchschnittsgeschwindigkeiten einzuhalten. Dass ein gewisser Dipl.-Ing. Winkelmann schließlich mit drei Stunden Vorsprung auf seine Soll-Zeit als erster in Baden-Baden einrollt, bestätigt zwar in edler Einfalt seine persönliche Geschicklichkeit, fast mehr noch aber die stille Größe seines Fahrzeugs, den »Siegeszug des Adler-Trumpf«[5]. Ebenso stolz sind nach der Fahrt auch andere Hersteller. Von 212 preisgekrönten Fahrern waren 116 mit Shell-Produkten unterwegs und 80% der Preisträger-Teams fuhren auf Continental-Reifen, wie man in der »Automobiltechnischen Zeitschrift« unter der Rubrik »Nachrichten aus der Industrie« erfährt.[6]

Gute fünf Jahre später, im Herbst 1938, soll ein Stoewer 2,4-Liter-Kraftwagen im Dauerbetrieb getestet werden.[7] Um 4 Uhr 39 ist Aufbruch in Stettin, im Morgengrauen erreicht man den Berliner Ring. Auf der Höhe von Dessau geht die Sonne auf, mittags um zwölf Uhr isst Berichterstatter Karl Georg von Stackelberg in München eine Weißwurst. Den Zenit der Fahrt erreicht das Test-Gespann schon kurze Zeit später, um halb zwei genehmigt sich Herr von Stackelberg kurz vor Salzburg einen Cognac, und zurück geht's Richtung Küste. Nach 17 Stunden 41 Minuten, also um 22 Uhr 20 ist die Stoewer-Zentrale in Stettin wieder erreicht, der Test ist nach fast 1800 km zu Ende. Zieht man die Zeit zum Tanken ab, so ergibt sich laut von Stackelberg eine Reisegeschwindigkeit von 109 km/h. An Kosten errechnet er bei 42 Pfennigen pro Liter Benzin und drei Litern Öl knapp 130 RM. Dabei waren die Bedingungen keineswegs optimal, mit viel Regen und sogar Schneefall im Fichtelgebirge. Dennoch ist keine Rede mehr von »nie dagewesener Härte«[8], eher hat man den Eindruck einer etwas langen Spazierfahrt. Bei so viel Routine wird weniger Überanstrengung als Langeweile zum Problem. Von Stackelberg spekuliert zum Schluss seines Artikels folgerichtig über den Einsatz spezieller Warnsignale zum Aufwecken einschlafender Lastwagenfahrer.

Diese beiden Geschichten stecken historisch das Gelände ab, auf dem der Bau der deutschen Reichsautobahn im Großen und Ganzen stattgefunden hat. Markiert wird einmal der Zustand kurz vor Baubeginn am 23.9.1933 und dann wieder kurz nach der Fertigstellung der ersten zusammenhängenden Fernstrecken. Die Parallelen sind klar. Beides sind Testfahrten, noch dazu über eine ähnliche Distanz. Doch ihr Verlauf ist ganz unterschiedlich. Der dissonante Auftakt aus Fahrzeugen, gewöhnlichen bis schlechten Straßen sowie Spitzenfahrern, hat sich in einen harmonischen Dreiklang aus Fahrzeugen, Spitzenstraßen sowie gewöhnlichen bis schlechten Fahrern aufgelöst, in das maschinelle Surren der Autobahn.

Von dieser, seit von Stackelbergs Testfahrt – von längeren und kürzeren Leerläufen zur Kriegs- bzw. Ölkrisenzeit abgesehen – kaum mehr zum Stillstand gekommenen, sondern im Gegenteil in Deutschland bis zum 1.1.2002 auf 11.786 km Länge ausgebauten Maschine namens Autobahn handelt das vorliegende Buch. In gewissem Sinne kann der Gegenstand dabei als allgemein bekannt betrachtet werden. So dürfte es wohl schwer fallen, in Deutschland – dem Land der BILD-Schlagzeile zum 3.10.1990: »Das Autoland gibt Gas«[9] – jemanden zu finden, der dieses deutsche Nationalsymbol schlechthin nicht aus eigener Anschauung kennt, der nicht weiß, wie die Autobahn funktioniert und befahren wird oder der keine Meinung zu dem Objekt hat.

Trotz aller praktisch und symbolisch enormen Bedeutung des gegenwärtigen Gebrauchsgegenstandes Autobahn wirkt die wissenschaftliche Literatur zu diesem Bauwerk und seiner Geschichte noch vergleichsweise überschaubar. Die auffälligsten der Reichsautobahn gewidmeten Bücher sollen hier kurz genannt werden.

Dass die von den Nationalsozialisten als »Straßen des Führers«[10] propagierten Reichsautobahnen keineswegs von Adolf Hitler höchstpersönlich in der Landsberger Haft ersonnen wurden, sondern dass die nationalsozialistischen Bauherren in ganz Europa kursierende Autobahnideen bzw. -projekte in ihr Werk miteinbeziehen konnten – die italienischen Autostrade Puricellis etwa sowie baureife Planungen des 1926 gegründeten Vereins zum Bau einer Autobahn »Hansestädte-Frankfurt-Basel«, kurz HAFRABA e.V. –, legt schon eine der ersten Veröffentlichungen zur Autobahngeschichte nach dem Krieg dar, das Buch des HAFRABA-Mitglieds Kurt Kaftan von 1955, »Der Kampf um die Autobahnen, Geschichte und Entwicklung des Autobahngedankens in Deutschland von 1907–1935 unter Berücksichtigung ähnlicher Pläne und Bestrebungen im übrigen Europa«[11]. Aus ostdeutscher Perspektive beschäftigte sich der Kuczynski-Schüler Karl Lärmer mit der Reichsautobahn. Er verwendet für seine 1975 erschienene Studie, »Autobahnbau in Deutschland 1933–1945. Zu den Hintergründen«[12], umfangreiches, in der DDR gelagertes Archivmaterial aus den Beständen des für den Reichsautobahnbau zuständigen »Generalinspektors« Fritz Todt und ordnet die Reichsautobahn zusammen mit der angestrebten Massenmotorisierung in einen generellen Aufrüstungszusammenhang ein. 1982, kurz vor dem 50jährigen Jubiläum der Reichsautobahn erschien das von Rainer Stommer herausgegebene Buch »Reichsautobahn, Pyramiden des Dritten Reichs«.[13] Es trägt den zweiten Untertitel »Analysen zur Ästhetik eines unbewältigten Mythos« und versammelt neben einem Abriss der Reichsautobahn(vor)geschichte, der einmal mehr der Mär von der nationalsozialistischen Erfindung dieser Straßen entgegentritt, eine Reihe von Studien zu Einzelaspekten des Bauwerks, etwa zur Brücken- und Tankstellenarchitektur, zu Autobahnfilmen, Autobahndenkmälern, sowie eine Photoserie halb verfallener Reichsautobahnbauruinen. Des Weiteren wurden zur Reichsautobahn in den 80er Jahren Franz W. Seidlers Biographie des Straßenbau-Generalinspektors Fritz Todt veröffentlicht,[14] drehte Hartmut Bitomsky den Fernsehfilm »Reichsautobahn«[15] und entstand Claudia Windisch-Hojnackis kunsthistorische Dissertation, »Die Reichsautobahn«.[16] Explizit noch einmal die Vorgeschichte derselben behandelt Martin Kornrumpf in »HAFRABA e.V. Deutsche Autobahn-Planung 1926–1934« von 1990.[17] 1996 erschien das Buch »Mythos Reichsautobahn« von Erhard Schütz und Eckhard Gruber.[18] Wie schon Rainer Stommer beschäftigen sie sich mit der Ästhetik des unbewältigten Mythos. Noch einmal werden landläufig hartnäckig gepflegte Ansichten zur Reichsautobahn – die nationalsozialistische Herkunft der Autobahnidee, die Bedeutung des Bauwerks als Jobmaschine sowie der unmittelbar militärische Wert dieser Straßen als Panzerrollbahnen – als Mythen enttarnt und die multimediale Inszenierung des Propagandabauwerks erläutert. 2002 schließlich erschien noch die Dissertation des Historikers Thomas Zeller, »Straße, Bahn, Panorama«,[19] eine vergleichende Studie über den Reichsautobahnbau und den Bau von Schnellbahnstrecken in der Bundesrepublik und den im Angesicht dieser technischen Großprojekte gepflegten Landschaftsdiskurs mit seinen Brüchen und Kontinuitäten.

Es fällt auf, dass diese Bücher, grob zusammengefasst, um etwa drei Hauptanliegen kreisen. Zunächst wird immer wieder klargestellt, dass die Autobahn entgegen der Volksmeinung keine Erfindung der Nationalsozialisten war, sondern dass diese die Idee nur besonders erfolgreich und aggressiv für sich vereinnahmen konnten. Dementsprechend wird die Reichsautobahn meist als völkisch ästhetisches Inszenierungsgebäude interpretiert. Schließlich wird noch geklärt, wie man sich innerhalb der nationalsozialistischen Gesamtmaschine für diese Propagandaapparatur entschieden hat, wie sie organisiert und finanziert wurde.

Gering ist demgegenüber das Interesse der meisten Geschichtswissenschaftler am technisch zu verstehenden Bauwerk, an der Hardware der Reichsautobahn. Wie die 3.870 unter nationalsozialistischer Regie gebauten Autobahnkilometer materiell funktionieren, was da also unter und neben dem propagandistischen Schleier als technisch neuartiges Verkehrs- und Infrastrukturbauwerk in die Welt kam, blieb und nicht einfach weggerissen werden kann wie die ideologische Mär von den »Straßen des Führers«, diese technische Gestalt der Autobahn also, ist trotz aller alltagspraktischer Vertrautheit mit dem Gegenstand und trotz aller aufklärerischen Anstrengung um seine historischen Wurzeln eher unter- als überinterpretiert.*

Die technikhistorische Unterbelichtung des bekannt unbekannten Wesens Autobahn kulturwissenschaftlich etwas aufzuhellen, ist das Anliegen dieser Untersuchung. Es soll herausgefunden werden, welche technischen Fragestellungen mit dem Bau dieser Raum-Maschine Reichsautobahn in den 1930er Jahren verbunden waren, welche kulturhistorischen Implikationen damit zusammenhingen und wie beides bis heute fortwirkt. Der Gegenstand ist also ein historischer, das Interesse aber ein durchaus aktuelles, geht es doch darum, den heutigen, nicht zuletzt von der Autobahn und damit auch von der Reichsautobahn geprägten Raum zu verstehen. Wie man das Ohr auf die Schiene legt, um zu hören, ob ein Zug kommt, soll an den Betonbändern der Autobahn also gleichsam technikarchäologisch erlauscht werden, welcher noch heute bedeutsame Zug einst über die Strecke fuhr.

---

* Dies bemerkt auch Thomas Zeller zum angeblich bereits überinterpretierten Gegenstand, wenn er zum Ende seines kurzen Überblicks über die Reichsautobahnliteratur konstatiert, dass »insgesamt [...] die Ideengeschichte dieser Straßen bislang stärker untersucht worden [ist], als die konkrete Planung und Bauausführung«. A.a.O., S. 43.

In seinem Buch »Der negative Horizont« von 1989 schreibt der Architekt, Bunkerarchäologe, Verkehrs- und Medientheoretiker sowie nahezu alleinige Repräsentant der von ihm ins Leben gerufenen »Dromologie« – der Lehre von der Geschwindigkeit – Paul Virilio:

> Die Flughafenarchitektur sollte [...] für einen Städtebauer genauso bedeutsam sein wie die Flughafenkunst für einen Ethnologen, der sich des Niedergangs der Kulturen bewußt ist. Wenn man wirklich profund über moderne Architektur befinden will, muß man sie hier und in den Autobahn- und Industrielandschaften suchen.[20]

Etwas ähnliches soll hier also probiert werden, die Suche nach »moderner Architektur« – wobei »moderne Architektur« hier vielleicht besser als »aktueller Raum« zu beschreiben wäre – in der Landschaft der Autobahn, und zwar in ihrer ersten, noch einigermaßen kompakt zu übersehenden Ausprägung, der Techniklandschaft der Reichsautobahn.

Aus mehreren Gründen eignet sich die Reichsautobahn gut für eine derartige Untersuchung. Der Umfang der Baumaßnahmen ist nicht zuletzt wegen der brutalen Außerkraftsetzung demokratisch marktwirtschaftlicher Regelungen im »Dritten Reich« groß genug, um eine breite Palette an verschiedenen zeitgenössischen Raum- und Technikdiskursen zu bieten, die Bauzeit ist jedoch aus denselben Gründen so kurz, dass der Gegenstand nicht ausufert. Als Propagandaprojekt ist der Bau der Reichsautobahn überdies gut dokumentiert, etwa in der ganz der Autobahn und ihrem technisch landschaftsgestalterischen Umfeld gewidmeten, zweimal monatlich vom Generalinspektor Todt herausgegebenen Verkehrsfachzeitschrift »Die Strasse«.[21] Trotz der in einigen Bereichen erwartbar tendenziösen Berichterstattung* wird dem interessierten Publikum hier und in der dazugehörigen »Schriftenreihe« ein detailliertes Bild der bei der Reichsautobahn angewandten Straßenbauverfahren vermittelt, werden die in Deutschland meist neuen Techniken sowie die künftige Autobahninfrastruktur seriös und vielfältig diskutiert. In diesem ideologisch zwar verminten, aber dennoch gangbaren Zeitschriftengebiet der »Strasse« kann also durchaus nach den technisch infrastrukturellen Grundlinien der Straße »Reichsauto-

---

* So wäre es etwa ausgeschlossen, die »Strasse« als seriöse Quelle über die Arbeitsbedingungen bei der Reichsautobahn zu verwenden.

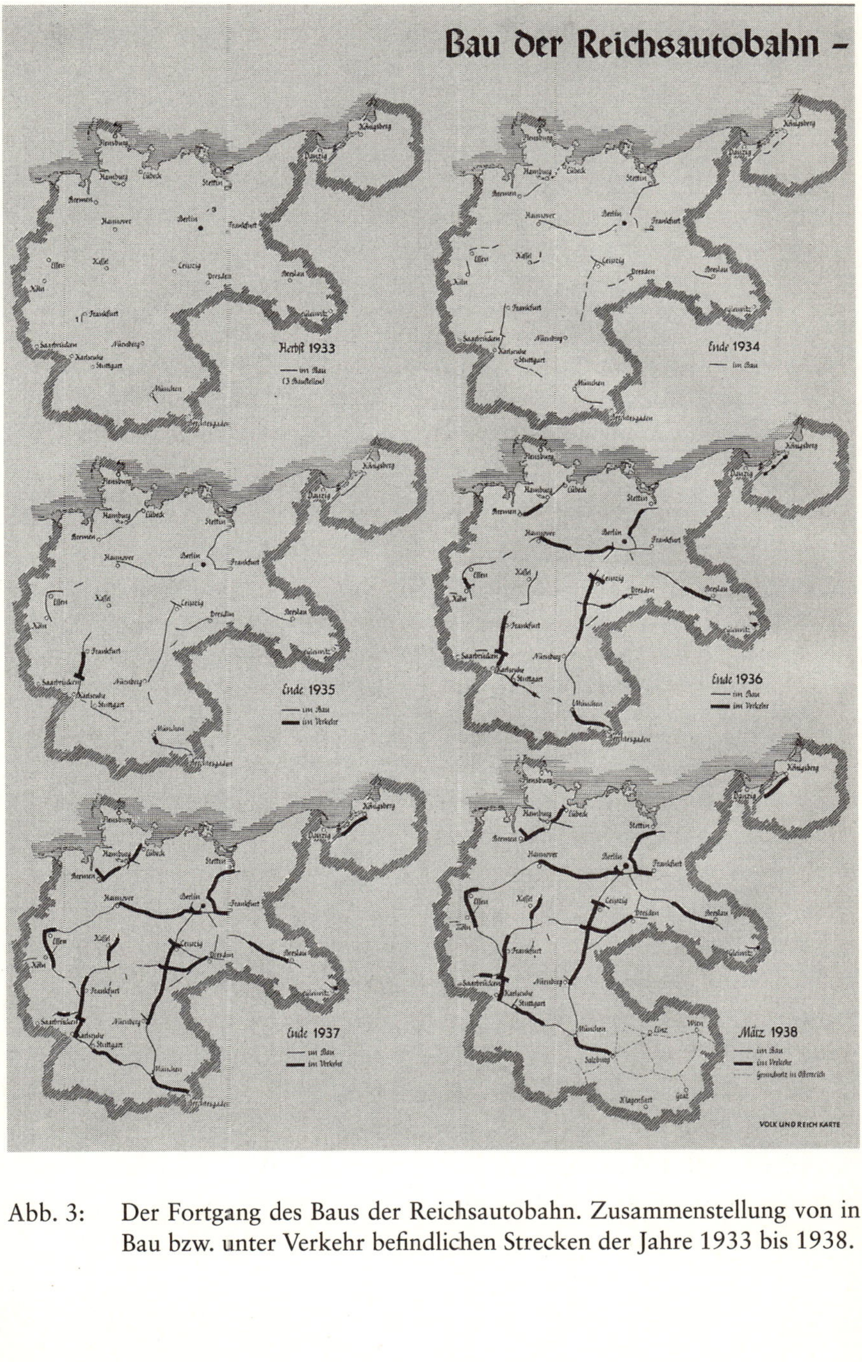

Abb. 3: Der Fortgang des Baus der Reichsautobahn. Zusammenstellung von in Bau bzw. unter Verkehr befindlichen Strecken der Jahre 1933 bis 1938.

bahn« geforscht werden, ohne für jede Einzelproblematik die jeweilige Expertenfachpresse konsultieren zu müssen, wobei aber nicht vergessen werden soll, dass eine derartige Untersuchung der Straße dann implizit auch eine Untersuchung der »Strasse« bedeutet, entlang der Frage, inwieweit aus tendenziell verdorbenem Material dennoch klare Aussagen gewonnen werden können.

Die Straße »Reichsautobahn« schließlich wird hier in gedanklicher Anlehnung an Paul Virilios Werk erforscht. Darunter ist in der Tat weniger die schwer mögliche, direkte Anwendung von Paul Virilios Begriffen auf die Reichsautobahn zu verstehen, als vielmehr eine Anlehnung an Virilios insgesamt dromologisches Vorgehen, »die Bewegung im öffentlichen Raum genau nicht von einem festen Standpunkt aus zu beschreiben, sondern die Geschwindigkeit selbst als Ausgangspunkt zu nehmen«, wie die »Agentur Bilwet« Virilios dynamischen Standpunkt umreißt.[22] Angelehnt also an dieses methodische Primat des Dynamischen soll ein gemeinhin trotz seiner dynamischen Verkehrsaufgaben klassisch statisch wirkendes Bauwerk untersucht werden, ein, mit Virilio, »statisches Fahrzeug«.

> So wie der Kondensstreifen des Flugzeuges eine Luftstraße anzeigt, die tatsächlich nur die Flugbahn des Jets ist, so sind auch die Straße oder die Schiene Flugbahnen, ist die Infrastruktur der Straßen oder Eisenbahnen ein Fahrzeug, »statisches« Fahrzeug, auf das das »dynamische« Fahrzeug angewiesen ist, weil es ihm erlaubt, die mehr oder weniger starken Unebenheiten der Erdoberfläche und die verschiedenen Hindernisse zu »überqueren«.[23]

Dem »statischen Fahrzeug« Reichsautobahn also wird in vier Kapiteln nachgespürt, entlang der übergreifenden Fragestellung, inwieweit es noch sinnvoll und überhaupt möglich ist, ein derartiges Verkehrsbauwerk im herkömmlichen Sinne als statisches Gebilde zu begreifen, oder ob, wofür argumentiert werden wird, nicht in den einzelnen Kapiteln noch zu entwickelnde, dynamisierte Begriffe die Raum-Maschine Reichsautobahn und damit auch den aktuellen Raum weit besser erfassen.

Das erste Kapitel behandelt die Reichsautobahn zunächst fast eindimensional als stoffliches Gebilde aus Beton. Es wird dargestellt, wie die Betonstraße als zwischen Automobil und Landschaft vermittelnder Baukörper selbst eine konkrete Dynamisierung erfährt und dementsprechend auch abstrakt als post-statisch begriffen werden muss.

Abb. 4: Das Netz der Reichsautobahnen 1940.

Im zweiten Kapitel wird mit ihrer Geometrie die zweite Dimension der Reichsautobahn untersucht. Zunächst wird die ideologische Aufladung der kurvigen, ästhetisch »schwingenden Straße« dargestellt, um schließlich diese »Schwingung« in ihrem technischen Umfeld zu verorten und die Linie der Autobahn im Wechselspiel mit der Bahn des Flugzeugs zu begreifen.

Das dritte Kapitel erläutert den durch diese Linien flächig aufgespannten Raum. Ausgehend von der Beschreibung einer Deutschlandrundfahrt im Jahr 1938 wird der Raum der Autobahn zwischen der Abschaffung und Umdefinierung der Idee des Zentrums verortet, was an exemplarischen Orten illustriert und begrifflich neu gefasst wird, eine

Neufassung, die mittels der Parallelführung von Reichsautobahn- und Radioraum noch vertieft wird.

Das vierte Kapitel schließlich fasst zum einen zusammen, was zur Reichsautobahn als einem insgesamt dynamischen, den Raum in Bewegung versetzenden Bauwerk herausgefunden werden konnte und bündelt diese Ergebnisse zum anderen in einem abschließenden Gesamtbild, dem als Metapher für das ganze Verkehrsnetz funktionierenden, chemisch materiellen Beschleuniger, dem Katalysator.

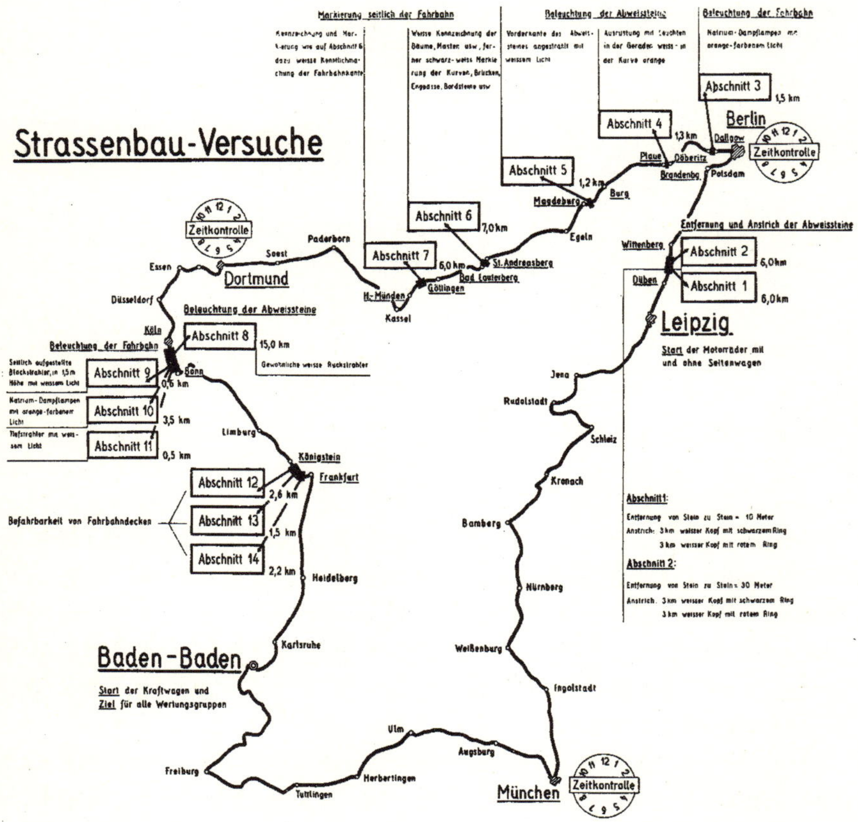

Abb. 5: Parcours der »2000 km durch Deutschland« von 1934 mit den Standorten der Testabschnitte für verschiedene Straßenbautechniken.

1. Doppelter Korridor – Wie die Betonplatte das Auto überholt

Die Erfindung des eisenbewehrten Betons hat innerhalb der letzten 30 Jahre das Bauwesen von Grund auf umgestaltet. Kaum ein Industrie- oder Handelsbau entsteht, in dem nicht das tragende Gerippe aus diesem durchgeistigten Werkstoff bestünde.[24]
Die Bauzeitung 1926

Im Band der Autobahnen, Hunderte von Kilometern das Land überziehend, hat der neuzeitliche Straßenbau, der von der ständig wachsenden Motorisierung angetrieben wird, wohl seine größte Leistung vollbracht. Beton wurde von Anfang an als Baustoff für die Fahrbahn verwendet. Die helle Betonstraße wurde zum Inbegriff der sicheren und schnellen Straße. Sie ist eben, griffig und dauerhaft. Sie ist vertrauenserweckend. Zuerst ausschließlich für Straßen mit schnellem und schwerem Verkehr gedacht, hat sich der Beton heute sogar beim Ausbau von Feldwegen in der Landwirtschaft durchgesetzt.[25]
Rudolf Semler 1960

Fragebogen

Im Sommer 1933 bei den »2000 km durch Deutschland« geraten nicht nur Schmieröle, Bremsbeläge und Fahrzeuge ins Visier der Statistik. Im Test ist auch der Prüfstand selbst, die befahrene Straße und ihre Fahrbahnen. Die Berliner Avus, die 1932 eröffnete Autobahn Köln-Bonn und der Nürburgring können als die drei wichtigsten zum Zeitpunkt des Rennens bestehenden »Nur-Autostraßen« Deutschlands ebenso unter die Lupe des kompetenten Fahrerfeldes genommen werden, wie alle anderen Strecken auch. Albert Liese vom ADAC regt daher an, die Gelegenheit statistisch zu nutzen. Wenige Monate, nachdem Adolf Hitler am 11.2.1933 auf der Automobilausstellung in Berlin überraschend den Plan angedeutet hatte, das reichlich untermotorisierte Deutschland mit einem Netz neuartiger Hochleistungsstraßen zu überziehen, scheint es nur sinnvoll, mit einer nennenswerten Zahl von Hochleistungsfahrern über Straßen und Techniken des Straßenbaus ins Gespräch zu kommen.

Nach Abschluss des Rennens werden den Fahrern also Fragebögen zugeschickt. Im Speziellen geht es dabei um gute und schlechte Streckenabschnitte, es wird gefragt, wo genau hohe Geschwindigkeiten gefahren werden konnten und wo welche Einflüsse zur Verringerung der Geschwindigkeit geführt hätten. Allgemeine Fragen behandeln zusätzlich die Fahreigenschaften der drei wichtigsten Fahrbahnbeläge Beton, bituminöse Straßendecken (Teer und Asphalt) und Kleinpflaster.

1. Auf welchen Straßenbelägen konnten Sie die höchste Geschwindigkeit entwickeln?
2. Welche Straßendecken konnten Sie in Steigungen bzw. Gefällen am sichersten befahren?
3. Welche Gründe veranlassten Geschwindigkeitsverminderung?
4. Auf welcher Straßendecke mußten Sie bei Regen die Geschwindigkeit am stärksten verringern?
5. Auf welcher Straßendecke fuhren Sie bei Nacht am sichersten?
6. Welche Straßendecke war bei Nebel am leichtesten und sichersten zu befahren?
7. Auf welchen Straßenbelägen waren Wellenbildungen besonders stark fühlbar?
8. Wie beurteilen Sie fahrtechnisch die schwarzen Straßendecken (Teer, Asphalt usw.), die Kleinpflasterstraßen und Betonstraßen bei trockener und nasser Oberfläche?[26]

Variiert wird also die Frage gestellt, auf welcher Fahrbahnart diese oder jene Beeinträchtigung am wenigsten spürbar war, um so ein Bild der Stärken und Schwächen der einzelnen Techniken zu zeichnen. Implizit geht es dabei aber auch um all die Beeinträchtigungen, die auf einer herkömmlichen Straße ständig auftreten und deren Abschaffung man sich vom modernen Straßenbau erwartet.

So wird einerseits das Vorhandene, mehr noch aber das Erwünschte behandelt, man entwirft mit dem Blick auf unbefriedigende Strecken Standards für zufriedenstellende, und imaginiert so die perfekte Straße. Ihr Leitmotiv ist nicht unbedingt Höchstgeschwindigkeit, sondern vielmehr vielfältige Ebenmäßigkeit. Auf einer modernen Strecke soll sicheres Fahren möglich sein und zwar egal ob es Tag oder Nacht, trocken, regnerisch oder neblig ist, ob es geradeaus, in die Kurve, bergauf oder bergab geht, und das alles, ohne dass der Verkehr zu einer Verformung der ebenen Straßendecke führt. All diese Unregelmäßigkeiten sollen durch die Wahl von geeigneten Bautechniken so nivelliert werden, dass immer und überall sicher eine bestimmte Geschwindigkeit eingehalten werden kann.

Derlei Projektionen passen zum Konzept von »2000 km durch Deutschland«. Hier korrespondiert die Idee einer unbedingt zuverlässigen Straße mit der testfahrthalber festgelegten Durchschnittsgeschwindigkeit, das Interesse an konstanten Strecken bezieht sich hier direkt auf das Interesse an konstanten Geschwindigkeiten. Weder das eine, noch das andere ist dabei wirklich vorhanden. Die durchgehend feste Fahrbahn ist noch Vorstellung, die feste Geschwindigkeit immerhin schon Vorschrift. Die abgesteckte Route ist schlichtweg nicht für konstante Geschwindigkeiten ausgelegt, weder von der Oberflächenbeschaffenheit, noch von der Linienführung her. Das Einhalten der Sollzeiten ist daher auch nur bei äußerster Anstrengung und großer Erfahrung möglich, was den Bekanntheitsgrad vieler Fahrer erklärt. Wer auf dem gebotenen Terrain überhaupt einen eindrucksvollen Dauerbelastungstest für Getriebe, Reifen, Adlerwagen etc. durchführen will, braucht Herren-, Werks- und Rennfahrer, die mit ihrer erwiesenen Leistungsfähigkeit die fehlende Leistungsfähigkeit des Prüfstandes »Straße« überbrücken.

Im Januar 1934 liegt schließlich die Auswertung der fast 200 Antworten vor. Als besten Rennabschnitt empfanden die Fahrer keine der drei »Nur-Autostraßen«, sondern die Strecke von Hof über Dresden nach Berlin, als schlechtesten die Route durch die Eifel. Sehr viel interessanter ist aber die Auswertung des allgemeinen Fragenteils.

Bituminöse Straßendecken ermöglichen zwar im Einzelfall hohe Geschwindigkeiten, dennoch gehen die als »schwarze Straßendecken« zusammengefassten Beläge als eindeutige Verlierer aus dem Wettbewerb hervor. Sie neigen besonders zu gefährlicher Wellenbildung und sind bei Regen, Nebel und in der Nacht deutlich unangenehmer zu befahren als die anderen Fahrbahnbeläge. Kleinpflaster ist bei Gefälle und Steigung am sichersten, es hat bei Nacht und Nebel ähnlich gute Werte wie Beton, ist aber nicht völlig frei von Wellenbildung und Rutschgefahr bei Nässe. Betondecken schließlich erscheinen insgesamt am zuverlässigsten, nur bei Steigung und Gefälle liegen sie auf dem dritten Platz.

Dieses Stimmungsbild dokumentiert nicht nur den Zustand der konkreten Rennstrecken, so Albert Liese. Die Antworten bündeln vielfältige Erfahrungen mit unterschiedlichen Fahrbahnoberflächen zu einem aussagekräftigen Votum für spezielle Beläge für spezielle Situationen. Als »Nutzanwendung für die Reichsautobahn« ergibt sich laut Liese also Folgendes:

> Was die Bahndecke betrifft, so haben sich die Kraftfahrer eindeutig für zwei Bauarten entschieden, und zwar für Kleinpflaster und Beton. Gerade die Betonstraße bietet – richtige Bauweise vorausgesetzt – in besonderem Maße die Möglichkeit, obigen Forderungen gerecht zu werden.[27]

Fünf Jahre später, im November 1938, bei von Stackelbergs Autobahnfahrt »zwischen Morgen und Abend«[28] ist von einem derartigen Interesse eines Automobilisten an der Fahrbahn und an den verschiedenen Straßenbauverfahren nichts mehr zu spüren. Wenn Albert Liese noch engagierte Ratschläge zur detaillierten Ausgestaltung autogerechter Strecken gibt, dokumentiert von Stackelbergs Artikel einfach das unspektakulär unauffällige Funktionieren der Straße als eine maschinelle Komponente des Individualverkehrs. Dass die Strecke in der Tat fast durchgängig aus Betonfahrbahnen mit in Kleinpflaster ausgeführten Steigungs- und Gefälleabschnitten besteht, also exakt so in der Landschaft liegt, wie Albert Lieses »Kraftfahrer« es sich »eindeutig« gewünscht hatten, erwähnt er nicht einmal beiläufig, eher schon zählt er detailliert die Kosten der Fahrt auf, den Öl- und Benzinpreis pro Person.

Die hindernislose Fahrbahn als Gegenstand der Untersuchung

Man kann diese beiden Eingangsszenarien und was sie gemeinsam über das Objekt Fahrbahn zum Ausdruck bringen, knapp zusammenfassen: Entweder es gibt keine befriedigend funktionierenden Fahrbahnen, aber ein lebhaftes Interesse an dem Gegenstand, oder es gibt den funktionierenden Gegenstand, aber kein Interesse daran.

Fast ebenso knapp kann von diesem Einstiegspunkt aus der Kurs dieses Kapitels über die Betonfahrbahnen der Reichsautobahn angegeben werden: Es soll in einer Art technischen Diskursanalyse herausgearbeitet werden, wie ein derart unauffällig funktionierender Gegenstand wie die Betonfahrbahn, über die etwa von Stackelberg mit 109 km/h Reisegeschwindigkeit verkehrt, ohne dass er das Objekt als irgendwie störend oder auch nur bemerkenswert erlebt, eigentlich erzeugt wird, und wie die Produktion eines solchermaßen bekannt-unbekannten Bauwerks innerhalb seines noch zu klärenden, technikhistorischen Umfeldes verstanden werden kann.

Als theoretischer Gegenstand ist die Fahrbahn und ihre prinzipiell unauffällige Funktion nicht besonders kompliziert. Sie ist schnell abstrakt umrissen, indem man die Fahrbahn als Bestandteil des maschinellen Verbundes Fahrzeug-Straße begreift. Wie bei jeder Maschine ist auch hier das befriedigende Funktionieren des Ensembles davon abhängig, dass die einzelnen Bestandteile möglichst reibungslos ineinander greifen. Fahrzeug und Straße müssen im Interesse des verkehrstechnischen Gefüges so aufeinander abgestimmt sein, dass die spezifische Bewegung des Fahrzeugs auf der Straße möglichst ungestört vonstatten geht. Das Musterbeispiel eines solchen verkehrstechnisch maschinellen Zusammenwirkens zweier Komponenten ist die Eisenbahn, wo Stahlrad und Stahlschiene explizit einen maschinellen Verbund bilden. Dementsprechend am Vorbild der Eisenbahn orientiert, lesen sich auch Definitionen der »vollkommenen Straße« aus dem 19. Jahrhundert, wie etwa die von Dionysos Lardner aus dem Jahr 1851:

> Eine vollkommene Straße müßte glatt, eben, hart und gerade sein. Wenn es möglich wäre, zwischen zwei Punkten eine Straße zu bauen, die absolut glatt, absolut eben, absolut hart und absolut gerade ist, dann würde sich ein Fahrzeug, das man darauf in Bewegung setzte, von einem Punkt zum andern bewegen, wobei lediglich die Zugkraft angewendet werden müßte, die nötig ist, den Luftwiderstand zu überwinden.[29]

Auch bei der Autostraße geht es prinzipiell um dieselbe bahnartig maschinelle Funktion. Wolfgang Schivelbusch schreibt dazu knapp in seinem Buch zur Eisenbahnreise:

> Von dem Zeitpunkt an, da die Straßenfahrzeuge nicht mehr von Pferden bewegt werden, sondern vom Otto-Motor, werden die Straßen tendenziell so glatt, hart, eben und geradlinig wie die Eisenbahnschiene. Ihre Asphaltierung und Betonierung im 20. Jahrhunderts bringt sie auf den technischen Stand, den die Eisenbahn im 19. Jahrhundert erreichte. Diese Straßen sind, genaugenommen, nicht mehr Straßen im traditionellen Sinn: Die modernen Autostraßen, die in den 30er Jahren exklusiv für den Autoverkehr gebaut werden, heißen in Deutschland Autobahnen und werden von der Reichsbahn verwaltet.[30]

Beim Automobil kommt an spezifischer Reibungslosigkeit bzw. Unauffälligkeit der Straße überdies hinzu, dass klarer als bei der Eisenbahn der das Ensemble wahrnehmende Part, der Fahrer nämlich, selbst integrierter Teil des maschinellen Verbundes ist. Er ist schon als Steuermann Teil des Fahrzeugs und wenn bei einer immer genaueren Abstimmung der einzelnen Maschinenteile aufeinander die Fahrbahn dem Fahrzeug immer weniger als Reibungsfaktor »auffällt«, so fällt sie auch dem Fahrer immer weniger auf und verschwindet tendenziell aus seinem Blickfeld.

Damit wird bei der geschwind befahrenen Straße noch einmal radikalisiert, was schon für die Straße des Fußgängers kennzeichnend ist, eine eigenartige Mischung aus gleichzeitig konkreter Nähe und abstrakter Ferne zu einem trotz seiner unmittelbaren Greifbarkeit leicht übersehbaren Gegenstand. Schon Fußgängern fallen konkrete Aussagen über die Straße bisweilen schwer, ist doch ihre optische Konzentration in den seltensten Fällen auf »die« Straße selbst, sondern auf Vorgänge auf »der« Straße gerichtet, wie Martin Heidegger über die Straße als das nah/ferne »Zeug zum Gehen« bemerkt:

> Beim Gehen ist sie mit jedem Schritt betastet und scheinbar das Nächste und Realste des überhaupt Zuhandenen, sie schiebt sich gleichsam an bestimmten Leibteilen, den Fußsohlen entlang. Und doch ist sie weiter entfernt als der Bekannte, der einem bei solchem Gehen in der »Entfernung« von zwanzig Schritten »auf der Straße« begegnet.[31]

Angesichts dieser bereits bei 0 km/h oder bestenfalls Schrittgeschwindigkeit auftretenden Schwierigkeiten verwundert es nicht, dass die eigentlich auch nur einige vertikale Dezimeter von der geschwinden Warte des Automobilisten entfernte »realste« Grundlage seiner Fahrt im maschinell toten Winkel seines Interesses liegt und beim Überfahren weitgehend übersehen wird – im Sinne von überblickt wie vernachlässigt gleichermaßen.[32] Interessantes über die Fahrbahn ist dementsprechend aus der Perspektive des Fahrers nur in Ausnahmefällen zu erwarten. Eine Untersuchung über die Fahrbahn kann seinen zwangsläufig ungestörten Blick vom einen Maschinenteil aus hinüber auf das andere damit allenfalls als negative Leitschnur verwenden, als genau den blinden Fleck, den die vom Fahrer aus nicht sichtbaren Straßenbautechniken erzeugen.

Um diese Straßenbautechniken, die ein an der Fahrbahn desinteressiertes, maschinell ungestörtes Dahinrasen praktisch erst ermöglichen, soll es in diesem Kapitel gehen. Gleichsam archäologisch sollen die bautechnischen Probleme und entsprechenden Lösungen wieder sichtbar gemacht werden, die in der hindernislos gefügigen Fahrbahn aus Beton erfolgreich verschüttet, bzw. bautechnisch neutralisiert wurden. Strukturiert werden soll dieser Akt der rückwirkenden Zerlegung eines unauffälligen Funktionierens in seine ehemals problematisch rumorenden Einzelteile anhand der Beziehung des für die Fahrbahn ganz offensichtlich zentralen Begriffspaars, nämlich Statik und Dynamik. Betrachtet man die Fahrbahn gleichsam von außen, ohne aus der geschwinden Position des Fahrers mit seinem eigenartigen Nicht-Verhältnis an der allenfalls von reibungslosen Blicken gestreiften Fahrbahn analytisch abzugleiten, erscheint die Fahrbahn ganz nüchtern als technisches Bauwerk, auf dem geschwinde Fahrzeuge einem ruhenden Baukörper begegnen, wo also Statik und Dynamik in einen – wenn die Fahrbahn funktioniert – ausgeglichenen Kontakt zueinander treten.

Anhand des Spannungsverhältnisses zwischen diesen beiden in die Fahrbahn eingegangenen bzw. eingebauten Größen soll hier versucht werden, das Geschehen im modernen Straßenbau bis hinein in die reibungslos funktionierende Betonfahrbahn der Reichsautobahn diskursiv zu erfassen. Statik und Dynamik sind dabei nicht als feststehende, sondern als durchaus wandelbare Begriffe aufzufassen, deren genauer begrifflicher Zuschnitt immer wieder überprüft, weiterentwickelt und umgeschrieben wird, je nachdem, welche Differenzierungen im weiteren Verlauf der Fahrbahn ertastet werden.

Zunächst soll in einem knappen, historisch methodischen Überblick die Geschichte moderner Straßenbauverfahren entlang der Entwicklung von spezifischen Dynamiken und dementsprechender Statik dargestellt und so in das Baugeschehen bei der Reichsautobahn eingeführt werden. Im Anschluss daran sollen der Bau der Reichsautobahn und die dabei zur Anwendung kommenden Techniken rund um den Betonstraßenbau erläutert werden. Das beim Bau dieser Straße ablesbare Verständnis von Statik und Dynamik soll begrifflich gefasst sowie technik- und kulturhistorisch eingeordnet werden.

Das nationalsozialistische Vorzeigeprojekt Reichsautobahn, ausgeführt unter der Generalinspektion des Straßenbauingenieurs und Nationalsozialisten der ersten Stunde, Fritz Todt, soll in diesem ersten, fahrbahn- und materialtechnischen Kapitel also auf seine stoffliche Detailgestalt hin untersucht werden, wörtlich getreu dem in »Überwachen und Strafen« von Michel Foucault zitierten Motto des Marschalls Moritz von Sachsen:

> Obgleich diejenigen, die sich mit den Details beschäftigen, als beschränkte Leute gelten, scheint es mir doch, daß dieser Teil wesentlich ist, weil er das Fundament ist und weil es unmöglich ist, irgendeinen Bau zu errichten oder irgendeine Methode einzuführen, ohne Prinzipien zu haben. Es genügt nicht, Geschmack für Architektur zu haben. Man muß den Schliff der Steine kennen.[33]

Die am 23.9.1933 bei Frankfurt am Main mit Adolf Hitlers erstem Spatenstich begonnene und bis zum Baustopp Anfang 1942 auf 3.870 km Streckenlänge angewachsene Reichsautobahn wird damit zunächst als schlicht in der Landschaft liegende, steinern geschliffene Fahrbahnfläche betrachtet, als etwa 61,5 Mill. m^2 Kunststraße, von denen mehr als vier Fünftel aus dem 1933 in Deutschland noch fast unbekannten, seither aber kaum mehr wegzudenkenden Straßenbaustoff Beton bestehen.*

Schwarz- und Schotterdecken

Die Geschichte der modernen Straßenbautechnik ist nicht wirklich linear zu erzählen. Eine Reihe ganz unterschiedlicher und merkwürdiger Entwicklungslinien laufen hier ineinander und nebeneinander her. Erfindungen werden manchmal sofort in großem Umfang eingebaut, manchmal benötigen sie Jahrzehnte bis zu ihrer Anwendung. Daher sollen hier auch nur Schlaglichter auf einzelne Bereiche geworfen werden, um die generelle Entwicklung bis zum Bau der Reichsautobahn zu illustrieren.

---

* Vgl. zum Verhältnis der Oberflächen, Die Strasse 1939/1, S. 32; vgl. zu den 3870 km, Rudolf Dittrich, Erfahrungen mit Betonstraßen, Berlin 1953, S. 3. Laut den bei Paul Hafen, Das Schrifttum über die deutschen Autobahnen, Bonn 1956, im Anhang befindlichen Streckenplänen zum Streckenstand 1940 waren von den 3870 km etwa 500 km nur einbahnig ausgeführt. So lässt sich das Gesamtbauvolumen grob mit etwa 61,5 Mill. m^2 beziffern. Wenn man Auf- und Abfahrten noch hinzurechnet, ist die bebaute Fläche sicher noch größer.

Nicht erst bei Albert Lieses Fragebogen zum »2000-km-Rennen« werden aus der Fahrt heraus Ansprüche an die Strecke gestellt, ohne eigentlich Bescheid zu wissen um die Möglichkeiten und Grenzen des Gebiets der Technik, das diese Ansprüche befriedigen soll. In der Tat hinkt das Verständnis für den unbewegten, statischen Part der Mobilität schon viel früher hinter dem Verständnis für das Gefährt her, sowohl von Seiten der Straßenbenutzer als auch von Seiten der Straßenbauer.

Schon während des 19. Jahrhunderts, wo alle wichtigen modernen Straßenbauverfahren prinzipiell bereits entwickelt werden, sind Entwicklungen im Straßenbau als nachträgliche Reaktionen auf das noch vormotorisierte Verkehrsgeschehen, auf die Entwicklung neuer, vor allem immer schnellerer Fahrzeuge zu verstehen. Entgegen landläufiger Einschätzung brachte die Industrialisierung mit ihrem Leitmedium Eisenbahn den Straßenverkehr und damit auch Straßenbauaktivitäten nämlich keineswegs zum Erliegen. Sie dürfte vielmehr eine generelle Beschleunigung des Waren- und Personenverkehrs auf allen Ebenen bewirkt haben. Abgesehen vielleicht vom Rückgang des althergebrachten Fernverkehrs auf der Basis von Fuhrwerken kam es auf den Straßen schon durch den gestiegenen Zuliefer- und Nahverkehr eher zu einer Ausweitung des Verkehrsaufkommens, sowohl was die Lasten als auch was die Verkehrsgeschwindigkeit von Fuhrwerken betrifft.* Diese neuen Geschwindigkeiten führen zu neuartigen Belastungen der Straßenoberflächen, denen passenderweise auch mit neuartigen Verfahren begegnet werden sollte.

---

* Vgl. dazu Max-Erich Feuchtinger, Der Verkehr im Wandel der Zeiten seit dem Jahre 1000, Berlin 1935, S. 97ff.
Feuchtinger untersucht in seiner Dissertation den Wandel des Verkehrswesens am Beispiel Ulms und kommt durch den Vergleich von Verkehrszählungen von 1835, 1841 und dann wieder 1875, also nach Einführung der Eisenbahn zum Schluss:

> »1875 hat trotz dieser Entwicklung die absolute Belastung der Straßen nicht abgenommen, sondern meist zugenommen. Denn die Eisenbahn hat den Lokalverkehr vergrößert, der nun die Hauptbelastung der Landstraßen darstellt.«

Ins selbe Horn stößt auch Werner Sombart:

> »So beherrschend nun aber auch der Einfluß der Eisenbahnen auf das Verkehrswesen des verflossenen Jahrhunderts zweifellos ist, so wäre es doch ganz verkehrt, zu glauben: seit dem Aufkommen der Eisenbahnen seien die andern Transportmittel im Binnenlandsverkehr völlig außer Übung gekommen. Eher ist das Gegenteil richtig: Personenpost, Frachtfuhrwesen, Binnenschiffahrt sind erst durch die Eisenbahnen zu rechter Blüte gelangt. Jedenfalls hat keines von ihnen vorher auch nur annähernd die Bedeutung besessen, wie in dem Zeitalter der Eisenbahnen.« Vgl. Werner Sombart, Deutsche Volkswirtschaft im 19. Jahrhundert, Stuttgart 1954, S. 247.

Die Aufgabe dieser neuartigen Verfahren kann dabei zunächst darin gesehen werden, die Straßenoberfläche vor den Zerstörungen durch das Fahrzeug zu schützen. Strecken, die über Jahrhunderte ohne viel Technik dem wenigen Überlandverkehr mehr oder weniger standhielten, nämlich – grob vereinfacht – ins Gelände hineingefahrene, nur selten systematisch, etwa künstlich als Heerstraßen angelegte Trassen, werden unter dem Druck wenn auch vormotorisierten, aber doch frühindustriellen Verkehrsgeschehens auf einmal mürbe und bedürfen besonderer Pflege.[34] Im Begriffsfeld um das Duo aus Statik und Dynamik wird bei dieser Art von Straßenbau also ein Begriff von Statik umgesetzt, der sich am besten als »Stabilität gegenüber dem Fahrzeug« fassen lässt.

Abnutzung soll dabei in ganz unterschiedlicher Ausprägung verhindert werden. Ein typisches Phänomen am unteren Ende der Skala ist etwa die zur Mitte des 19. Jahrhunderts aufkommende »Staubplage«[35]. Bis dahin unbekannte Staubwolken entstehen im Gefolge leichter und schneller Gespanne und gelten als ästhetisches bis volksgesundheitliches bis volkswirtschaftliches Problem, Letzteres etwa im Falle der Küstenstraße zwischen Menton und Nizza an der Côte d'Azur. Angesichts der Staubwolken, durch die sich der gerade entstehende Tourismus hier um die Wende vom 19. zum 20. Jahrhundert quält, propagiert der rührige Schweizer Arzt Dr. Guglielminetti die staubfreie und damit gesunde und damit dem Tourismus zuträgliche so genannte Oberflächentränkung[36]. Schon seit den 1820er Jahren ist, nach einem Anzeigentext von 1824 zu urteilen, ein dafür geeignetes Abfallprodukt der Kohlevergasung »jetzt zu einem sehr billigen Tarif vom Gaswerk erhältlich«[37], nämlich Teer. Es gibt zwar einzelne Vorläufer in Italien und Frankreich, doch ihren Durchbruch erlebt die Technik erst 1901, als besagter Guglielminetti – Spitzname: »Dr. Goudrons« – auf diversen Bällen genügend Privatkapital eingesammelt hat, um die Vorzeigestrecke zu teeren. In ganz Europa bilden sich nun »Verbände zur Bekämpfung der Staubplage«[38], auch andere Spaziermeilen, etwa im Bois de Boulogne zu Paris, werden entstaubt. Das Flanieren auf der industriellen Basis der Kohlevergasung ist nun nicht mehr nur zu Fuß in schummrig gasbeleuchteten Pariser Passagen möglich, sondern auch im Wagen auf glatten Wegen in Parks und an Uferpromenaden. Technisch ist das Verfahren einfach und rein oberflächlich, die losen Bestandteile der

Abb. 6 u. 7: Werbungen der Teer- und Asphaltwirtschaft von 1936 bzw. 1938. Trotz aller Beteuerungen, die Teerstraße sei »griffig und daher stets fahrsicher«, wurde nur ein geringer Prozentsatz der Reichsautobahnen geteert, wohl weil für Teerstraßen auch ausländische Rohstoffe verwendet werden, was angesichts von Bitumenanbietern wie der »Deutsch-Amerikanischen PetroleumGes. Hamburg« nahe liegt, und was die Konkurrenz aus der Beton- und Pflasterbranche auch nicht müde wird, zu betonen.

vom Verkehr verdichteten Fahrbahn werden flüssig verklebt und damit stabilisiert; in Europa auf Kohlebasis, in Kalifornien etwa kommt auch schon früh Petroleum zum Einsatz.

Schon die Beanspruchung durch flinke, im Falle der Urlaubergespanne aber noch leichte, pferdegezogene Wagen ist also althergebracht nicht befriedigend aufzufangen. In der Tat hat die Straße es aber mit sich immer weiter entwickelnden Belastungen zu tun. Aus gezogenen werden schließlich selbst bewegte und aus diesen motorenbewegte, gummibereifte Räder. Schon das selbst bewegte Fahrrad, vollends aber das motorbetriebene Automobil verändert den Charakter der Beanspruchung durch Geschwindigkeit grundsätzlich.

> Erschütterungsfrei, beinahe ruhend waren die Belastungen durch die zwar eisenbereiften, aber je schwerer desto langsamer fahrenden zugtiergezogenen Fahrzeuge. Ein rechnerisch einfach zu untersuchendes, rein statisches Problem: Druck auf eine Unterlage, einfache Bedingungen an die Konstruktion der Fahrbahn.[39]

Damit ist es nun vorbei, analysiert ein zu diesem Zeitpunkt noch weitgehend unbekannter Straßenbauingenieur namens Fritz Todt – zwei Jahre später wird er »Generalinspektor für das deutsche Straßenwesen«, neun Jahre später »Reichsminister für Bewaffnung und Munition« – in seiner 1931 erschienenen Dissertation »Fehlerquellen beim Bau von Landstraßendecken aus Teer und Asphalt« den Umbruch im Straßenbau:

> Durch die gleichzeitige starke Vorwärtsbewegung des Wagens, durch Anfahren, Bremsen, Schleudern treten weitere zusätzliche dynamische Beanspruchungen auf, so daß man rechnerisch auch bei Verwendung eines entsprechenden Stoßkoeffizienten kaum die tatsächlichen Belastungen richtig ermitteln kann [...].[40]

Das selbst bewegte Rad überträgt also positive wie negative Beschleunigung auf die Fahrbahn und zieht und zerrt sie geradezu entzwei. Zudem treten durch Gummireifen merkwürdige Sogwirkungen auf, die feineren Fahrbahnbestandteile werden gleichsam vom Reifen angesaugt und der Zusammenhang der Oberfläche so zusätzlich gelockert.[41] Vor allem ist damit also eine Kombination von unterschiedlichen Belastungen für die Straßendecke zerstörend. Zur Sog- und Zugwirkung des Pkw gesellen sich im gemischten Verkehr zwar altertümliche, aber dennoch verkehrende, harte Eisenreifen, die bei freigesaugter Fahrbahn den Gesteinskopf angreifen, von vollgummibereiften Lastwagen ganz zu schweigen, die trotz ihrer von heute aus gesehen geringen Lasten von bis zu sechs Tonnen die Fahrbahn »immer weit über das Zulässige«[42] belasten. Ob es nun touristisch kosmetische oder harte, konstruktive Gründe sind, »Stabilität gegenüber dem Fahrzeug« erfordert zwingend eine kompakte und in sich zugfeste Straßendecke.

Zusätzlich ist ein tragfähiger Untergrund erforderlich. Tragfähigkeit gegenüber hohem Druck kann prinzipiell schon früh durch die etwa vom Schotten MacAdam (1756–1836) erfundene bzw. propagierte, sorgfältig verdichtete Schotterdecke aus gleich großen Steinen erreicht werden, die auf deutsch so genannte »Makadam«-Decke. Praktisch möglich ist die haltbare Verdichtung im großen Stil aber erst seit Lemoines Erfindung der Dampfwalze 1859[43] bzw. mit der 20tonnigen Aveling-Walze ab 1867.[44] Kombiniert man diese maschinelle Verdichtung dann mit obiger Verklebung und walzt bereits mit Teer getränkten Schotter fest, so erhält man »Teermakadam«. Mit Erfolg erprobt wurde dieses Verfahren beispielsweise von einer kanadischen Gasanstalt, um eine stark belastete Eisenbahnzufahrt zu stabilisieren,[45] ein schönes Beispiel für die Gemengelage aus geschäftstüchtiger Industrie, neuen Materialien und dementsprechend neuen Techniken. Dennoch bleibt solches lange die Ausnahme. In Deutschland bilden in der Fläche sogar noch in den 1920er Jahren wassergebundene Schotterdecken das Gros der Landstraßen.[46] 1933 wird Fritz Todt den Beginn des modernen Straßenbaus in Deutschland auf das reichlich späte Jahr 1927 datieren.[47]

Wie lange bloßer Schotter für wirklich verkehrstüchtig, ja sogar für kriegstauglich erachtet wird, und welch ungeheure Anstrengungen es dann aber auch erfordert, eine solche Fahrbahndecke für eine durchgängige, schwere Verkehrsbelastung einzurichten, illustriert die Nachschublinie der Festung Verdun im Ersten Weltkrieg. Der überwiegende Anteil kriegswichtigen Nachschubs wird hier auf französischer Seite – unter der Leitung des für die Heeresmotorisierung zuständigen Joseph Édouard Aimé Doumenc – zwangsweise per Lkw-Kolonne befördert, auf der bis dahin gewöhnlichen Landstraße zwischen Bar-le-Duc und Verdun. Möglich ist das nur, da »die Lebensader Verduns«, – so der Titel des vom späteren Panzergeneral Heinz Guderian dazu verfassten Artikels im »Militairwochenblatt« – unentwegt ausgebessert wird – besteht diese »voie sacrée«, die unter diesem Namen noch heute in diversen Autoatlanten extra markiert ist,* doch aus nichts anderem als aus festgefahrenem Kalksteinschotter.** Links und rechts der 60 km langen Strecke wurden eigens Steinbrüche für den Unterhalt der Fahrbahn angelegt. Von den monatlich 560 bis 660.000 Tonnen auf der Straße bewegten Materials entfallen zwischen 60 und 186.000 Tonnen allein auf Kies und Schotter, wovon die Straße selbst einen Gutteil verschlugen haben dürfte. Dass ein solcher Aufwand nur in einer derart kriegswichtigen Ausnahmesituation und auch nur mit ausschließlich langsam im Blocksystem verkehrenden Lastwagen praktikabel ist, dürfte klar sein.

Dennoch hat es auch bald der normal unkriegerische Straßenbau im Zuge der einsetzenden Massenmotorisierung – nicht zuletzt wegen der nach dem Weltkrieg europaweit aus Heeresbeständen wieder abgestoßenen Kraftfahrzeuge[48] – zu Friedenszeiten mit kaum schwächeren Belastungen zu tun. Dementsprechend kriegerisch schreibt Fritz Todt bereits auf der ersten Seite seiner Doktorarbeit:

> Hemmungslos ist der richtige Ausdruck für die unbehinderte Entwicklung des Automobilverkehrs, der in Deutschland ohne schützende Regelung oder Einschränkung in ein Straßennetz eingedrungen ist, das weder eine für den Automobilverkehr geeignete Fahrbahn besaß, noch im verarmten Deutschland in einem der Verkehrsentwicklung entsprechenden Umfang vor den Angriffen des Automobilverkehrs durch entsprechenden Ausbau geschützt werden konnte. So mußte die geringe Widerstandsfähigkeit, fehlende Erfahrung und der Mangel an Mitteln zur sofortigen endgültigen Befestigung bei dieser ungeheuren Verkehrsentwicklung rasch zu einer Zerstörung der Fahrbahnen führen. Es hat, bildlich gesprochen, ein Überfall des Automobils auf die Landstraßen stattgefunden, dem diese zunächst restlos unterlegen sind.[49]

---

* Es gibt an der A4 zwischen Paris und Straßburg sogar eine Autobahnausfahrt mit dem Namen »Voie Sacrée«.

** Vgl. zu diesen Angaben, Heinz Guderian, Die Lebensader Verduns, in: Der Kampfwagen, Monatliche Beilage zum Militär-Wochenblatt Nummer 4, Januar 1925, sowie, Friedrich Kittler, Autobahnen, in: Wolfgang Storch, (Hrsg.), Explosion of a Memory. Heiner Müller DDR. Ein Arbeitsbuch, Berlin 1988. Friedrich Kittler betrachtet diese Nachschublinie mit einigem Recht als erstes Exemplar einer funktionierenden Autobahn. So findet man hier schon das Verbot nichtmotorisierter Verkehrsmittel, die strikte Spaltung der Straße in voneinander unberührte Fahrspuren, nächtliche Lichterketten in rot und weiß, wenn auch mit zeitgenössisch niedriger LKW-Geschwindigkeit, zwischen der des Fußgängers und der des Fahrradfahrers.

Abb. 8: Fritz Todt. Aufnahme mit Trauerrand zum Tod des 1942 bei einem Flugzeugabsturz in Ostpreußen ums Leben gekommenen Nationalsozialisten der ersten Stunde, Generalinspektors für das deutsche Straßenwesen, Chef der Organisation Todt, Rüstungsministers etc.

Die Dissertation, in der er vor allem seine eigenen Erfahrungen bei der Münchner Straßenbaufirma Sager & Woerner auswertet,* versteht Todt als den Versuch, diesem »Überfall des Automobils« wissenschaftlich zu begegnen. Der Verkehr muss entmischt, die neuen Belastungen systematisch erforscht und durch Normung von Material und Bauvorgängen eine gleich bleibende, den Aufgaben wirklich angemessene Qualität erreicht werden, so sein Fazit.

> Unser Straßennetz wird durch den Automobilverkehr überbeansprucht, vorzeitig abgenutzt, zerstört. Der Zustand, in dem es sich befindet, ist ein krankhafter. Wir haben nun versucht, diesem Krankheitszustand durch Bauweisen, Mischungen, Rezepte und dgl. abzuhelfen. Beinahe nur der »Apotheker« war es, der das maßgebende Wort mit seinen Vorschlägen gesprochen hat. Was man vermißt, ist der »Arzt«, der zuerst die Ursachen der Krankheit feststellt, und ausgehend von den erkannten Ursachen folgerichtig die erforderlichen Abwehrmaßnahmen findet und einleitet.[50]

Interessanterweise handelt diese »Doktor«-Arbeit – wie schon der Titel sagt – ausschließlich von »Fehlerquellen beim Bau von Landstraßendecken aus Teer und Asphalt«, also von Techniken, bei denen Kies und Schotter zu einem zähen, aber nicht aggregatmäßig festen Zusammenhang verklebt werden, und die, wie im Fragebogen des ADAC von 1933 zu sehen war, unter Autofahrern nicht den besten Ruf haben. Doch auch der Straßenbauer ist offenbar nicht wirklich zufrieden mit diesen »Schwarzdecken«. Wenn diese nämlich bereits ideal wären, würde eben derselbe, mit Teer- und Asphalt-Decken so erfahrene Fritz Todt nach seiner Ernennung zum »Generalinspektor für das deutsche Straßenwesen« im Juni 1933 nicht im Herbst 1933 in der Zeitschrift »Deutsche Technik« unter all den kleineren und größeren Problemen, die im Zuge der Autobahnplanung noch zu lösen seien, auch Fahrbahndecken erwähnen, »die nicht unterhalten werden müssen«.[51]

* Bei Sager & Woerner hatte Todt übrigens schon in den 20er Jahren im Zusammenhang mit dem Bau einer Strecke nach Starnberg mit der Leitfigur des italienischen Autobahnbaus, Piero Puricelli, zu tun.

Offenbar ist eine »dem Verkehre angepasste Befestigung«[52], wie es auf dem Straßenbaukongress von Sevilla 1923 in der Formulierung der »Idealstraße« heißt, bei einer wirklichen Straße nicht genug. Darüber hinaus muss gewährleistet sein, dass eine Strecke ihre Stabilität auch ohne Unterhalt nicht verliert, was mit dem bisher im Spannungsfeld zwischen Statik und Dynamik ausgeführten Begriff von Stabilität – der »Stabilität gegenüber dem Fahrzeug« – anscheinend nicht völlig abgedeckt werden kann, müssen doch zeitgenössische Straßen auch und gerade wegen ständiger Schäden durch Verwitterung ausgebessert werden. Um in diesem Zusammenhang schnell zu haltbaren Ergebnissen zu kommen, orientiert man sich 1933 am besten am erfolgreichen Vorbild der USA.

Haltbarkeit, also Stabilität gegenüber dem Fahrzeug und darüber hinaus auch besonders gegenüber Verwitterung, war auch die Forderung, die zum Ende des 19. Jahrhunderts in den nur dünn besiedelten Vereinigten Staaten an noch zu bauende Straßen gestellt wurde. Ein zugunsten der Eisenbahn völlig vernachlässigtes und damit kaum existentes Wegenetz, über dessen schlechte Qualität Amerikaner wie europäische Besucher gleichermaßen staunen,[53] sollte durch einen veritablen »Good Roads Crusade«[54] in ein leistungsfähiges Verkehrsmittel verwandelt werden, und zwar in einem Land, in dem nicht wie im dicht besiedelten Europa Straßenmeistereien bereitstehen, um ausgespülte Oberflächen nachzutränken, Risse auszugießen oder Schlaglöcher nach Frostaufbruch aufzufüllen, alles Schäden, mit denen man bei zeitgenössischen bituminösen Decken in regelmäßigem Abstand zu rechnen hat.

Bereits vor dem Aufkommen des Automobils und besonders motiviert durch den per Fahrrad zwar prinzipiell möglichen, aber ohne neue Straßen praktisch unmöglichen Individualverkehr gibt es in den USA schon von Seiten der Hersteller der neuen Individualgeräte Fahrrad bzw. später auch Auto ein systematisches Interesse an Straßenbau und Straßenbauforschung.[55] Der Prager Straßenbauprofessor Alfred Birk fasst 1934 den Aufholprozess in den USA folgendermaßen zusammen:

> Die Wende zum besseren brachte das Fahrrad. Die im Jahre 1887 gegründete »Vereinigung amerikanischer Radfahrer« weckte die Erkenntnis von der Bedeutung guter Straßen. 1893 kam es zur gesetzlichen Regelung des Stra-

ßenwesens; eine staatliche Straßenbehörde (Office of Public Roads Inquiry) wurde mit der Aufgabe betraut, ein neuzeitliches Straßennetz auszuarbeiten. Das Erscheinen des Personen-Kraftfahrzeuges (1893) und noch mehr des Lastkraftwagens (1903) drängte zur Staatshilfe im Straßenbau.[56]

Damit besteht in den USA schon um die Jahrhundertwende eine Straßenforschungsbehörde, die genau jene systematische Arbeit der Problemdiagnose und -lösung in Angriff nimmt, die Fritz Todt sich in Deutschland fast 40 Jahre später noch immer so wünscht.*

Neben dieser, seit etwa 1910 auch weltweit führenden[57] und auf Jahrzehnte hinaus einflussreichen neuen Straßenbauforschungsbehörde – unter dem geänderten Namen »Bureau of Public Roads« wird sie auch noch beim Bau der deutschen Reichsautobahn des Öfteren als Autorität herangezogen[58] – entsteht um 1893 in den USA aber auch noch eine kaum weniger einflussreiche neue Straßenbautechnik. Von der Gründung des »Office« noch ganz unabhängig wird in Bellefontaine/Ohio von einem gewissen George Bartholomew eine neuartige Straße gebaut, die, wie sich herausstellen sollte, nicht nur enorm widerstandsfähig gegenüber Reifen aller Art ist, sondern die auch fast nicht unterhalten werden muss: die weltweit vermutlich erste Straße aus Beton.[59] Auch wenn dieser Titel nicht ganz unumstritten ist und auch andere Ortschaften die erste Betonstraße der Geschichte für sich reklamieren – so etwa eine Gegend in Schottland, ein Ort namens Rochester im Bundesstaat New York oder auch Breslau[60] –, so ist die Straße in Bellefontaine doch insofern unumstritten Primus inter Pares, als dieses Bauwerk noch heute in Betrieb ist und Erstaunen hervorruft. »It still exists today!«, heißt es ähnlich befremdet auf aktuellen Beton-Websites,[61] wie Alfred Birk 1934 die bis dahin schon erstaunliche Lebensdauer des Prototypen damit erklärte, dass »im ersten Jahrzehnt Pferdebetrieb vorherrschte.«[62]

Beton ist deswegen so ideal für kompakte und verwitterungssichere Straßen, weil es sich dabei im Gegensatz zu bituminös verklebtem Material, das immer auch etwas Abrieb und temperaturbedingtes Aufweichen

* In der Nähe von Braunschweig gibt es seit 1925 immerhin einen Versuchsparcours zur Erprobung von Straßenbelägen, auf dem aber noch in den 30er Jahren nichts anderes getestet wird als 30 verschiedene Pflasterarten. Vgl. W. Raven, Die Versuchsstraße in Braunschweig und das neue Versuchsprogramm, in: Die Autobahn 1934/12, S. 526–533.

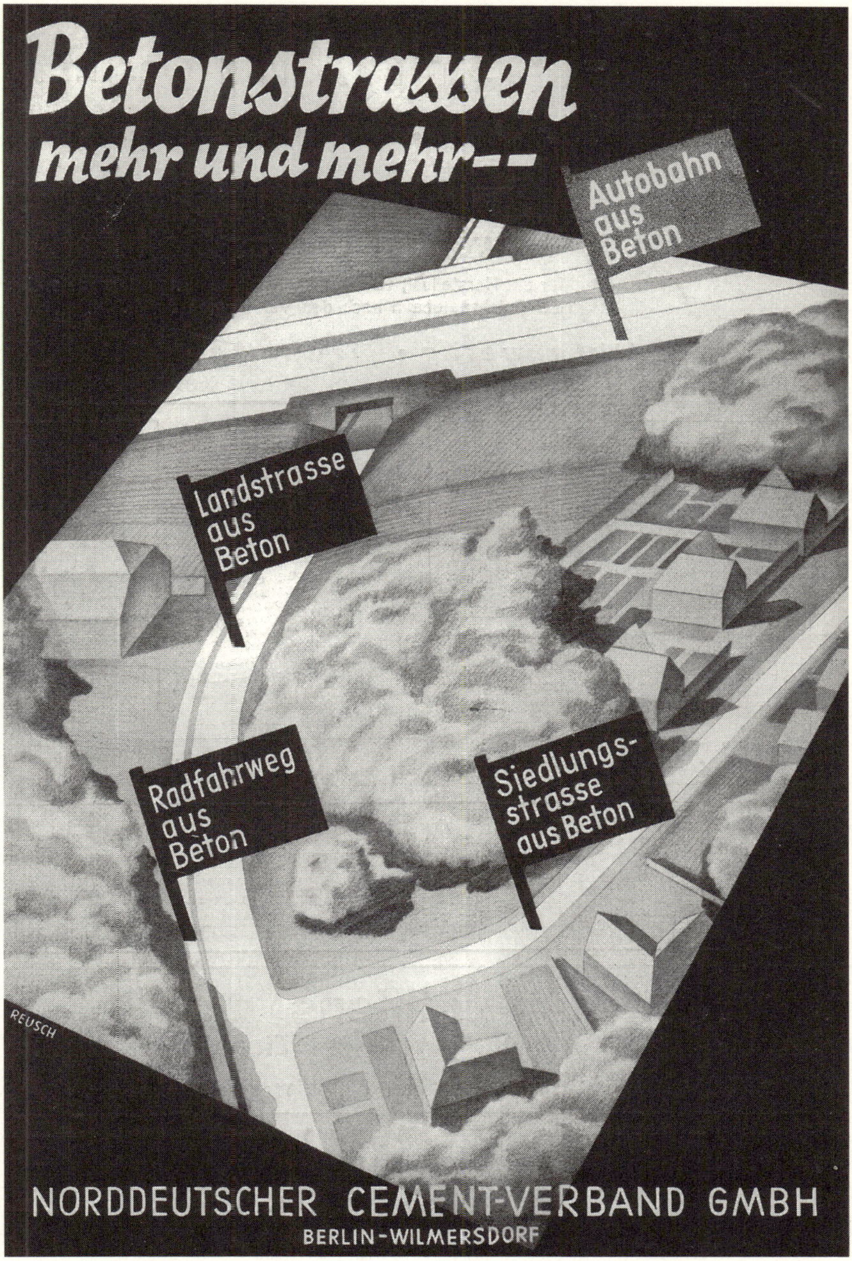

Abb. 9: Eine haltbare Welt aus Beton. Werbung des Norddeutschen Cement-Verbands von 1936.

im Sommer zulässt, um einen wirklich festen Kunststein handelt. Der wichtigste Bestandteil des Betons, der Zement – manchmal auch als Synonym für Beton insgesamt gebraucht –, ist nach dem römisch antiken »opus caementitium« benannt. Dieses vermörtelte Bruchsteinmauerwerk wird mittels der von Vitruv in einem ganzen Kapitel seiner »Zehn Bücher über Architektur« – »II, 6 Über Puteolanerde«[63] – beschriebenen Vulkanerde geheimnisvollerweise auch unter Wasser fest und lässt sich an Land zu so beeindruckenden und dauerhaften Gebäuden wie dem römischen Pantheon durch die Luft wölben. Nachdem der Baustoff über Jahrhunderte fast vergessen war, wurden im 19. Jahrhundert mit seinen neuen Energiequellen moderne Varianten des Kunststeins Beton möglich und gebräuchlich, bei denen kein in natürlichen Vulkanen ausgebranntes Bindemittel,[64] sondern im künstlichen Brennofen hergestellter, hydraulischer – also im Wasser erhärtender – Zement zum Einsatz kommt. Charles Isaac Johnson, Aufseher in der Zementfabrik von John Bagley White & Sons hatte etwa 1850 eine Ladung gewöhnlichen Aspdin-Zements versehentlich zu heiß verbrannt und damit unfreiwillig »Portlandzement« produziert, den – in Anlehnung an den im Steinbruch Portland geförderten Naturstein benannten – berühmtesten der neuen Zemente.[65]

Dieser hydraulische Zement, ob vom Vesuv oder aus der Fabrik, verbindet sich chemisch mit Wasser zu einem steinernen Kunststoff.* Nachdem er nahezu flüssig und damit ohne zu Walzen fast millimetergenau verbaut werden kann, härtet das Material zu einem dauerhaft festen, künstlichen Gestein aus und kann danach weder verformt noch von Regenwasser aufgeweicht bzw. gelöst werden. Dies qualifiziert ihn nicht nur für neuartige statische Aufgaben vor allem in der Verbindung mit Stahl, sondern in ganz besonderem Maße auch für Bauten in der Landschaft. In der Tat ist der enorme Aufstieg der Zementindustrie in den ersten Jahrzehnten des 20. Jahrhunderts in den USA auch mit spektakulärer Freilandtechnik verknüpft: mit Großprojekten wie dem Bau des Panamakanals und dem massivem Betoneinsatz im amerikanischen Straßenbau (teilweise bis zu 30 % der Produktion) im Zuge des »Good Roads Crusade«.[66] An dessen Ende stehen wiederum

* Die beiden wichtigsten Vorgänge sind dabei:
$2\ Ca_3SiO_5 + 7\ H_2O \rightarrow 3\ CaO \cdot 2SiO_2 \cdot 4H_2O + 3\ Ca(OH)_2$ sowie
$2\ Ca_2SiO_4 + 5\ H_2O \rightarrow 3\ CaO \cdot 2SiO_2 \cdot 4H_2O + Ca(OH)_2$

staunende Europäer, diesmal nicht ob der schlechten, sondern ob der guten amerikanischen Straßen. So berichten die Herren Feuchtinger und Neumann 1926 von einer Studienreise in die USA, loben die amerikanischen Fernstraßen in den höchsten Tönen und verraten dabei gleich noch die Herkunft der so gerne auf die Reichsautobahn angewandten Monumentalmetapher von der neuzeitlichen Pyramide:

> Wenn man auf einer Fahrt durch das ungeheure Land auf den wundervollen neuen Highways den gewaltigen Eindruck dieses Unternehmens der Erschließung des Landes mit dem neuen Straßennetz empfängt, welches die Amerikaner in ihrem nationalen Stolz den Bauwerken der ägyptischen Pyramiden und der Gotik gleichstellen, so muß man dabei zugeben, daß diese in nur 5 Jahren schon so gewaltig herangewachsene, mit echt amerikanisch großzügig angepacktem Unternehmungsgeist durchgeführte Werk zu einem großen Teil nur mit Hilfe der Betonstraße möglich gewesen ist.[67]

Mit dem in Amerika so erfolgreichen Baustoff Beton steht also ein Material zur Verfügung, das gegenüber Fahrzeugen wie gegenüber gewissen Witterungseinflüssen stabil ist, das – im hier entwickelten Begriffsfeld zwischen Statik und Dynamik – eine Art zweifach statischer Stabilität gegenüber ganz unterschiedlichen Dynamiken verkörpert.

Moor

Die geringe Flexibilität des wasserfesten Kunststeins Betons ist aber bei allen straßenbautechnischen Vorteilen des Materials auch nicht ganz unproblematisch. Ein derart starrer Baustoff, der kaum verwitternde Härte und Ebenmäßigkeit gegenüber Fahrzeugen auch schwerer und schneller Art garantieren kann, erfordert seinerseits einen besonders unflexiblen Untergrund. Beton gibt bei nachgebender Unterstützung immerhin nicht wie bituminöse Materialien ebenfalls nach, sondern bleibt über Aushöhlungen im Unterbau zunächst starr stehen, um dann unter zu hoher Belastung einzubrechen. Im Großen und Ganzen ist ein Unterbau, der dies verhindert, auch entweder schon durch den natürlicherweise vorkommenden Untergrund oder durch stabile Aufschüttungen gewährleistet. In einigen Fällen zieht die besondere Starrheit des Betons aber geradezu bizarre Techniken zur Untergrundstabilisierung nach sich.

Die sicherlich spektakulärsten Beispiele aus diesem Bereich finden sich bei Straßenbauten durchs Moor. Dabei geht es nicht unbedingt um wirklich sumpfiges Gelände, sondern bereits um Gebiete mit torfig organischem und deshalb saugfähigem und federndem Untergrund. Traditionellerweise werden Moore von Straßenbauten eher umgangen, oder man findet hier spezielle Techniken wie Knüppeldämme, also hölzerne Fahrwege, die auf dem nachgiebigen Untergrund gleichsam schwimmen. Der moderne Straßenbau kann und will aber Mooren zum einen nicht immer ausweichen, zum anderen kann eine moderne Fahrbahn für moderne Lasten und Geschwindigkeiten nicht derart schwimmend konzipiert werden. Jedenfalls geht das nicht, wenn man sich an einer so unflexiblen Oberfläche wie der Betondecke orientiert, wo ein irgendwann erfolgendes Nachgeben des Untergrundes früher oder später zum Bruch der Straße führen muss.

Soll also eine wartungsfreie Straße gebaut und ein Begriff von Statik durchgesetzt werden, der als unbedingte Stabilität gegenüber dem dynamischen Fahrzeug und gleichermaßen gegenüber Witterungs- und Umwelteinflüssen zu fassen ist, muss das Moor in seiner schwankend mobilen Unkalkulierbarkeit verschwinden. Dies kann auf verschiedene Art geschehen, je nachdem, in welcher Tiefe tragfähige Schichten anstehen.

Moore mit einer Tiefe von nur wenigen Metern können von speziellen Baggern abgetragen werden. Der so genannte Spülbagger, der beim Reichsautobahnbau etwa im Dachauer Moos westlich von München zum Einsatz kommt, hat einen speziellen Fräskopf, mit dem er das torfige Material löst und zerkleinert, »das dann durch starke Röhren angesaugt und etwa 600 m weit in tieferliegendes, unbebautes Gelände gespült wird«[68]. So schafft sich das Gerät einen sechs Meter tiefen und etwa 30 Meter breiten Kanal, auf dem es zunächst schwimmt, und der später vom fest aufliegenden, unnachgiebigen Unterbau der Autobahntrasse – Kies und Sand – ausgefüllt werden wird.

Noch brachialer ist die Methode der Moorsprengung. Das Verfahren wird zu Beginn der 1930er Jahre in den USA, aber auch in Skandinavien und Holland angewandt, es wird beim Reichsautobahnbau in Deutschland weiterentwickelt und kommt mehrfach vor allem in Norddeutschland zum Einsatz.* Vor allem liegt hier ein schnelles und

* So etwa in der Nähe von Bremen oder bei Potsdam in der Nutheniederung.

Abb. 10: Die Werbung von Karl Bartel aus dem Jahr 1938 funktioniert als plastische Erklärung des Moorsprengverfahrens.

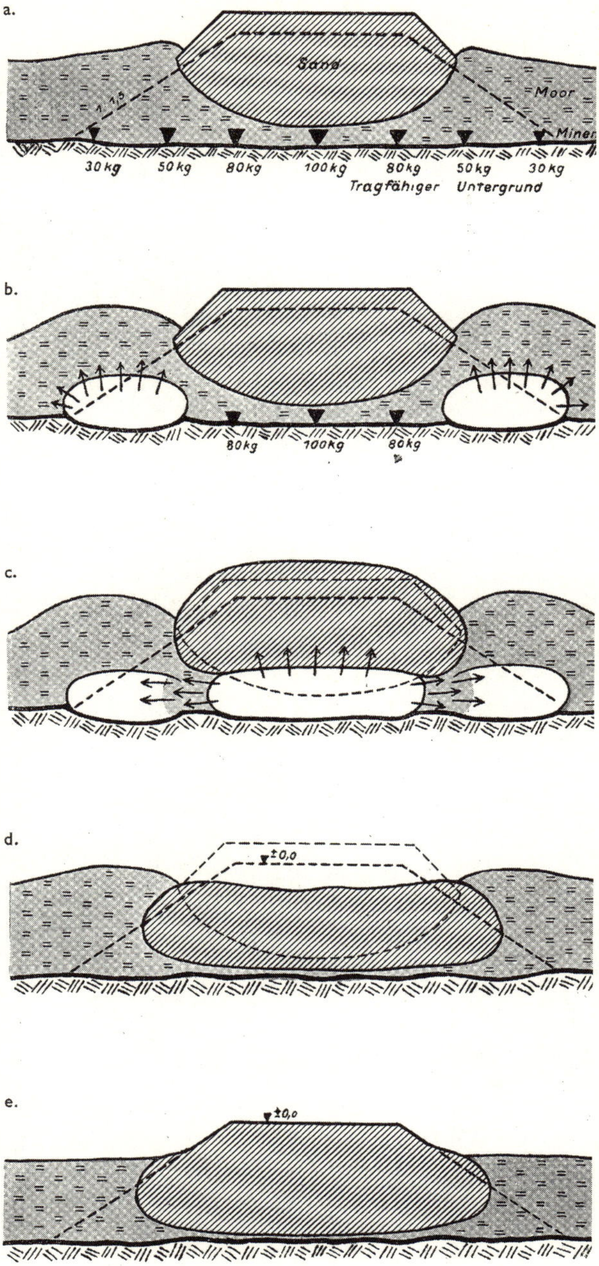

Abb. 11: Schematische Darstellung des Moorsprengverfahrens.

billiges Verfahren zur Beseitigung tieferer Moore vor. Man trägt dabei im Verlauf der Trasse einen hohen Damm aus nicht-elastischem Sand oder Kies auf, der schon durch sein Gewicht das unter ihm liegende, plastische Moormaterial wegzupressen beginnt. Dann bringt man an verschiedenen Stellen unter dem Damm, knapp über der tragfähigen Bodenschicht, eine Reihe von Sprengladungen an, durch Bohrlöcher oder durch spezielle Spüllöcher. Die Wucht der Sprengung drückt nun das weiche Moor, das wegen des Dammes ja nicht nach oben ausweichen kann, seitlich weg, der Damm wird durch die Explosion einige Meter gehoben und sinkt in den durch die Sprengung geschaffenen Hohlraum bis hinunter zum festen Grund und bildet einen neuen tragfähigen Baugrund. Der Moorboden wird dabei vollkommen zerstört, »so dass er jeden Scherwiderstand verliert und in vielen Fällen sich wie eine Flüssigkeit verhält«, wie Leo Casagrande – Erdbaumechaniker an der Seite von Todt – und T.A. Wheeler aus den USA in einem gemeinsamen Artikel in der »Strasse« 1934 erläutern.[69] So kann durch Moore erheblicher Tiefe ein stabiler Unterbau gelegt werden. Wheeler und Casagrande sprechen von bis zu 17 wegsprengbaren Metern in den USA und 1939 rühmt sich die Berliner Firma Bartel, mittels eines Spülbohrers in ein bis zwei Stunden »geballte Ladungen bis zu 150 kg Einzelgewicht einzuspülen«, und zwar auf eine Tiefe von bis zu 30 Metern[70].

Dieser kompromisslose Stabilitätsbegriff gegenüber Fahrzeug und Landschaft, der hier mit Hilfe eines veritablen »war on moor« durchgesetzt wird, ist zumindest bei der Reichsautobahn in Deutschland das genaue statische Gegenstück zu den auch ziemlich kompromisslosen dynamischen Forderungen, die dieses Verkehrswegesystem an seine Fahrspuren stellt. Die Autobahn vereint schließlich alles in besonderer Ausprägung, was bisher an Ansprüchen an Fahrbahnen angeführt werden konnte.

Fahrzeuge sollen sich auf ihr besonders schnell bewegen können, daher ist ein besonders kompakter, ebener Belag erforderlich, der auch schwere Lasten trägt und in den sich keine Spurrillen oder Wellen einfahren. Eine Autobahn ist aber auch eine besonders teure Aufwendung, und soll schon deswegen besonders haltbar und dauerhaft auch gegenüber witterungsbedingten wie landschaftlichen Einflüssen sein. Zudem liegt bei einem solchen Straßensystem die Messlatte dieser zweifachen

Haltbarkeit noch einmal besonders hoch, wenn man bedenkt, dass eine als Strecke angelegte Hochgeschwindigkeitsstraße nicht erst kaputt ist, wenn überall Schäden auftreten. Sie verliert schon erheblich bis völlig an Gebrauchswert, wenn sie auch nur an einer einzigen Stelle nicht mehr oder nur eingeschränkt passierbar ist. Und auch Passierbarkeit wird hier bereits reichlich niedrigschwellig definiert. Bei den hier gefahrenen, hohen Geschwindigkeiten kann eine Strecke beispielsweise schon als eingeschränkt bis nicht mehr passierbar gelten, wenn wegen eines an sich banalen Absackens der Fahrbahn um wenige Zentimeter auch nur die Gefahr besteht, dass Fahrzeuge verunglücken oder sich ein zunächst noch kleiner Riss durch schwere Lastwagen vergrößert und zum Bruch der Fahrbahn führt. Ist eine durchgängig hohe Beanspruchbarkeit also einmal als eine Art bauliches Versprechen an den Straßenverkehr in den Raum gestellt, dann muss sie auch eingehalten werden, und zwar nicht, um Enttäuschungen von Automobilisten zu verhindern, sondern um die Strecke überhaupt als leistungsfähig zu erhalten.

Diese hohen Anforderungen an die statische Stabilität einer Autobahnstrecke werden zunächst von der Dynamik des Fahrzeugs, also von seiner Geschwindigkeit her gedacht, denn um die Ermöglichung dieser Geschwindigkeit geht es ja schließlich. Allerdings deutet sich schon durch die bisher genannten Motive der Verwitterung und Nachgiebigkeit von Böden an, dass die Straße mit weiteren und möglicherweise für sie noch weitaus zerstörerischeren Dynamiken zu tun hat, als allein mit denen, die von der maschinellen Fahrzeugbeanspruchung herrühren. Der Straße droht so von mehreren Seiten Zerstörung, sie ist als technischer Baukörper in der Landschaft eingekeilt zwischen zwei unterschiedlichen Typen von Belastung, einer maschinellen und einer landschaftlichen und beide hat sie im Interesse ihrer verkehrstechnischen Funktion gleichzeitig zu neutralisieren.

Frost

Im Falle des Moores gelingt es gerade noch, den flexiblen Boden als landschaftlichen Unsicherheitsfaktor einfach wegzudrücken und so die maschinelle Vorgabe unbedingter Ebenmäßigkeit in die Landschaft hineinzutragen. Eine andere landschaftliche Dynamik ist jedoch selbst mit viel Dynamit nicht zu beseitigen, nämlich die generelle Bodenfeuchtigkeit und ihre Temperaturschwankungen. Diesen Faktoren muss also auf andere Weise begegnet werden.

Zu massiven Schäden an zeitgenössischen Straßenbauten führen sowohl das Einfrieren der Straße im Winter, als auch vor allem ihr ungleichmäßiges Auftauen im Frühjahr – Todt spricht in seiner Dissertation etwa von Aufbeulungen in Teerdecken von bis zu 40cm Höhe.[71] Verantwortlich für derartige Schäden ist weniger, was von oben her, etwa als Regen- oder Tauwasser in die Straßendecke eindringt, sondern vielmehr, was an Wasser ständig im Boden enthalten ist. Diese kaum auszutrocknende, sich aus dem Grundwasser speisende Bodenfeuchtigkeit wird in bestimmten Böden, deren kleinste tonige Bestandteile unter 0,02 mm Korngröße messen, durch die von diesen Teilchen gebildeten, so genannten Kapillargänge förmlich nach oben gesaugt.[72] Todt beschreibt 1931 das Phänomen folgendermaßen:

> Zwei Vorgänge verursachen das Hochsteigen von Wasser: einmal die Kapillarwirkung, die besonders in lehmhaltigem, feinporigem Untergrund auftritt und durch die Pumpwirkung bei der Be- und Entlastung durch die Verkehrsstöße besonders gefördert wird. Diese Ursache läßt Wasser in flüssiger Form hochsteigen. Daneben erfolgt aber auch eine Feuchtigkeitsanreicherung durch das Hochsteigen der im Straßenuntergrund in Dampfform vorhandenen Feuchtigkeit, die sich dann bei kalten Temperaturen in den oberen erkalteten Schichten eines Straßenkörpers nach den Gesetzen von Verdunstung und Niederschlag als Wasser niederschlägt.[73]

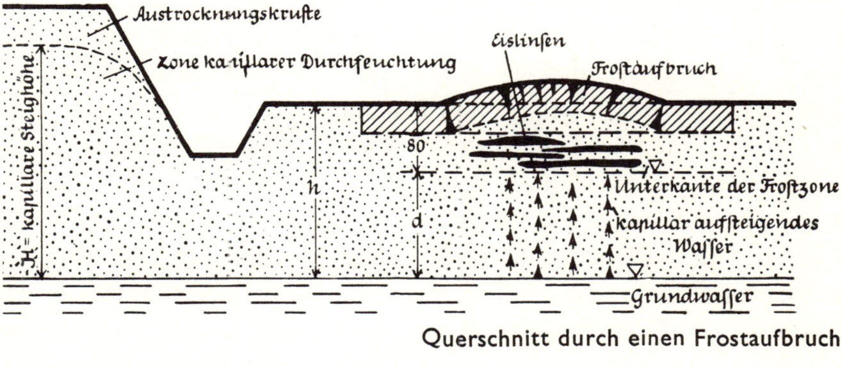

Querschnitt durch einen Frostaufbruch

Abb. 12: Skizze von 1936 zur Wirkung von Frost im Straßenbau.

Wenn dieses Wasser in den frostgefährdeten Bereich aufsteigt und unter der Fahrbahn gefriert, bilden sich dort so genannte »Eislinsen«[74]. Diese millimetergroßen Eisgebilde führen schließlich in der Masse, wenn nicht sofort zu Bruchschäden, so doch zu unregelmäßigen Hebungen der Straße und zu dementsprechenden Folgeschäden.

Eigentlich ist das Problem des Frostaufbruchs also ein Problem des Wasseraufstiegs und ist prinzipiell schon vor dem Bau der Autobahn verstanden. Um das Problem des Wasseraufstiegs zu verhindern, können zunächst Drainagen angelegt werden, aber selbst damit ist nicht jegliches Wasser dauerhaft aus der Straßentrasse zu entfernen. Vielmehr muss man sich irgendwie mit der generellen Wässrigkeit[75] von Böden arrangieren und den Straßenkörper dennoch bei Frost und Tauwetter stabil halten. Gelingen kann dies mit Hilfe so genannter kapillarbrechender Schichten, die in der Tiefe maximaler Durchfrostung eingebaut werden, um das sogartige Aufsteigen von Bodenwasser in den frostgefährdeten Bereich zu verhindern. Der schwedische Bodenmechaniker Gunnar Beskow – mit »Om jordarternas kapilaritet« (Über Erdkapillarität) von 1930[76] einer der ersten, die sich systematisch mit dem Problem auseinander setzen – schreibt zu kapillarbrechenden Schichten 1934 in der »Strasse«:

> Diese Isoliermittel wirken insofern isolierend, als sie die höheren Bodenschichten von einer kapillaren Verbindung mit den darunterliegenden abschneiden. [...] Der kapillare Wasseraufstieg von unten zur oberen Erdschicht wird verhütet, so daß sich bei Frostwitterung kein in Eis umgewandelter Feuchtigkeitsüberschuß über der Isolierschicht bildet.[77]

Als kapillarbrechende Barrieren wirken zum Beispiel grober Sand oder Kies, also Materialien, bei denen die Hohlräume zwischen den einzelnen Bestandteilen zu groß sind, um Wasser kapillarisch nach oben zu saugen.[78] Das Wasser bleibt so auf seinem Weg nach oben in einer nicht vom Frost erreichten Bodentiefe gleichsam in Reservoirs hängen.

Im Großen und Ganzen waren diese Techniken, wenn sie denn Anwendung fanden, auch erfolgreich, wenn auch die Details des Themas während des Reichsautobahnbaus nicht wirklich befriedigend gelöst werden konnten, besonders wegen der geringen Erfahrung der Baufirmen mit der Materie.[79] Noch in der allerletzten Ausgabe der Zeitschrift »Die Strasse« vom April 1943, als kriegsbedingt längst alle Bauarbeiten an Autobahnen ruhen und schließlich auch die ohnehin

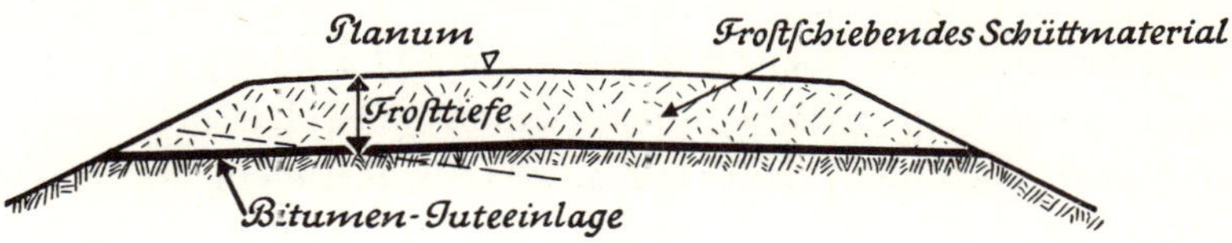

Abb. 1

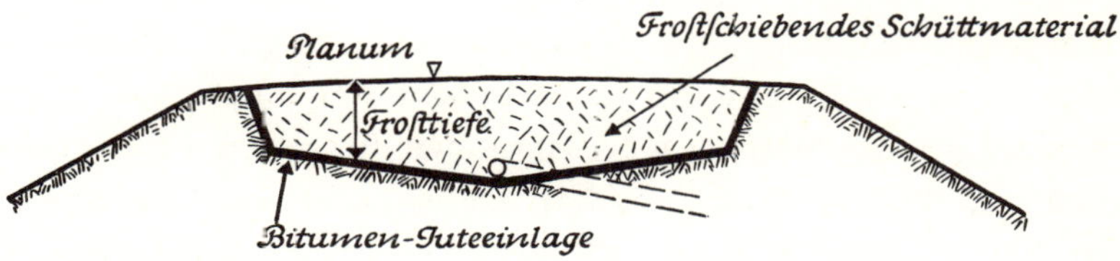

Abb. 2

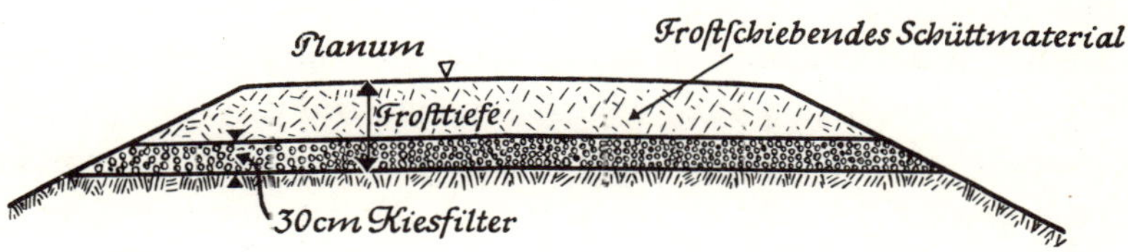

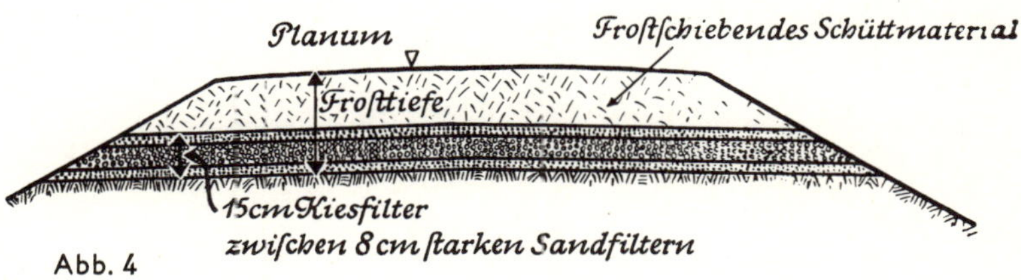

Abb. 4

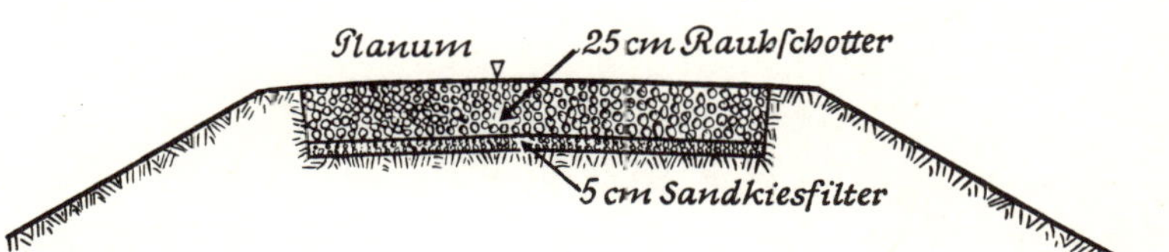

Abb. 5

Abb. 13: Schematische Darstellung der verschiedenen Verfahren zur Frostisolierung von 1939, die im Zuge der Reichsstraße 11 im Bayerischen Wald erprobt wurden.

mehrfach gekürzte Zeitschrift eingestellt wird, äußert sich Leo Casagrande unverdrossen über Fragen des Frostschutzes.

Frostschutzmaßnahmen unterscheiden sich also prinzipiell vom Vorgehen bei Mooren. Während das Moor, um nicht den angestrebten Stabilitätsstandard zu gefährden, radikal beseitigt wird,* wird die Frostgefahr umgangen, indem man der Bodenfeuchtigkeit gleichsam entgegenkommt. Man baut Spielräume in den Straßenunterbau ein, in die das aufsteigende Wasser ohne weitere Gefahr eindringen kann. Die dazu notwendigen kapillarbrechenden Schichten markieren so weniger eine strikte Grenze, als vielmehr eine Art Pufferzone. Auch die Drainage, die das Wasser aus bestimmten Bereichen von vornherein fernhält, funktioniert nicht als Barriere, sondern als Abfluss, also als Eröffnung einer dem Wasser gemäßen Möglichkeit. Die frostsichere Straße zwingt also nicht die Landschaft, ihren Vorgaben zu folgen, sondern folgt vielmehr selbst landschaftlichen Zwängen und versucht so erfolgreich, zerstörerische Dynamiken abzufedern.

Damit ist dem bis hierher entwickelten Begriff von Statik eine entscheidende, neue Komponente hinzuzufügen: Die von einer Straße wie der Autobahn eingeforderte besondere Stabilität gegenüber maschinellen wie landschaftlichen Dynamiken ist offenbar nur mit einem Verständnis von Statik zu ermöglichen, das Festigkeit mit einem gewissen Maß an Flexibilität kombinieren kann.

---

* Mit einem nur etwas weniger totalen Begriff von unbedingter Fahrbahnstabilität kann man auf Moorsprengungen nämlich oft verzichten. So kommt man in den Niederlanden Ende der 1930er Jahre wieder von dieser Technik ab und baut in moorigen Gegenden stattdessen Fahrbahndecken aus Klinker oder Teer. Diese gehen dann mit der Setzung des Dammes im Moor einfach mit und bleiben befahrbar. Wenn sich der Damm komplett bis auf die Moorsohle gesetzt hat, kann betoniert werden. Vgl. dazu Leo Casagrande, Eindrücke vom holländischen Straßenbau, in: ders. (1939a), S. 126–130.

Derselben Schwankungsbreite der Temperatur, der mittels Frostschutztechniken im Unterbau flexibel begegnet wird, ist auch die Straßendecke selbst ausgesetzt. Ihr flexibel zu begegnen, erfordert gerade bei einem so starren Baustoff wie Beton besondere Vorkehrungen. Fritz Todt lehnt etwa noch 1931 die Verwendung von Beton im Straßenbau strikt ab, und zwar mit dem Argument der »hohen Empfindlichkeit des Zements gegen Temperaturschwankungen«. Und weiter erklärt er: »Mit Absicht hat der Verfasser in diesen Zusammenhängen [es geht um verfestigte Unterbauten, BS] das so naheliegende Wort »Zement« vermieden.«[80]

Diese klare Absage bereits gegen das Wort »Zement« erstaunt insofern, als die drei Jahre später unter der Regie von Fritz Todt begonnene Reichsautobahn zum überwiegenden Teil – zu gut 80% – aus Beton bestehen sollte.[81] Verständlich wird beides, wenn man Todts Absage nicht als Anzeichen für unlösbare Probleme beim Betonstraßenbau begreift, sondern vielmehr als Anzeichen für den in Deutschland zu Beginn der dreißiger Jahre im internationalen Vergleich ziemlich spärlichen Erfahrungsschatz mit dem Material. 1933 existieren in ganz Deutschland gerade einmal 565 km Betonstraßen aller Art,[82] nicht besonders viel, verglichen mit den 1000 km bituminösen Straßendecken, die allein der leitende Ingenieur Fritz Todt bis 1931 bei Sager & Woerner persönlich ausgeführt hat.[83] Weitaus gebräuchlicher ist der Baustoff in anderen westeuropäischen Ländern und natürlich in den USA.*

Es geht bei der Veränderung der Todt'schen Einschätzung des Betons von einem nur harten zu einem auch temperaturmäßig handhabbaren Material also weniger um völlig neue Erkenntnisse, die etwa das Kaiser-Wilhelm-Institut für Silikatforschung hervorgebracht haben könnte, sondern vor allem um eine Art Wissenstransfer, um den Einbau ausländischer Erfahrungen in den deutschen Straßenbau. Halb Europa – Hol-

* Gegenüber 3,4 Millionen m² Betonstraße in Deutschland liegen in Großbritannien und Irland 1933 schon 22,5 Millionen m², in den USA 1,4 Milliarden m², und sogar das benachbarte und kleine Belgien hatte zwischen 1925 und 1934 auf der im Vergleich zu Deutschland mit einem guten Fünfzehntel winzigen Fläche 88 % der entsprechenden deutschen Kilometerleistung verbetoniert. Vgl. zu diesen Zahlen Dittrich (1953), S. 1, sowie ders., Die Entwicklung des Betonfahrbahndeckenbaues auf den Reichsautobahnen, in: ders., Betonstraßenbau, Belebung und Entwicklung durch den Bau der Reichsautobahn, Schriftenreihe der Strasse, Heft 4, Berlin 1936, S. 8.

land, Belgien, England, Italien, Frankreich, die ČSR, Dänemark, die Schweiz, Spanien und Österreich – wird von Todts Straßenbauscouts auf der Suche nach bei der Reichsautobahn anwendbaren Verfahren durchkämmt, und natürlich auch Nordamerika.[84] So konnte auch dem gegenüber »Zement« 1931 noch so skeptischen Fritz Todt nicht verborgen bleiben, dass Straßen durchaus temperaturfest zu betonieren sind, und dass die Bauweise dabei noch den interessanten und bei der Entscheidung für Beton sicher nicht unwichtigen, von Betonfirmen schließlich penetrant beworbenen Nebeneffekt hat, dass dafür nur inländische Rohstoffe benötigt werden.

Das Verfahren, das den monolithisch so starren und temperaturanfälligen Beton zu einem auch bei großen Temperaturschwankungen einsetzbaren Baustoff macht, besteht schlicht darin, ihn in voneinander unabhängige Stücke zu zerlegen. Schon von der »Mutter aller Betonstraßen« aus Bellefontaine/Ohio berichtet etwa Alfred Birk, sie bestünde aus 1,2 × 1,5 Meter messenden »Platten«[85]. Schon bei der ersten Betonstraße der Welt kommt damit also ein Verfahren zum Einsatz, das den monolithischen Baustoff mittels Fugen wieder in voneinander in gewissem Sinne unabhängige Einheiten zerteilt, ein Verfahren, das seither in praktisch immer weiterentwickelter Form die Betonstraßengeschichte begleitet. Signifikant an Betonplatten sind also vor allem die zwischen ihnen entstehenden Lücken. Sie erlauben dem monolithischen Baustoff gewisse temperaturbedingte Ausdehnungen und Schrumpfungen, ohne dass er gleich an sich selbst zerbricht oder zerreißt, sowohl im fertigen Zustand als auch während des Aushärtens des Materials.*

Theoretisch könnten die Zweifel Todts also schon mit der ersten Betonstraße zu Bellefontaine als ausgeräumt betrachtet werden. Welche Detailfragen allerdings noch zu klären sind, bis dieses Prinzip nicht mehr nur unter Pferdebetrieb, sondern auch in einer Hochleistungsstraße wie der Autobahn funktioniert, wie also eine »ebene«, »griffige«, »dauerhafte«, und »vertrauenserweckende«[86] Plattenstraße mit all ihren Fugen betoniert wird, soll im Folgenden erläutert werden.

---

* Bis zur ausformulierten »Kriechtheorie« Franz Dischingers vom Ende der 1930er Jahre hat man es beim Vorgang des Schwindens des Betons ohnehin mit einem nur teilweise verstandenen Vorgang mit schwer einzuschätzenden Folgen zu tun.

Todt hatte im Zusammenhang mit bituminösen Straßendecken erläutert, warum der Straßenbelag mit dem Planum eine feste Einheit bilden soll, und sich

> zur Erklärung dieses Vorgangs [einen] Vergleich aus dem Haushalt gestattet: Wenn die Hausfrau einen Nudelteig auf dem Teigbrett auswalkt, so haben wir es mit einer plastischen Masse (Teig) zu tun, die auf einer festen, glatten Unterlage (dem Brett) mit einer Holzwalze gewalzt wird. Um zu verhindern, dass der Teig an der Unterlage anklebt, streut die Hausfrau vorher etwas Mehl auf das Brett. Was auf dem Nudelbrett wünschenswert ist, wird im Straßenbau zum Nachteil. Wenn wir auf glatter Unterlage feinen Sand und Staub (das Mehl) vor dem Aufbringen des plastischen Belags nicht gründlichst entfernen, erleidet unser Belag unter dem walzenden Einfluss der Fahrzeugreifen das gleiche Schicksal wie der Nudelteig, er schiebt auf seiner Unterlage und wird aufgewalzt.[87]

Genau dieses Schieben ist beim Beton aber nicht nur kein Problem, es wird geradezu gefördert, eben weil ein Auswalzen des steinharten Materials unmöglich, eine gewisse Bewegungsfreiheit aber unabdingbar ist. In der »Strasse« heißt es dazu:

> Auf das geebnete Planum [ist] zur Schaffung einer Art Rollschicht [...] eine Lage von feinem Kies oder grobem Sand aufzubringen, die es den einzelnen Betonplatten ermöglicht, leicht und ohne dass im Beton allzu hohe Zusatzspannungen bei Temperaturänderungen auftreten, sich zu bewegen.[88]

Um sich auf seinem »Rollenlager« aber auch gut bewegen zu können, muss der Beton an seiner Unterseite eben sein.

> Die Fahrbahnplatten sollen ihre Formänderung durch wechselnde Temperatur und Feuchtigkeit tunlichst ohne Zwang ausführen können. Dazu müssen die Unterfläche und die Seitenflächen möglichst eben sein. Deshalb ist der Untergrund entsprechend vorzubereiten und zu erhalten; er wird mit Papier belegt. Dieses Papier muss gegen örtliche Belastung durch Begehen, auch durch das Einwerfen und Verdichten des Betons genügend widerstandsfähig sein; auch soll das Papier im Nebel und Regen ohne grobe Wellen bleiben.[89]

Mittels dieser möglichst faltenfrei verlegten Papierbahn verhindert man zum einen, dass der Untergrund dem Beton beim Abbinden Wasser entzieht und schafft zum anderen einen homogenen und also beweglichen Baukörper. Der soll dann mit seiner glatten Papierunterseite über den Rollsand rutschen, und zwar zwischen seinem Temperaturmaximum bzw. -minimum um etwa 5–6 mm auf zehn Metern Strecke.[90]

Die beweglichen Betonplatten selbst sind etwa 20 cm stark.* Das Wasser-Kies-Zement-Gemisch wird an Ort und Stelle nahezu flüssig eingebracht, maschinell oder zunächst auch von Hand, um dann von Hand oder maschinell verdichtet, d.h. gerüttelt zu werden. Fast noch wichtiger als die genauen, einheitlichen Vorschriften über Bauverfahren, wie die im Oktober 1934 herausgebrachten und schon im März 1935 wieder verbesserten Richtlinien für Fahrbahndecken,[91] ist dabei die Normierung und Qualitätskontrolle der Betoninhaltsstoffe. Einheitliche Bauvorschriften greifen schließlich ins Leere, wenn die Qualität des Zements und der Zuschlagstoffe variiert. Die Bindungsqualitäten der lokalen Zementprodukte unterscheiden sich zunächst immerhin ebenso wie die Korngrößen, die Härte und Gestalt der einzelnen Steine beim Kies. All das beeinflusst jedoch den Zusammenhalt des Betons. In manchen Gegenden Deutschlands dürfte sogar das Wasser ins Visier der Normierer geraten sein, ist doch ein hoher Salzgehalt wie etwa der Saale bei der Betonverarbeitung nicht von vornherein unbedenklich.

Wissenschaftliches Vermessen von Material tritt damit an die Stelle der vorindustriell anmutendenden Erläuterungen etwa in Todts Arbeit von 1931 zur Qualität von Baumaterialien.

> Besonders gute Erfahrungen sind sowohl für Beläge, wie für Oberflächenbehandlungen mit gebrochenem Flußkies aus dem Unterlauf der Alpenflüsse gemacht. Diese Flüsse besitzen bei einem Gefälle von 1–2 m/km eine hohe Schubkraft. Das Gestein ist in ihnen besonders zur Zeit der Schneeschmelze und der Hochwasser dauernd in Bewegung. Weiche Gesteine werden zerrieben. Im Unterlauf kommt nur das Gestein an, das eine harte Bewährungsprobe in der Flußmühle bestanden hat. In gebrochenem Zustand stellt dieses Material einen ausgezeichneten Gesteinsstoff dar, sowohl für feinkörnige Beläge, wie auch für Oberflächenbehandlungen.[92]

Diese Überlegungen, bautechnisch von einer alpenländischen Gesteinsselektion zu profitieren, die womöglich praktisch und im Einzelfall auch von großem Nutzen sein können, auf denen aber kaum so etwas wie eine Richtlinie fußen kann, werden abgelöst durch auf der Baustelle

---

* Zunächst gibt es Verfahren, bei denen man mit zwei Schichten arbeitet, einer unteren, tragenden Schicht aus minder gutem Beton und einer oberen, gegen Abrieb und Verwitterung abschließenden Schicht aus besserem Beton. Wegen der Schwierigkeiten, die sich aus der Verbindung unterschiedlicher Betonsorten mit unterschiedlichem Verhalten ergeben, ist jedoch bald die Fahrbahn aus einheitlichem Beton Standard.

nachprüfbare Vorgaben diverser Materialprüfer.[93] So entstehen auch im Materialbereich formale Anweisungen wie im März 1935 zur »Prüfung und Abnahme von Zement, Zuschlägen und Beton«[94].

In den solchermaßen genormten Beton werden Stahlmatten eingelegt. Der Sinn dieser Armierungen ist dabei ein vergleichsweise geringer. Es geht nicht darum, eine wirkliche Stahlbetonplatte mit etwa aus dem Geschossdeckenbau bekannter Biegefestigkeit zu gewinnen, das ist schon vom Materialaufwand her weder zu leisten noch überhaupt nötig.* Die Stahleinlagen in Form von Matten, oder wie Karl Schaechterle und Fritz Leonhardt vorschlagen, als Randbewehrung mit Stäben,** haben vor allem den Zweck, bei etwaigen Rissen, mit denen selbst trotz aller Finesse immer gerechnet werden muss, ein weiteres Vergrößern dieser Risse zu verhindern und ein Auseinanderdriften der Platte zu verunmöglichen.‡

Ähnliches muss schließlich auch bei den absichtlichen Rissen, den Fugen zwischen den Platten, bedacht werden – doch zunächst zu diesen Fugen selbst, den in ihrer Lückenhaftigkeit zentralen Gebilden der Betonstraße. Es gibt bei der Reichsautobahn zwei in der Herstellung

---

* Dafür wäre es nötig, die Platte in ihrer Mitte statisch wie einen beidseitig eingespannten Balken zu behandeln, und also unten zu bewehren, an ihren Rändern aber wie einen einseitig eingespannten, und also oben die Zugbeanspruchung durch Stahleinlagen aufzufangen. Das ist weder materialmäßig noch vom Aufwand her zu leisten, und überdies auch gar nicht nötig. Obwohl die große Stärke des Betons ja vor allem in seiner Druckbelastbarkeit liegt und er baustatisch erst in Verbindung mit dem zugbelastbaren Stahl als Stahlbeton wirklich tauglich wird, wirkt sich seine prinzipielle »Zugschwäche« im Straßenbau nicht zwangsläufig gravierend aus. Schon einfach unbewehrter Beton überträgt zumal mit 20 cm Stärke die Lasten gleichmäßig stabil auf den Untergrund und wird bisweilen sogar wegen einer gewissen »Brückenwirkung« bei frisch verdichteten und also minimal noch etwas unregelmäßig nachgiebigen Böden geschätzt. Vgl. dazu auch Dittrich, a.a.O., S. 8. Der offensichtliche Widerspruch dieser »Brückenwirkung« zur oben angedeuteten Bruchanfälligkeit auf nachgiebigen, etwa organischen Böden besteht nur zum Teil, handelt es sich doch bei organischen Böden um großflächiges und nicht nur punktuelles Nachgeben. Dennoch ist die Überschätzung der »Brückenwirkung« und dementsprechend ungenügendes Sich-Setzen-Lassen von Dämmen in der Tat für viele Fahrbahnschäden verantwortlich.

** Vgl. Schaechterle/Leonhardt (1936) S. 145. Dieser Fritz Leonhardt ist übrigens derselbe, der nach dem Krieg weltweit als Entwickler von Fernsehtürmen und spektakulären Hängebrückenprojekten (Messina!) wie auch überhaupt als umstrittener »Brückenpapst« und Schöpfer des »Nichtrisses« bekannt wurde. Vgl. zu den wechselnden Bauvorschriften zu Stahleinlagen Dittrich (1953), S. 38.

‡ Auf großen Abschnitten der Reichsautobahn, vor allem den später, und also kriegsnäher gebauten, fehlen die Stahleinlagen aus Sparsamkeit übrigens völlig, was die Haltbarkeit der Strecken sehr beeinträchtigt hat. vgl. a.a.O., S. 39+75.

Abb. 14: Werbung der Westzement GmbH von 1938: Gut erkennbar sind hier die in den Beton eingelegten Stahlmatten sowie die Praxis, von einer schienengestützten Plattform aus zu betonieren.

verschiedene Arten von Fugen: Raumfugen und Schein- bzw. Schwindfugen. Raumfugen können im Abstand von 40–50 Metern liegen,[95] wenn regelmäßig dazwischen zwei Scheinfugen eingeschaltet werden. Auf Untergründen, wo die sicher rissfreie Plattenlänge darunter liegt, etwa auf Fels oder Mergel, müssen die Abschnitte kürzer werden.* Von oben sehen beide Fugenarten fast gleich aus, als mit elastischer nicht zu spröder und nicht zu weicher, wasserdichter Fugenvergussmasse ausgefüllte Lücke zwischen zwei Betonplatten.[96] Hergestellt werden sie aber ganz unterschiedlich. Für die breitere Raumfuge – 23–35 mm – stellt man schon beim Einbringen des flüssigen Betons Abstandshalter auf – Weichholz bzw. Absorbitstreifen und spezielle Fugeneisen –, um Abschnitte zu bilden. Das Holz verbleibt dann zwischen den Platten, die Fugeneisen werden bei halbfestem Beton wieder herausgezogen. Weil dabei die Kanten der Platten meist verletzt werden, ist es erstaunlicherweise einfacher, bei fast ausgehärtetem Beton 8 mm dünne und nur einige Zenitmeter tiefe Fugen in die Platte maschinell hineinzufräsen, die so genannten Scheinfugen. Hier ist der Beton nicht von vornherein in voneinander unabhängige Abschnitte getrennt, erst wenn das Material vollständig aushärtet, reißen die Platten an diesen Sollbruchstellen. Mit diesem Verfahren werden auch häufig die so genannten Längsfugen hergestellt, die ein temperaturbedingtes Aufwölben der 7,5 Meter breiten Fahrbahn erlauben.

All diese Fugen haben den Zweck, die Fahrbahn längs wie quer in einzelne, autonome Ausdehnungs- und damit Wander- und Wölbungszonen einzuteilen. Dabei darf sich jedoch der Verbund der Fahrbahn nicht lösen, weder dürfen die einzelnen Platten nach der Seite hin – etwa in Hanglagen – auseinanderdriften, noch dürfen sie sich vertikal gegeneinander zu kleinen Schwellen verschieben. Dem wird dadurch begegnet, dass die einzelnen Platten über die Fugen hinweg miteinander verdübelt werden. Es müssen also nicht nur Holzbretter und Fugeneisen, sondern auch 60 cm lange und 20–25 mm starke Stahldübel zwischen den Platten einbetoniert werden. Diese Stangen sollen schließlich unerwünschte Bewegungen verhindern, erwünschte jedoch nicht einschränken.[97]

* Je nach Untergrund schwanken die sicher rissfreien Längen zwischen sechs Metern auf festem Untergrund wie Fels oder Mergel und 20 Metern auf reinem Sand. Vgl. a.a.O., S. 144.

Abb. 15: Werbung für Fugenvergussapparate aus Alfeld (Leine) von 1936.

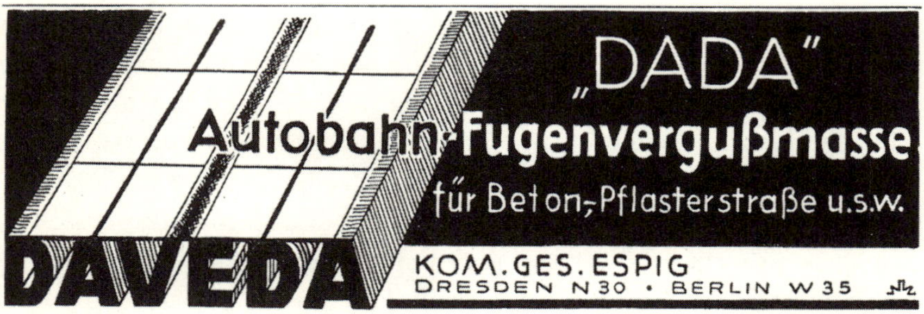

Abb. 16: Werbung der Kom.Ges.Espig von 1938.

Abb. 17: Werbung von Gustav A. Braun, Biberwerk, Köln von 1938.

Abb. 18: Werbung von Ernst Hugo Sarg & Co. von 1936.

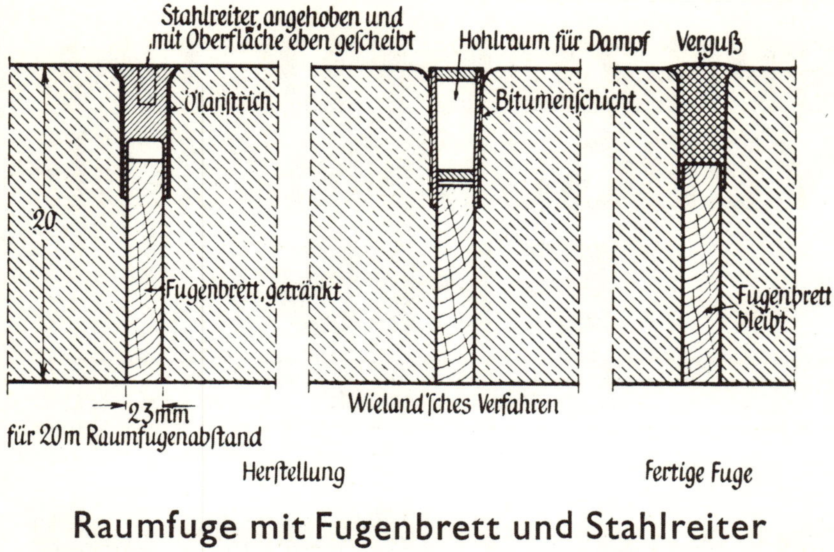

Abb. 19: Schematische Darstellung des Wieland'schen Verfahrens zur Herstellung von Raumfugen.

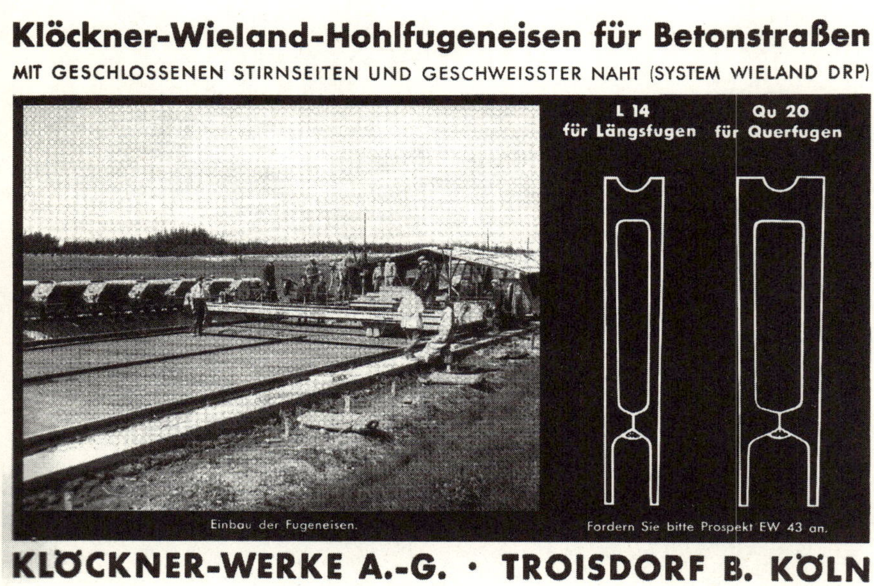

Abb. 20: Werbung der Klöckner-Werke A.-G. von 1938.

Die Horizontalbewegung der Platte wird ermöglicht, indem »die Dübel nur in einer Seite voll einbetoniert sind und auf der anderen Seite nur zum Teil oder ganz in einer Hülse stecken«[98]. In der einen Platte sind die Dübel also fest im Material verankert, der Teil jedoch, der in die andere Platte hineinragt, ist im Beton beweglich. Er ist mehrfach mit Inertol bestrichen, befindet sich in einer Hülse oder ist, wie etwa in den USA gebräuchlich, fabrikmäßig mit Ölpapier umwickelt.[99] Das Dübelende ist schließlich mit einer Art Hohlkapsel besteckt, so dass hier die Bewegung der Platten längs zur Dübelrichtung nicht verunmöglicht wird. Diese Dübeltechnik verbindet also die einzelnen, monolithischen Betonplatten zu einem variablen Stecksystem, zu einer in sich für entscheidende Millimeter beweglichen »Plattenkette«[100].

Dieser gegen Untergrund- und eigene Temperaturschwankungen durch Beweglichkeit abgesicherte Baukörper lässt sich nach oben hin schließlich in bemerkenswerter Genauigkeit ausgestalten. Von Vorteil ist hierfür, dass der Baustoff Beton nahezu flüssig eingebracht wird.

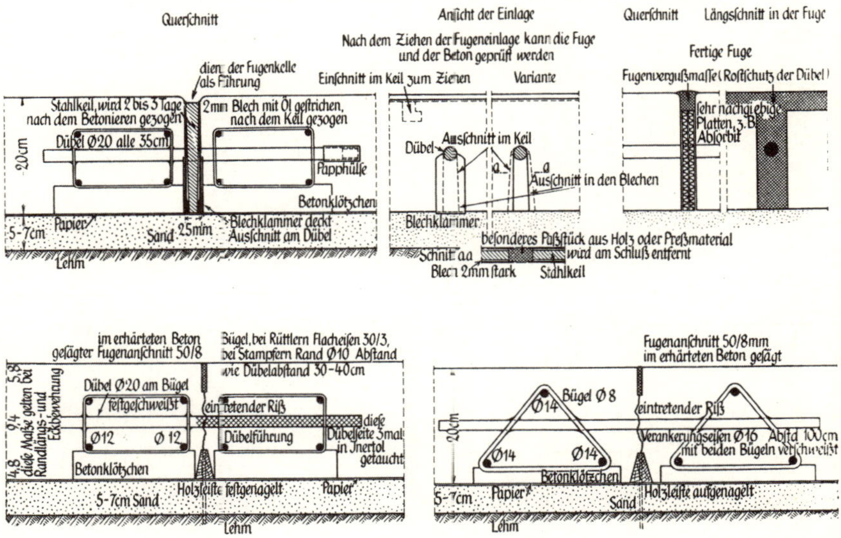

Abb. 21: Schematische Illustrationen zur Herstellung von Raum- und Schwindfugen mit entsprechender Verdübelung der einzelnen Betonfelder. Die Armierung der einzelnen Platten erfolgt hier weniger durch Matten sondern vielmehr als Randbewehrung durch Stäbe.

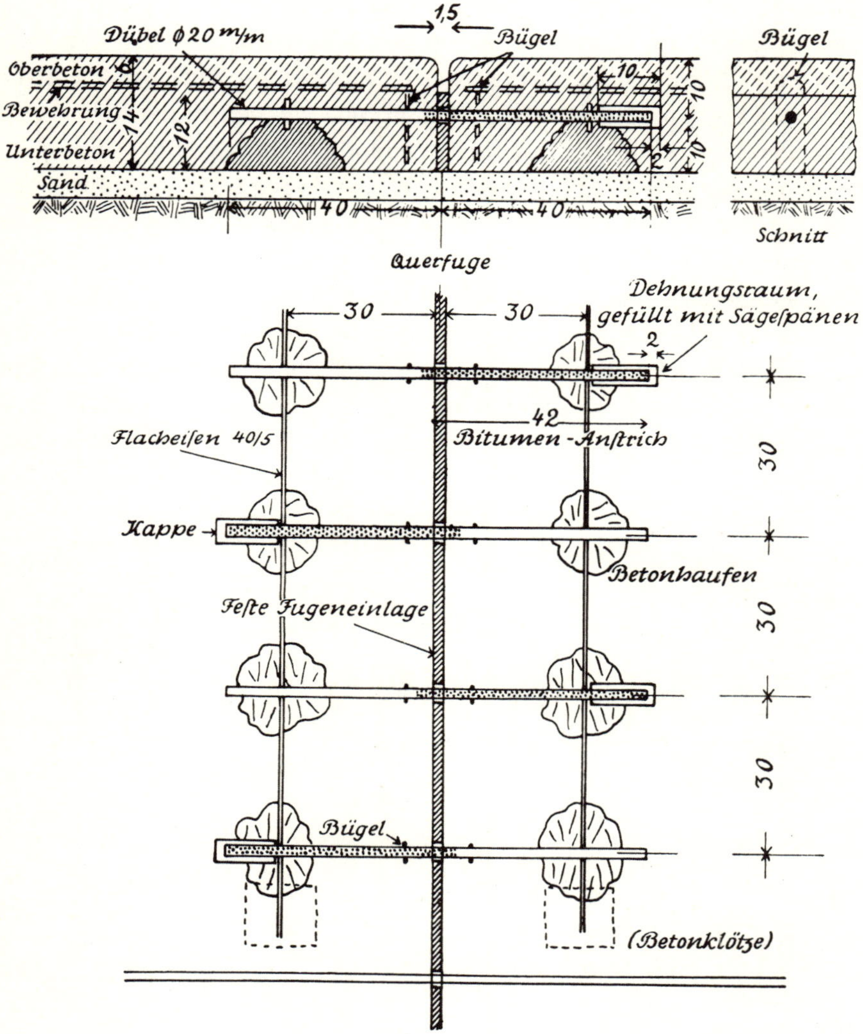

Abb. 22: Schematische Illustrationen zu verschiedenen Weisen der Verdübelung von Betonfeldern.

Hinzu kommt, dass er von einer auf Baugleisen links und rechts der Fahrbahn aufliegenden Arbeitsbühne aus verteilt, verdichtet und abgezogen wird, so dass diese Stahlschienen gleichsam das Richtgleis für die Genauigkeit der plastischen Betonoberfläche abgeben. So kann eine Ideallinie mit aus Gründen des Regenwasserablaufs 1,5 % Querneigung und entsprechender Überhöhung in den Kurven nicht nur vorgestellt, sondern auch gebaut werden.* Die Höchstabweichungen von der ideal ebenen Fahrbahn schrumpft in den Richtlinien dann auch von 5 mm/3 m auf 4 mm/4 m[101] und in Spezialfällen, wie bei der 1938 bei Dessau gebauten, für Geschwindigkeiten über 400 km/h ausgelegten Rekordstrecke, die von Hand mit nassem Segeltuch abgezogen wird, ist sogar von Abweichungen unter 3 mm/4 m die Rede.[102] Altertümliche Instrumente zur Straßenebenheitsmessung wie Holzbohlen haben ausgedient, und man geht dazu über, die Fahrbahnglätte durch nächtliches Ableuchten und Analyse des Schattenwurfs zu prüfen.[103]

Abb. 23: Nächtliches Ableuchten der Straßenoberfläche als Mittel der Qualitätskontrolle.

* Die Vorschläge eines gewissen Herrn Sehl aus dem Jahr 1934, jeden einzelnen der vier Fahrstreifen aufzuwölben, um die Fahrzeuge auf der gewölbten Spur zu halten, sind nicht nur kaum praktikabel, man müsste dann etwa in der Mitte der beiden Fahrstreifen entwässern, sondern würden auch beim Überholen zu einem äußerst gefährlichen Hin- und Herschaukeln der Fahrzeuge führen. Vgl. Sehl, Die Fahrbahn der Reichsautobahnen, in: Verkehrstechnik, Berlin 1934/5, S. 118–120.

Abb. 24: Werbung von Fritz Todts ehemaliger Baufirma von 1938.

Abb. 25: Werbung der auch vor 1939 international tätigen Philipp Holzmann AG.

Abb. 26: Werbung für Kleinpflasteroberflächen von 1938.

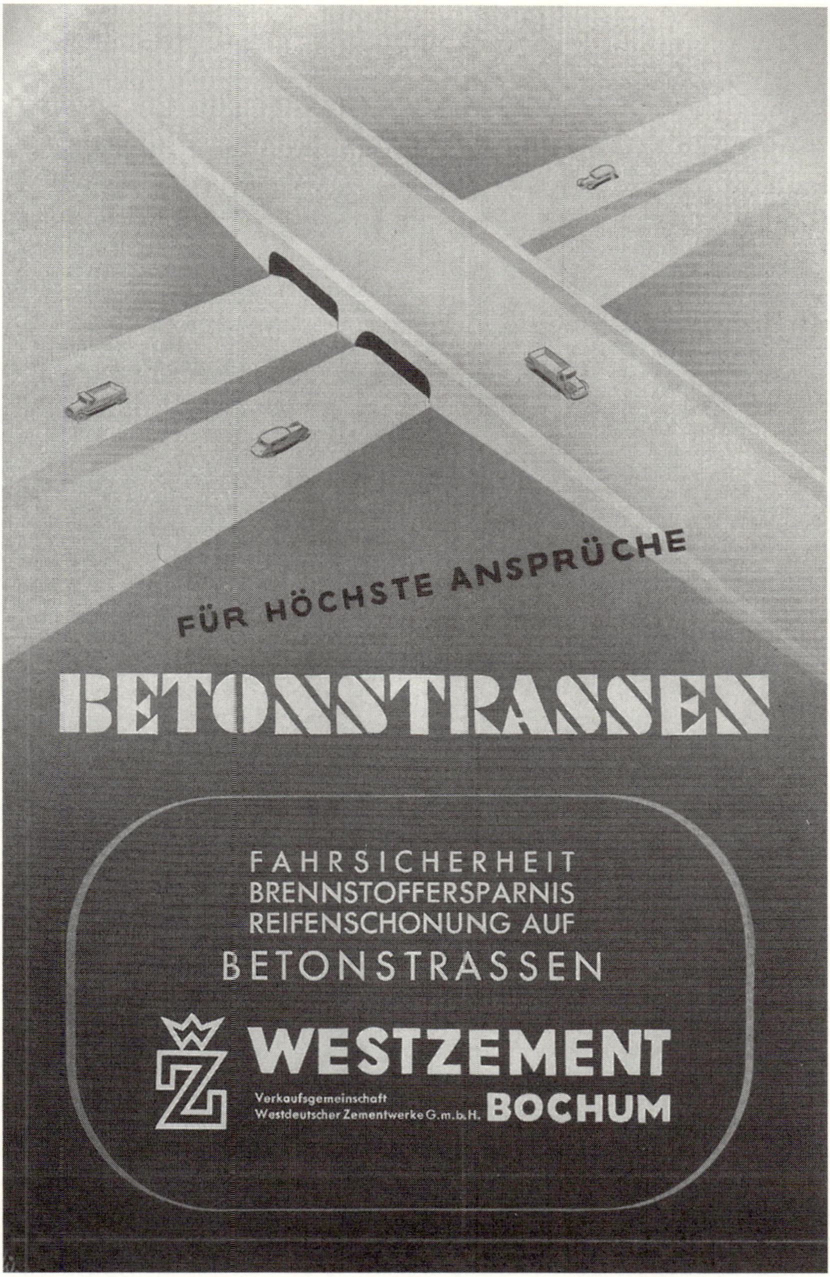

Abb. 27: Werbung der Westzement GmbH von 1938: Westzement-Brücke.

Abb. 28a: (Ja, warum denn nicht?) Argumentation für Steinpflaster von 1936

Abb. 28b: Desgleichen für Beton: Man beachte im Zusammenhang mit der vorangegangenen Werbung »Warum Steinpflaster?« nicht nur die nahezu identische Argumentation, sondern auch die Tatsache, dass sich beide Werbungen auf der Vorder- bzw. Rückseite ein und desselben Blattes Papier befanden.

Korridor

»Der brave Stoewer übernahm die Rolle des »fliegenden Teppichs«, und die Autobahn spielte die Wolken.«[104] Was in geschwindigkeitsumwölkten Zitaten wie in diesem des Herrn von Stackelberg kaum mehr wahrzunehmen war, die spektakulär unspektakuläre Fahrbahn ist nun als Bauwerk wieder fassbar und als solches zu interpretieren.

Konkret besteht die 1941/42 3870 km lange Reichsautobahn mit ihren zweimal 7,5 Meter breiten Richtungsfahrbahnen** zu über 80% aus den hier beschriebenen Betonplatten, und auch die als »Kleinpflaster« ausgeführten Oberflächen – mit Auf- und Abfahrten etwa 10 % der verlegten Fahrbahnfläche* – können mit ihrem ganz ähnlich konstruierten Betonunterbau im Grunde noch zu den Betondecken gerechnet werden.[105] Bituminöse Straßendecken werden zwar auch verlegt, sie kommen aber fast nur in Gegenden mit besonders starker Teer- und Asphaltindustrie wie dem Ruhrgebiet oder für spezielle Aufgaben zur Anwendung, wie bei ungenügend verdichteten Dämmen, im Anschluss an Brücken, oder bei den links wie rechts 0,5 Meter breiten Seitenstreifen.[106]

Auf dieser konkreten Grundlage kann jetzt auch abstrakt ermittelt werden, welcher Begriff von baulicher Stabilität der Reichsautobahn zugrunde liegt. Als Gegenüber des Fahrzeugs bestehen diese Straßen aus einer harten Linie aus Kunststein. Um aber gerade die Funktion dieser Linie im Interesse der Gesamtmaschine zu erhalten, muss gegenüber inneren und äußeren Landschaftsdynamiken ein gewisses Spiel

---

* In besonders verkehrsarmen Gebieten wie in Ostpreußen wird von vornherein nur eine in beiden Richtungen befahrene Fahrbahn gebaut. Auch in den erst zum Ende der 30er Jahre gebauten Strecken in Schlesien und Thüringen fehlt die zweite Richtungsfahrbahn, so dass von den beim Baustopp Anfang 1942 insgesamt fertigen 3870 km etwa 500 km aus nur einer Fahrbahn bestehen.

** Vgl. Die Strasse 1939/1, S. 32. Hier wird der Stand am 1.12.38 folgendermaßen angegeben:
Streckenlängen im Betrieb: Beton: 2370,8 km, bituminöse Decken: 192,5 km, Pflasterdecken: 79 km.
Verlegte Fahrbahndecken in 1000 m²: Beton: 40.547, bituminöse Straßendecken: 5.269, Pflaster: 4.615.
In den letzten Baujahren dürfte sich das Verhältnis sogar noch zugunsten der Betondecken verschoben haben, da die meisten in dieser Zeit fertig gestellten Straßendecken ebenfalls aus Beton sind, etwa in Brandenburg, Thüringen und Schlesien.

zugelassen werden.* Die hier erläuterten Techniken zur Erstellung von Fahrbahnen aus Beton handeln also von einem Begriff von Statik, der selbst nur durch die Integration dynamischer Prozesse leistungsfähig ist. Wenn man als Grundaufgabe für den Fahrbahnbau ansieht, jeden einzelnen Bestandteil einer Straße dauerhaft an seinem Platz zu halten, so ist dies nach allem, was hier an technischen Verfahren zur Sprache kam, nur möglich, wenn diese Bestandteile selbst geordnet in Bewegung sind. Auch Todt hatte 1931 zwar schon von »dynamischen Beanspruchungen«[107] gesprochen, aber erst der konkrete Bau der Autobahn macht in Deutschland anscheinend vollends deutlich, wieweit diese Dynamiken reichen, und dass ihnen in ihrer landschaftlich-maschinellen Mannigfaltigkeit nur dadurch stabil begegnet werden kann, indem man dynamisch federnde, bewegliche Straßen baut.

Der scheinbar klare Gegensatz, der zu Beginn dieses Kapitels zwischen Statik und Dynamik angenommen wurde, greift also bei der Analyse der baulichen Gestalt der Betonplattenbahn zu kurz. Statt mit einem Gegensatz hat man es mit einem Zusammenwirken beider Größen zu tun, welches die Einzelbegriffe Statik und Dynamik überholt wirken lässt.

Der Betonkörper »Reichsautobahn« ist darin, trotz seiner speziell nationalsozialistischen Geschichte, durchaus anschlussfähig an eine generelle Tendenz zur materiellen Dynamisierung im Baugeschehen der ersten Hälfte des 20. Jahrhunderts, auch über die offenkundigen, straßenbautechnischen Einflüsse aus Übersee hinaus. Zwei ganz unterschiedliche, hier nur knapp gestreifte Stimmen zur im weiteren Sinne zeitgenössischen Architektur legen das nahe.

---

* Ein Spiel, das auch zwischen Straße und Fahrzeug stattfindet und für das mittels durch Textileinlagen zugfest gestaltetem Gummireifen und Federung vom Fahrzeug selbst gesorgt wird. Vgl. dazu Walter Ostwald, Der Rohstoff des Gummireifens, in: Die Strasse 1934/8 S. 245.

»Der Vollreifen wird an der jeweils den Boden berührenden Stelle auf Druck, auf Hämmern beansprucht. Die Fernwirkung der jeweils beanspruchten Stelle auf den übrigen Reifen ist klein. Ganz anders beim Luftreifen, hier wird die hämmernde Druckbeanspruchung an der Berührungsstelle zwischen Reifen und Boden durch die Druckluftfüllung umgewandelt – und verwandelt in eine Zugbeanspruchung des ganzen Luftreifens bzw. der gesamten Reifendecke. Der Unterschied entspricht etwa der Entwicklung von den auf Druck beanspruchten Radialholzspeichen des gewöhnlichen hölzernen Wagenrades zu den auf Zug beanspruchten Drahtspeichen des neuzeitlichen Tangentialspeichenrades.«

Schon in seinem 1914 erschienenen Werk »Glasarchitektur« hatte der phantastische Schriftsteller Paul Scheerbart vermutet, dass der neuartige Baustoff Beton ganz und gar neuartige, geradezu poststatisch zu nennende Möglichkeiten des Bauens eröffnen könnte, eine im wörtlichen Sinne »schwimmende Architektur«.

> Wenn der Eisenbeton, wie doch von vielen Seiten – auch von der staatlichen Materialprüfungskommission – öfters erklärt wurde, so ist der Eisenbeton imstande, schiffartig die größten Bauten zu tragen.
> Und wir können ganz im Ernste von einer schwimmenden Architektur reden.
> [...]
> Die schwimmende Stadt kann in größeren Seegebieten herumschwimmen.
> Aber sie könnte vielleicht auch im Meer herumschwimmen.
> Das alles klingt sehr phantastisch und utopisch, ist es aber ganz und gar nicht, wenn der Eisenbeton als unverwüstlicher Schiffskörper die Architektur trägt.[...]
> Immer wieder müssen wir uns daran gewöhnen, daß neue Baumaterialien, wenn sie wirklich von unerreichter Festigkeit und Rostfreiheit sind, die ganze irdische Architektur in neue Bahnen bringen können.
> Der Eisenbeton ist aber ein solches Baumaterial.[108]

Auch wenn die Betonplatten der Reichsautobahn nicht wirklich diesem von Scheerbart beschriebenen »Eisenbeton« aus dem Hochbau zuzurechnen sind, und das Bauwerk auch nicht »ganz im Ernste«, als »schwimmende Architektur« bezeichnet werden kann wie etwa Le Corbusiers 1929 auf einem ausgedienten Betonkahn errichtetes Obdachlosenasyl – »Was Noah gefehlt hat, war Stahlbeton. Was der modernen Architektur fehlt, ist eine Sintflut«, so Rem Koolhaas über Le Corbusier, besagtes Gebäude und Beton im Allgemeinen – so wirkt die Autobahn doch in der Tat als stabil flexibler Steg der Technik durch eine als wässrig-labil begriffene Landschaft.*

---

* Vgl. zu Le Corbusiers Kahn und Noahs Arche Rem Koolhaas, Delirios New York/Aachen 1999, S. 266:

»Beton

Le Corbusiers Lieblingsmethode der Objektivierung – seine Bauwerke kritisch zu machen – ist Stahlbeton. Die aufeinanderfolgenden Schritte – vom Spekulativen zum Konkreten –, seine Konstruktionsmethode sind eine Abwandlung des Dalíschen Traumes über den Schnappschuß von Marias Himmelfahrt, die, mag sie noch so alltäglich anmuten, nicht weniger traumhaft ist.
In ihre einzelnen Phasen zerlegt, läuft die Stahlbeton-Konstruktion folgendermaßen ab:

Ebenfalls mit den Auswirkungen neuer Materialien auf das grundlegende Verständnis von Dynamik in der Architektur befasst sich fast 40 Jahre nach Scheerbart der Architekt Erich Mendelsohn. Der Erbauer des ganz in Beton geplanten, aus Kostengründen dann aber doch in herkömmlicher Bauweise bis 1924 errichteten Einsteinturms bei Potsdam[109] bemerkt in einem Vortrag aus dem Jahr 1952, »Die drei Dimensionen der Architektur«[110]:

> Die entscheidenden Perioden der Architekturgeschichte zeigen sich am Aufkommen neuer physischer Anforderungen und neuen geistigen Strebens, an der Einführung neuer Baumaterialien, -methoden und -ideen, der Schaffung neuer Ausdrucksformen in Entwurf und Ausführung.[111]

Nach einem dementsprechenden Überblick über die gesamte Architekturgeschichte kommt Mendelsohn zur Gegenwart und ihrem Bezug zum Material:

> Die führenden Baumaterialien der Gegenwart, Stahl und Stahlbeton, sind beide zusammengesetzte, künstlich hergestellte Materialien. Um ihr strukturelles Verhalten, Druck und Spannung zu berechnen, sind wissenschaftliche Methoden und exakte Berechnungen eine absolute Notwendigkeit.[112]

Und er führt weiter aus:

> Das Bausystem unserer Zeit basiert auf elastischer Kontinuität. Das statische Prinzip der Antike und das dramatische Prinzip des Mittelalters liefen auf von Menschenhand entworfene Bauten hinaus, während das Prinzip der Elastizität von der Natur diktiert ist.[113]

Zunächst wird die hypothetische Schalung errichtet – das Negativ der Ausgangsthese. Als nächstes werden – genauestens dimensioniert nach den rationalen Gesetzen der Newtonschen Physik – Stahlarmierungen eingeführt: der Verstärkungsprozeß der paranoischen Kalkulation.
Dann wird eine mausgraue Flüssigkeit in die leeren, spekulativen Negativformen gegossen, um ihnen ein dauerhaftes Leben auf Erden zu geben, eine unleugbare Realität, besonders nachdem die Anzeichen des anfänglichen Irrsinns – die Schalung – entfernt worden und nur noch die Fingerabdrücke der Holzmaserung übriggeblieben sind.
Zunächst unbegrenzt formbar, dann plötzlich hart wie Stein, kann Stahlbeton Leere und Fülle mit der gleichen Leichtigkeit objektivieren: er ist die Modelliermasse der Architekten.
(Es ist kein Zufall, daß Baustellen von Stahlbetongebäuden angesichts ihres wilden Durcheinanders von Schalungen an Noahs Projekt erinnern: merkwürdige, von Land umschlossene Werften)
Was Noah gefehlt hat, war Stahlbeton. Was der modernen Architektur fehlt, ist eine Sintflut.«

Zwar geht Mendelsohn hier nicht auf Straßenbauten und auf nationalsozialistische selbstverständlich noch viel weniger ein, doch ist nicht zu übersehen, dass auch die Reichsautobahn mit ihrer stabilen Flexibilität, die zwischen technischen und landschaftlichen Dynamiken vermittelt, als eine derart elastische bzw. in einer weiteren Formulierung Mendelsohns »lebendige Struktur«[114] funktioniert.

Um dieses dynamisierte Verständnis von Statik im technischen Landschaftsbauwerk Reichsautobahn zu fassen, und um zu klären, in welcher Form bei diesem Bauwerk »die Elastizität von der Natur diktiert ist«, kann ein Begriff ins Spiel gebracht werden, der selbst aus der Verkehrstechnik stammt: der Korridor. Als Korridor bezeichnet man zunächst einen Übergang im Raum, ob als Flucht zwischen den Zimmern eines Hauses, als bewehrte Verbindung zwischen den unterschiedlichen Teilen einer Festung oder schließlich als territoriale Schneise in einem fremden Gebiet. Auch so genannte Zeitfenster, während deren bestimmte Dinge möglich sind, die vorher wie nachher unmöglich waren, etwa einmal am Tag Landemanöver auf einem ungünstig gelegenen Flughafen, gelten als Korridore. Ähnlich korridorartig erscheint auch eine Vielzahl von Größen im Bereich des Lebendigen, vor allem Temperaturkorridore, innerhalb deren Grenzen allein etwa menschliche oder andere organische Aktivität möglich ist, oder auch Wahrnehmungskorridore, wenn bestimmte Frequenzzonen sichtbar/hörbar sind, jenseits dieser Zonengrenzen jedoch keine Information mehr ankommt.*

Von Korridoren kann also in einem allgemeinen Sinn die Rede sein, wenn zwei Grenzwerte zwischen sich einen Möglichkeitenraum aufspannen, wenn etwas nur funktioniert, weil es »zwischen Scylla hier und dort Charybdis« – eingerahmt also von Unmöglichkeiten – auf einem schmalen Grat des Möglichen angesiedelt ist. Im Korridor sind somit Stabilität – als garantiertes Funktionieren – und Variabilität – als Anpassung an die Zone des Möglichen – kombiniert.

Im Sinne einer derartigen Korridorstatik – als Kombination aus Stabilität und Variabilität – funktioniert auch die hier erläuterte Fahrbahn aus Beton. Um ihre Stabilität gegenüber den verschiedenen Dynamiken

---

* Dass in der Rede von der Erde als dem »Blauen Planeten« so etwas wie »Belebtheit« als eine bestimmte Zone im Farbspektrum gefasst wird, der eine Korridor also durch einen anderen bezeichnet wird, sei hier als hübsche Kombination nur am Rande erwähnt.

absolut – d.h. im Sinne von *On* gegenüber *Off* – zu garantieren, balanciert sie selbst beweglich zwischen Unmöglichkeiten. Sie funktioniert in ihren kleinsten und dabei avanciertesten Details genau zwischen Phänomenen, die, wenn sie nicht gleichsam mimetisch mittels eingebauter Spielräume umgangen werden würden, früher oder später zu ihrer Zerstörung führen würden: zwischen zu schmalen und zu weiten Fugen, zwischen sich aufwölbendem und aufklaffendem Beton, zwischen zu spröder und zu weicher Fugenvergussmasse, zwischen zu fettem und zu magerem Zement.

In einer vormals unwegsamen Gegend wird so mit der Fahrbahn ein doppeltes Fenster geöffnet, öffnen sich bühnentechnisch mehrere Vorhänge zu einem doppelten Korridor. Um in einer nicht maschinentauglichen Landschaft den nassgrünen Vorhang aus Wald, Wiese, Berg und Tal zu einem sicher garantierten Durchgang von zwei Mal 7,5 Metern Breite aufzuziehen, muss beim verwendeten Material der Temperatur- und Feuchtigkeits-Vorhang bzw. -Korridor an ganz bestimmten Stellen in ganz bestimmtem Maße geöffnet sein. Straßenbaurichtlinien über hochgeschwindigkeitstaugliche Kurvenanrampungen oder verbreiterte Seitenstreifen vermögen kaum den erwünschten Verkehrskorridor nach wohin auch immer zu öffnen, wenn nicht materialprüfungstechnisch und erdbaumechanisch Korridore im Stile von 5–6 mm Betonausdehnung auf 10 Metern oder von einer frostsicheren Schicht in etwa 25 cm Stärke mit im Spiel sind.

Die technische Umgebung des Korridors

Diese bei der Betonautobahn angewandten Korridortechniken sind zwar im Einzelfall durchaus neu, das ingenieurtechnische Prinzip musste aber kaum neu erfunden werden. Bei jeder Eisenbahnbrücke aus dem 19. Jahrhundert mit ihren Rollenlagern kann das Prinzip auf stählerner Basis bereits beobachtet werden: Die bei der Autobahn so komplizierten Fugen haben ihre stählernen Vorläufer in den Lücken der Eisenbahnschienen.[115] Die technikhistorische Bedeutung der Korridore bei der Autobahn dürfte also darin bestehen, dass hier ein schon in anderen, eindeutig maschinellen Bereichen erprobtes Prinzip auf ein bis dahin exakt technischer Gestaltung wenig zugängliches Gebiet ausgedehnt wurde. Das betrifft sowohl die komplizierte Übertragung »elastischer« Prinzipien von dafür besser geeignetem Material wie Stahl auf dafür weniger gut geeignetes Material wie Beton, als auch das dafür notwendig bessere, ingenieurtechnische Verständnis der vielfältigen landschaftlichen Störfaktoren.

In nicht wenigen Bereichen ist es immerhin schon einige Jahrzehnte länger als im Straßenbau Standard, mit Hilfe von Korridoren maschinelles Funktionieren zu garantieren. Seit Beginn des 20. Jahrhunderts wird es in maschinenbautechnischen Zusammenhängen, wo zwar keine landschaftlichen, dafür aber andere Dynamiken Abweichungen von rein imaginierten Ideallinien bewirken, immer mehr gebräuchlich, Maschinenteile nicht mehr mit einzelnen, absoluten, sondern mit gedoppelten Grenzwerten zu vermessen, wie Peter Berz in »08/15, Ein Standard des 20. Jahrhunderts«[116] ausführt. Zusammengehörige Bohrungen und Bolzen müssen dann nicht mehr einem einzigen Messwert entsprechen, was, wenn ein Bolzen gerade leicht überwertig und eine Bohrung leicht unterwertig ist, nicht mehr zusammenpasst, sondern ihre Abmessungen müssen in einem gewissen Korridor zwischen dann sicher kombinierbaren Grenzen liegen. So lässt sich organisiert und mit Hilfe sicherer Spielräume vermeiden, dass maschinelle Industrieproduktion wieder in menschliche Fehlerreduktion, sprich: Nacharbeiten, rückgeführt werden muss. Seit Georg Schlesingers Dissertation von 1904, »Die Passungen im Maschinenbau«[117], hat diese neue, in Amerika schon länger praktizierte Messordnung auch eine systematische Grundlage. Peter Berz beschreibt das neue, leistungsfähigere Toleranz-Messsystem, folgendermaßen:

> Die neue Messordnung besteht also darin, dem entgegengesetzten Grenzfall ein Ziel zu setzen. Damit installiert sie beim Bau von Maschinen ein gänzlich neues Prinzip: absolute Werte durch Grenzwerte zu ersetzen. Die modulare Identität von Maschinenelementen ist nicht mehr eine diskursive Grundannahme oder irgendein fiktiver Annäherungsgrad ans Absolute, sondern: identisch, austauschbar und modular ist, was zwischen zwei Grenzwerten liegt. Die Verkörperung dieses neuen Prinzips heißt Grenzlehre.[118]

Mittels dieser Grenzlehrenlogik ist es möglich, zufällig Unvermeidbares von vornherein mit einzukalkulieren und als Störfaktor des Funktionierens frühzeitig zu neutralisieren:

Toleranzsysteme und ihre materiellen Agenten, die Grenzlehren, generieren einen neuen Typ von Kontrolle. Er organisiert real Lücken, statt sie scheinbar abzuschaffen, legt mathematisch genau Ungenauigkeiten fest, statt Fiktionen absoluter Genauigkeit zu verwalten, setzt an die Stelle eines lückenlosen Systems der Normallehren ein System der Spielräume. Die medientechnische Basis eines solchen Systems aber sind nicht mehr amtliche Lehrensets auf verschiedenen Ebenen, sondern Aufschreibung und Diagramme. Ein System der Spielräume existiert nur, weil es experimentiert und mathematisiert ist, auf- und angeschrieben. Es passe, so Schlesinger, exakt zur Eigenart des deutschen Maschinenbauers, rechnen zu wollen und rechnen zu müssen.[119]

Vor diesem, hier nur andeutungsweise skizzierbaren Hintergrund, dass nämlich industriehistorisch schon einige Jahrzehnte länger als straßenbauhistorisch mit Hilfe von experimentell ermittelten Spielräumen gedacht und produziert wird, ist auch die flexibel-stabile Fahrbahn der Reichsautobahn mit ihren die Landschaft erschließenden Korridoren zu betrachten.

Die quasinatürliche Dynamisierung der Bautechnik, die von Nationalsozialisten wie von Gegnern des Nationalsozialismus gleichermaßen positiv als Anlehnung von Technik an natürlich lebendiges Walten gewertet und gefeiert wird – »Wer die Kräfte der Natur meistern will, muss in den großen Zusammenhängen der Natur denken und seine Maßnahmen darauf abstellen«, schreibt etwa Fritz Todt 1938 in der »Deutschen Technik«[120], und Erich Mendelsohn spricht 1952 über die »lebendige Struktur der Zukunft, in der die Natur dem Menschen erlaubt, sie als Partner in einer vereinten kosmischen Existenz zu begleiten«[121] –, diese Einpassung von Technik in natürliche Zusammenhänge kann mittels der Querverbindung zur Messgeschichte auch umgekehrt gelesen werden.

Die vermeintliche Renaturierung der Bautechnik erscheint dann ebenfalls als »neuer Typ von Kontrolle«, als Verrechnung und Einordnung von Natur bzw. Landschaft in erlaubte Schwankungsbreiten von Technik-Korridoren. Flexibilität von Hardwareabmessungen erscheint hier wie dort als probates Mittel, ungestörtes Funktionieren gegenüber widerspenstigem Material zwar mittels »Lücken« bzw. Fugen, aber deswegen kaum weniger rigoros durchzusetzen. Unbequeme Störfaktoren gilt es zu berechnen und damit beherrschbar zu machen, gleich, ob es um sich abnutzende Bohrer in der Gewehrfabrik geht oder um Temperaturschwankungen im Fahrbahnmaterial der Autobahn. Flexibel zu vermessen kann also hier wie dort als die Integration von Störfaktoren verstanden werden, gerade mit dem Ziel, diese Störfaktoren in ihrer Wirksamkeit abzuschaffen.

Liest man auf diese Weise industrielle Messpraktiken und die hier besprochenen Baupraktiken parallel als Abfederungen verschiedenartiger Kontingenzen, so erscheint der Korridor der Autobahn selbst als eine Art bauförmiger Messpraxis. Die Betonfahrbahn wirkt so als Medium, Landschaft wissenschaftlich zu begreifen. Indem die Fahrbahndecke wesentliche Aspekte von »Landschaft« in sich integrieren muss, um ihre Künstlichkeit zu garantieren, wird mit Hilfe von Materialprüfungsanstalten und Erdbausachverständigen eine Art Gleichung aus Beton formuliert, deren Richtigkeit ständig im double-bind zwischen Maschinengrößen wie Automobilen und Landschaftsgrößen wie Frost und Wasser überprüft wird.* Die glatte, hochgeschwindigkeitstaugliche Fahrbahn aus Beton liest so durch ihr Funktionieren all die Korridorwerte wie »5–6 Millimeter Materialausdehnung«, »sechs Meter sichere Plattenlänge auf Fels« oder »25 cm minimale Frostschutzschicht« gleichsam aus der Landschaft heraus, und erzwingt ein Verständnis von Zusammenhängen wie »Scherfestigkeiten« oder »Plastizitätsziffern«[122] von Böden, wovon man ansonsten kaum je erfahren hätte. Im optimalen Fall erzeugt die »Lektüre« der Landschaft durch die Bahn aus Beton das leise Surren der Autobahnmaschine, das von Stackelberg unauffällig vernommen hat und nach ihm Millionen anderer Fahrer, im weniger guten Fall reißen oder heben sich die Platten mit leisem Knirschen und dokumentieren, dass die Autobahn die Landschaft schlecht interpretiert.

In jedem Fall, ob sie experimentell Gut- oder Schlechtwerte liefert, legt die Fahrbahn einen flexibel rationalen Weg – eben einen Korridor – durch ein in Deutschland praktisch und theoretisch zu Beginn der

---

* Im Falle von Hochgeschwindigkeitstestfahrten zwischen Frankfurt und Darmstadt oder auf der so genannten Rekordstrecke bei Dessau liegt die Prüfgeschwindigkeit sogar bei über 400 km/h. Der Rennfahrer Rudolf Caracciola schreibt dazu:

> Die Betonfahrbahn erwies sich bei unseren Versuchsfahrten als so ausgezeichnet, daß wir manchmal sogar bei teilweise nasser Strecke fuhren! Die Reichsautobahn bedeutet für mich deshalb das Ideal einer Autostraße überhaupt, denn ich befuhr sie mit meinem Rekordwagen schließlich nahezu mit der äußersten Geschwindigkeit, deren ein Landfahrzeug noch fähig ist!

Rudolf Caracciola, Was mir die Reichsautobahn bedeutet, in: Die Strasse 1938/15, S. 480.

1930er Jahre noch kaum begangenes Terrain. Auf einem bodenkundlichen Schulungskurs an der Technischen Hochschule Berlin-Charlottenburg, der im Anschluss an den im Herbst 1934 in München stattfindenden VII. Internationalen Straßenbaukongress abgehalten wurde, stand der Harvard-Professor Arthur Casagrande – Bruder Leo Casagrandes und wie dieser Deutsch-Österreicher mit italienischem Namen aus dem Triestiner Korridor (Österreichs Zugang zum Mittelmeer) – noch einem weitgehend ahnungslosen Fachpublikum gegenüber, als er erklärte:

> Ein Kolleg über Erdbaumechanik, wie es beispielsweise an den Universitäten in Amerika gehalten wird, würde eine viel längere Zeit erfordern, als mir hier zur Verfügung steht. Wenn ich versuche, in einem kleinen Bruchteil dieser Zeit Ihnen das Wichtigste zu bringen, so muß ich mich damit begnügen, vor allem die Grundbegriffe klar zu definieren. Ich habe immer wieder gesehen, dass diejenigen Herren, die sich die Grundbegriffe zu eigen gemacht haben, auch wenn sie keine Ahnung von den Theorien hatten, stets in der Lage waren, auch in der Praxis weiterzukommen, während große Theoretiker doch immer wieder im Felde versagt haben. Es gehört ein angeborenes Talent dazu, sich anzueignen, was man als Bodeningenieur für den Straßenbau braucht, ein Sinn für die Böden, der es ermöglicht, ohne Hilfsmittel die Böden im Felde zu identifizieren. [...] Dieses »Gefühl« für die Böden bei Ihnen zu wecken, ist der Zweck dieser Woche.[123]

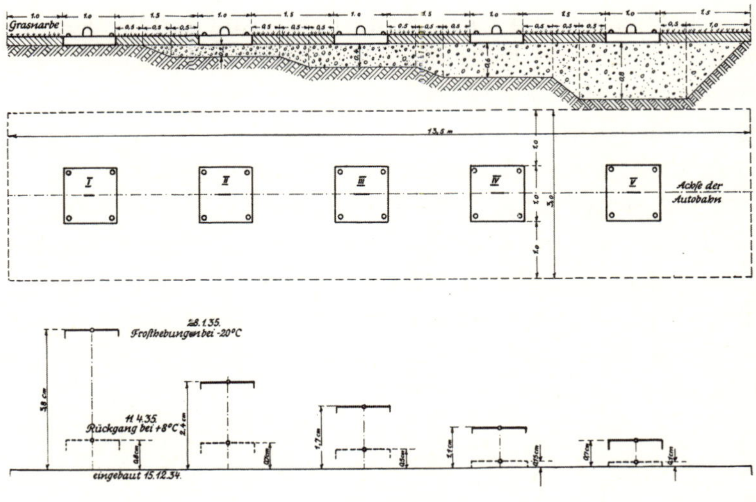

Abb. 29: Eine 1935 noch lang und breit zu erklärende Versuchsanordnung: Frosthebung in Abhängigkeit zur Stärke einer untergelegten Kiesschicht.

Die schließlich gebauten Reichsautobahnstrecken dokumentieren diesen Kompetenzzuwachs beim »›Gefühl‹ für die Böden«, die Verteilung einer neuen Disziplin über einen weiten Personenkreis. Der Eindruck, dass hier in der Tat ein technisch neues Gebiet durch internationalen Wissenstransfer und durch intensives Erforschen von Landschafts- und Materialbedingungen einigermaßen befriedigend erschlossen wurde, wird auch durch die Fehler und Schäden der Reichsautobahn kaum gemindert. Plattenbrüche und -aufgänge* waren zwar keineswegs selten, liegen aber anscheinend nur zum geringeren Teil am ungenügenden Verständnis der Materie. Sie resultieren eher aus ungenügender Umsetzung bekannter Sachverhalte. Karl Lärmer, der aus ostdeutsch-sozialistischer Perspektive den Reichsautobahnbau beschreibt und kaum Sympathien für nationalsozialistisches Bauschaffen verdächtig ist, nennt in seiner ausführlichen Analyse der zahlreichen und vielfältigen Fehler beim Autobahnbau vor allem mangelhafte Bauausführungen, Zeitdruck und rüstungswirtschaftliche Sparsamkeit als Gründe für Schäden. Besonders problematisch scheint sich das hektisch künstliche Verdichten von Dämmen ausgewirkt zu haben. Wider besseres Wissen, dass Aufschüttungen zur Setzung mindestens einmal überwintern müssen, wurde, um unrealistische, propagandistische oder strategische Zeitvorgaben einzuhalten, Schüttmaterial eingespült, verrüttelt und gestampft und so ein langfristig untauglicher Untergrund geschaffen. Ähnlich sind auch Schäden zu betrachten, die von – der Einfachheit bzw. Sparsamkeit halber – zu lang bemessenen bzw. ohne Armierung ausgeführten Platten oder eingespartem Frostschutz herrühren.**

Unter dem Druck neuartig automobiler Belastungen, sowie in Deutschland nicht zuletzt unter dem politischen Druck übertriebener Ansprüche an ein vom wirklichen Verkehrsgeschehen in dieser Form keineswegs herausgefordertes Projekt wurde also nicht nur die deutsche Bauwirtschaft mit immensen Investitionen neu formiert,[124] sondern wurde mit neuen Techniken auch ein neues wissenschaftliches Raster der Landschaft eröffnet.

---

* Damit wird das Hochsteigen einer Platte unter Frosteinwirkung bezeichnet.

** Vgl. dazu Lärmer (1975), S. 151ff. Er bezieht sich hier auch auf Dittrich (1953), Erfahrungen mit Betonstraßen, der hinsichtlich der Schäden zu ähnlichen Ergebnissen kommt.

Reichlich unauffällig beschreibt der zunächst an der TU Wien am Lehrstuhl für Wasserbau und schließlich in den USA lehrende Karl Terzaghi, der mit seinem Buch »Erdbaumechanik auf bodenphysikalischer Grundlage«[125] von 1925 als Gründer der modernen Bodenmechanik in Europa und den USA gilt, aus den 1960er Jahren rückblickend den Entwicklungsschub:

> Die Anfänge der Bodenmechanik haben sich vor einigen Jahrzehnten aus einem dringenden Bedürfnis heraus entwickelt. In dem Maß, wie die mit dem Boden verbundenen praktischen Probleme an Bedeutung gewannen, war die Unzulänglichkeit der für ihre Bewältigung zur Verfügung stehenden wissenschaftlichen Hilfsmittel immer stärker in Erscheinung getreten. Fast gleichzeitig waren in den USA und in Europa die ersten Schritte unternommen worden, um diesem Mangel abzuhelfen. Sie haben innerhalb kurzer Zeit zu zahlreichen wertvollen und nützlichen Erkenntnissen geführt.[126]

Auch wenn Terzaghi sich hier auf vage Andeutungen beschränkt, bleibt doch nicht verborgen, dass solchermaßen bebaubare Landschaft keine dem Technischen grundsätzlich entgegengesetzte Größe mehr ist. Vielmehr ist nun eine weitere, vormals unbestellte Sphäre technischem Gestaltungswillen zugänglich, mit allen nah und fern liegenden Implikationen und kulturellen Rückkopplungen.

Die vordersten Frontlinien zwischen Technik und Landschaft, diese Grenzen also (lat. fines), die das Gebiet (lat. fines) der Technik abstecken und damit formulieren, wieweit Technik reicht und was Landschaft überhaupt ist, werden nicht mehr nur von starr unverwandten Technikinseln im Meer der »Natur« bezeichnet, sondern von Bauten, die sich den Bedingungen des Bodens und des Materials mimetisch anschmiegen. Gebilde vom Schlage etwa des »Hindenburgdamms«, der eisenbahntechnisch der anbrausenden See zwischen Sylt und dem Festland trotzt, und der so nicht umsonst als Metapher für eine ganze technische, wie vor allem psychische Epoche im allerersten Satz von Klaus Theweleits Buch über den faschistischen Mann am Ausgang des Ersten Weltkriegs, »Männerphantasien 1+2«, auftaucht – Hindenburg, »der selber ein Damm war, Soldatendamm von Reich zu Reich durch die roten Fluten der »Republik« von Weimar«[127] –, sind zu Beginn des Zweiten Weltkriegs technisch überholt. Nun bändigen weit effektiver die automobilbefahrenen »Straßen des Führers« die Landschaft, indem sie sich flexibel gegen alle vorkommenden Dynamiken abfedern und mit Hilfe der von modernen Architekten wie Erich Mendelsohn so hoffnungsvoll begrüßten, »lebendigen Strukturen«,[128] unzugängliche Gebiete prinzipiell von der Landkarte streichen. Abwehrschlachten gegen unbotmäßige Bodenfeuchtigkeit in Form von Moorsprengungen, also Landschaftstechniken starren Stils, die nicht nur im Anschluss an Klaus Theweleit als nahezu psychotisch zu fassen wären,[129] finden daneben unvermindert bzw. frisch erfunden weiter statt, doch bilden sie nicht mehr die Vorhut, mit der Landschaftstechnik in die Sphären des Unbekannten vorstößt und schließlich jede Wiese in einen potenziellen Verkehrsknoten verwandelt.

Einholen und Überholen

Der vermeintlich statische Part der Mobilisierung – die Straße und ihr Untergrund – hat also durch die Aufnahme von dynamischen Motiven – als mehrfacher Korridor – das Automobil gleichsam von unten überholt. Die Straße rutscht als flexible Unterlage dem Automobil ganz konkret entscheidende Millimeter davon, was dann in einem weniger mikroskopischen Maßstab als technologisches Überholtwerden des Automobils durch die Straße bemerkbar wird. So schreibt ein gewisser Walter Ostwald 1937 in seinem Artikel »Reichsautobahn und zukünftige Entwicklung des Kraftwagens«:

> Insgesamt ergibt sich also der Eindruck, daß unsere Reichsautobahnen dem Kraftfahrbau technisch ungemein voraus sind. Im Zwischenreich gab es Streit zwischen Kraftfahrern und Straßenbauern darüber, wieweit das Kraftfahrzeug sich der Straße, wieweit die Straße sich dem Kraftfahrzeug anzupassen habe. Das Kraftfahrzeug hat sich als der Neukommer redlich bemüht, durch Luftbereifung, Einzelabfederung der Räder und so weiter der Straße sich anzupassen. In den Reichsautobahnen hat aber umgekehrt der Straßenbau einen so ungeheuerlichen Vorsprung gewonnen, daß der Kraftfahrbau Jahrzehnte brauchen wird, um die durch Adolf Hitlers wunderschöne Straßen gebotenen Möglichkeiten auch nur einigermaßen voll auszunutzen. Es ist heute einfach nicht auszudenken, daß irgendwelche kraftfahrbaulichen Fortschritte überhaupt jemals über die Möglichkeiten unserer Reichsautobahnen hinausführen könnten.[130]

Den salbungsvollen Tonfall kann man sich wegdenken, und übrig bleibt eine realistische Aussage über die »Wellenbewegung«[131] der Technik, das gegenseitige Ein- und sich Überholen technisch aufeinander bezogener Komponenten.

Kaum später als das eingangs durch die beiden Testfahrtszenarien aufgespannte Zeitfenster – selbst wiederum ein Korridor, in dem der straßenbautechnische Überholvorgang, der hier als Bau und Banalisierung der Fahrbahn beschrieben wurde, stattgefunden haben muss – nämlich Ende November 1938 –, unternimmt eben erwähnter Walter Ostwald eine Rundfahrt durch Deutschland, die als Kombination aus »2000 km durch Deutschland« und Stackelbergs Stoewertest betrachtet werden kann, ähnlich mühelos wie von Stackelberg, aber lose auf der Route der »2000-km-Fahrt«, über bereits fertige Autobahnabschnitte und dazwischen liegende Reichsstraßenstücke.

Schon im Schwäbischen gibt es etwas zu bestaunen, was gleichsam programmatisch den flexibel-stabilen Bau- und Techniktyp bündelt, der hier hergeleitet wurde: die Brücke über das Sulzbachtal. Der Untergrund

Abb. 30:
Die Sulzbachbrücke mit ihren auf »Stromlinienfundamenten« ruhenden Pendelstützen.

besteht hier zu einem erheblichen Anteil aus Knollenmergel, einem weichen Gestein, welches dort langsam aber stetig hang- und talabwärts fließt, für Brückenbauer eine denkbar unangenehme Landschaftsdynamik. Um das Tal dennoch stabil zu überbrücken, entschloss man sich, die Bodenverhältnisse im Talgrund unangetastet zu lassen und die 35 Meter hohe Pendelstützen-Brücke aus Stahl, wie Paul Bonatz 1934 anregt, stattdessen auf schlanken, tiefgeführten Caissons zu gründen, »um die herum sich das Fließen des Knollenmergels vollziehen kann«[132]. Brücke und Tal gehen sich so gleichsam aus dem Weg, um am selben Ort ihre jeweilige Bewegung – Erdstrom und Verkehrsstrom – unbehindert auszuführen. Walter Ostwald jedenfalls ist vom Erfolg dieser flexiblen Technik angetan und bemerkt über das Brückenbauwerk, was auch insgesamt zur vom surrenden Funktionieren verdeckten Fahrbahn passt:

> Just fahren wir über den gelenkigen Sulzbachviadukt mit seinen Stromlinienfundamenten. Jammerschade, dass man über solche interessanten Sachen darüberzischt.[133]

Abb. 31: Die Straße hat das Automobil überholt: Ein Limousinen- und Rennwagenhersteller versichert, dass die »gigantische Entwicklung« der neuen Straßen seine Produkte nicht überfordert.

Abb. 32: Der Aufstieg zum Irschenberg ist die Ikone schlechthin der angeblich edlen Reichsautobahnlinie. Otto Illauer gewann mit der Photographie 1936 einen ersten Preis beim Wettbewerb »Die schöne Straße im Bau und unter Verkehr« und erhielt 100 RM.

2. Fahren, Fliegen, Rechnen – Die Linienführung der Autobahn

Ὁδος ist für die Griechen der Weg und κελεύτος die Bahn. Der Weg ist eine geordnete Struktur, die Helden wie Odysseus nehmen, κελεύτος die Bahn, ist für große Geschwindigkeiten, höchste, übermenschliche Geschwindigkeiten und nur die Götter nehmen den κελεύτος. Die Frage aber ist, *wohin führen eigentlich* ὅδος und κελεύτος?[134]
Peter Berz

Fern u-bootete eine lange Limousine durch Getreidemeere.[135]
Arno Schmidt

Gerade von Rom nach Paris

»Nicht die kürzeste, sondern die edelste Verbindung zweier Punkte heißt es zu schaffen!«[136] So beschreibt Emil Maier-Dorn 1938 in seinem Artikel »Die kulturelle Bedeutung der Reichsautobahn« emphatisch die Linienführung der neuen Straßen. Der Satz ist ebenso berühmt wie merkwürdig.

In mehr als zweitausend Jahren Straßenbau zuvor besteht nämlich kaum ein Unterschied zwischen der kürzesten und der edelsten Verbindung zweier Punkte. Ganz selbstverständlich erscheint die kürzeste – die Gerade – auch als die vornehmste Linie, die der Ingenieur planmäßig ins Gelände legt. Zwei ganz unterschiedliche Beispiele mögen dies illustrieren.

Über das Erscheinungsbild der römischen Heerstraße in der Landschaft schreibt Plutarch:

> Schnurgerade zogen die Straßen durch das Land, teils mit behauenen Steinen gepflastert, teils mit aufgeschüttetem Sand bedeckt, der festgestampft wurde. Vertiefungen füllte man aus und baute Brücken, wo Gießbäche oder Schluchten das Gelände durchschnitten, und da die Ufer auf beiden Seiten gleichmäßig erhöht wurden, gewann das Werk ein ebenmäßiges Aussehen.[137]

Dass hier eine künstlich gerade Linie Bach und Schlucht einfach ignoriert und derlei Unregelmäßigkeiten im Gelände auf kürzestem Wege überspringt, überzeugt den griechischen Schriftsteller sowohl funktional wie auch ästhetisch. Die Geradlinigkeit der Straße wirkt dabei fast wichtiger für den ebenmäßigen Eindruck als die Frage, ob die Fahrbahn von dem berühmten römischen Pflaster bedeckt ist oder nicht – als »via silice *strata*« (»mit Stein *ausgelegter* Weg«) immerhin nicht nur unerreichtes Musterbild aller realen Fahrbahndecken bis weit in die Neuzeit hinein, sondern auch der etymologisch-symbolische Urahn aller »strade«, »streets« und Straßen.[138]

Fast zweitausend Jahre später lässt Emile Zola in seinem Roman »La Curée« zwei Freunde im offenen Wagen durch Paris fahren. Die neuen Boulevards des Barons Haussmann, die den alten Pariser Stadtraum mit seinen uralten gewachsenen Gassenquartieren radikal in gerader Linie durchschneiden, sind frisch eröffnet:

> Diese helle Schneise, die, immer schmaler werdend und in ein Viereck bläulicher Leere mündend, bis an den Horizont reichte [...], erfüllte die beiden nach und nach mit unbedingter, ungemischter Freude. [...] Sie fuhren immer weiter, und es schien ihnen, als rolle der Wagen über Teppiche diese gerade, endlose Chaussee entlang, die man eigens angelegt hatte, um ihnen die dunklen Gäßchen zu ersparen.[139]

Man muss die neue Geometrie der Boulevards nicht so »ungemischt« begrüßen wie die beiden Romanfiguren. Auch wer den Projekten Haussmanns – »L'Attila de la ligne droite«, so ein Bonmot von Victor Fournel[140] – verständnislos gegenübersteht, kommt nicht auf die Idee, seine Ablehnung der neuen Achsen mit dem ästhetischen Argument zu begründen, sie wären zu wenig edel. Immerhin war auch die barocke Avenue gerade, und zwar als explizit die Landschaft adelnde Geste. Vielmehr wird der verstörende Verlust des alt gewohnten, durchaus unedlen, aber eben nicht nur malerisch vielfältigen Paris beklagt. »Diese lebhafte und sich dauernd verändernde Physiognomie«[141] der ungeplanten und reizvoll verwirrenden Stadtviertel wird durch Haussmanns Boulevards völlig missachtet und einzig und allein als räumliche Verfügungsmasse behandelt, als ahistorisch unstädtisches Gebiet, als gleichsam freies Feld. »Man schlägt Breschen ins Gelände, wie für die Tunnels der Eisenbahn«, bemerkt Fournel zu den Abrissarbeiten.[142]

Diese Assoziation ist aufschlussreich, will man sich an die von Maier-Dorn so eigentümlich abschätzig behandelte gerade Linie in ihrer langen Geschichte herantasten. Es wird hier nämlich klar, dass die Gerade, ob als Via Appia oder Boulevard de Sébastopol, durchaus mehr ist als nur ein ästhetisches Ereignis, das mit Prädikaten wie »ebenmäßig« und »hell« oder vielleicht »unedel« erfasst wäre. Der monumentale Eindruck dieser Straßen wird durch Fournels Eisenbahnassoziation als der ästhetische Aspekt eines auch technisch zu verstehenden Komplexes greifbar, der sich auf geraden Bahnen in den Raum eingeschrieben hat.

Im Fall der Umgestaltung von Paris ist dieses ästhetisch-technische Verhältnis besonders augenfällig. Die Bauvorhaben wirken in der Tat wie die Übertragung des vom Eisenbahnbau her bekannten und also technischen Raumgefühls in den Stadtraum, als »Spur [der Eisenbahn] in der Stadt«, wie Wolfgang Schivelbusch den Boulevard insgesamt beschreibt.[143] Wie in der freien Landschaft im Zeichen der neuen Maschine mit Aufschüttungen, Einschnitten, Tunnels und Brücken möglichst gerade trassiert wird, schon weil die zunächst starren Fahrwerke der Eisenbahnwaggons das erfordern, legt Haussmanns Technokratenhand ins Innere der Metropole ein neuartiges Netz aus zwar nicht mehr für nachbarschaftlich geselligen, dafür umso besser für geschäftlichen Verkehr geeigneten, kurzen, weil geraden Straßen. So ist es also ein und dasselbe maschinelle Motiv – mit den Worten Wolfgang Schivelbuschs »mechanische Regelmäßigkeit gegen natürliche Unregelmäßigkeit«[144] –, das 1790 einen gewissen John Fitch bei einem Dampfbootexperiment erstaunt bemerken lässt, wie das Boot ganz unnatürlich und ungewohnt auf geradem Kurs das Meer durchpflügt[145], das etwa Paul Cezanne Eisenbahndurchstiche in Öl malen lässt, und das in Paris ein »unglaubliches Wirrwarr von Straßen«[146] in die »glänzendste, luftigste und schönste aller Städte«[147] verwandelt hat.

Nicht weniger aussagekräftig steht die römische Gerade in ihrem technisch historischen Kontext da. Die ebenmäßige Straße erscheint hier als Bestandteil einer insgesamt in großem Maßstab mit Richtscheit und Bleilot betriebenen Landschaftstechnik, die überall wo sie auftritt, geometrisch regelhafte Strukturen urwüchsig natürlichen Formen entgegensetzt.

Provisorische und doch exakt nach den vier Himmelsrichtungen ausgerichtete Heerlager im Barbarenland; Wasserleitungen, die in schiefer

Ebene ganze Täler überspringen und über Dutzende von Kilometern ein gleichmäßiges Gefälle von winzigen 35 cm/km einhalten[148]; die Wehranlage des Limes, der als Zickzackstrich aus lauter geraden Mauerstücken die Grenze des Imperiums markiert und noch in modernen Karten als Kuriosum verzeichnet ist; der auf mehr als hundert Kilometern gerade Verlauf der Via Aemilia zwischen Rimini und Piacenza – überall werden gerade Linien ins Gelände eingemessen und damit Raum gebändigt.

Nirgendwo gibt es »Rücksichtnahme auf die Konturen eines Hügels oder die Bräuche einer Gegend«, wie Marshall McLuhan im Konkreten beschreibt, was er abstrakt als die Etablierung einer »visuellen Ordnung« in zuvor ganz anders geordnetem Gebiet fasst, als Überführung der »Echowelt des Stammes in die Euklidische Linearität und Augenwelt«.[149] Ähnlich beschreibt auch Paul Virilio (nach Gilles Deleuze und Félix Guattari) den Diskurs, den die römische Geraden in die Landschaft einschreibt als

> eine geometrische oder lineare Staatsraison [...], die ein allgemeines Schema von Lagern und befestigten Plätzen umfasst, eine universelle Kunst, »durch Linienführungen Grenzen zu ziehen«, eine Aufteilung von Territorien, eine Substitution des Raumes durch Orte und Territorialitäten, eine Umwandlung der Welt in die Stadt.[150]

Hier wurde gemessen, und zwar aus dem Interesse heraus, Raum geometrisch für das Imperium verfügbar zu machen, so könnte also die Botschaft lauten, die im gerade monumentalen Verlauf der Römerstraße und in ihren bizarr ergreifenden Resten im Gelände oder in Luft- und Kartenbildern mitgeteilt wird.

Selbstverständlich wurde auch in Paris gemessen, doch steht hier die Gerade nicht nur für ordnend imperiale Erfassung von Raum überhaupt. Der autoritär bombastische Charakter der Boulevards ist darüber hinaus von einer ganz bestimmten Art linearer Ratio formatiert: Er verkörpert die neue, technisch gesellschaftliche Industriekultur der Dampfmaschine.

In die Form von Verkehrslinien fließt also immer eine spezifische Mischung technisch-kultureller Motive ein. Im Gegenzug zeichnet die Ableitung einer jeweiligen Linie auch ein bestimmtes Bild einer Epoche. Soviel geht aus den Andeutungen über zwei historische Ausprägungen der Geraden hervor, und bei der Autobahn dürfte es kaum anders sein.

Nimmt man die programmatische Äußerung Maier-Dorns über die Form der Reichsautobahn als Ausgangspunkt ernst, so müssten sich die interessantesten Diskurse hier aber nicht in der Geraden, sondern in der Kurve fassen lassen. Wie bei archäologischen Hinterlassenschaften im Gelände – von Maier-Dorn auch gerne als Referenzpunkt bemüht: »Was die Römer für zweitausendjährigen Bestand sicherten, das wagen wir gewissenhaften Deutschen für die gleiche Zeit gut genug zu machen!«[151] – soll in diesem zweiten Kapitel entwickelt werden, wodurch sich die Linie der Reichsautobahn auszeichnet, sollen die nah und fern liegenden, kulturhistorischen Aspekte und Schichten entblättert werden, die in ihre Krümmungen eingebaut wurden und dementsprechend auch wieder herauszulesen sind.

Dabei gilt es, zwei miteinander verflochtenen Strängen nachzugehen. Zunächst wird es um die Frage gehen, wie sich das Augenmerk der Reichsautobahnbauer überhaupt von der Landvermesserlinie par excellence, der Geraden, abwendet, und die Kurve in den Blickpunkt des Interesses rückt. Darauf aufbauend soll die Aussagekraft dieser Kurven als komplexe Zeichen im technisch kulturellen Diskurs der Fortbewegung nachvollzogen werden.

Die schwingende Straße

Ganz zu Beginn des Reichsautobahnbaus ist von einer besonderen Aufmerksamkeit für die Kurven der geplanten Routen noch keine Rede. Wenn es um die Linienführung der neuen Strecken geht, liest man allenfalls Plädoyers für einen möglichst geraden Verlauf. Am 27. September 1933 spricht etwa der Generalinspektor Fritz Todt bei der Einweihung der Ortsumgehung von Opladen, eines schon in der Weimarer Republik begonnenen Bauvorhabens, auch über die in Planung befindlichen Reichsautobahnen. Die Gerade wirkt in seiner Rede nicht nur wie ein simples, aber beliebtes Trassierungselement, sondern erhält darüber hinaus noch einen besonderen metaphorischen Gehalt:

> Wir wollen unser Ziel weit vor uns sehen, wir wollen gerade und zügig dem Ziel zustreben; Durchkreuzungen überwinden wir, unnötige Windungen sind uns fremd. Ausweichen wollen wir nicht, wir schaffen uns genügend Bahn zum Vorwärtskommen und wir brauchen eine Bahn, die uns gestattet, ein

> zu uns passendes Tempo einzuhalten. So bauen wir im Dritten Reich die Straßen, so erziehen wir die Menschen, so errichten wir das ganze nationalsozialistische Reich.[152]

Streng gerade und damit für Schnellverkehr geeignete Linien werden hier also zum Sinnbild für die nationalsozialistische »Bewegung« insgesamt. Entsprechend rigoros und variantenarm sind auch die ersten Vorstellungen zur konkreten Streckengeometrie, die unvermeidbaren »Windungen« – also Kurven – eingeschlossen. An anderer Stelle heißt es von Todt hierzu:

> Wir werden nach Möglichkeit Geraden haben von mindestens sieben Kilometern Länge; dann kommt ein Knick mit einem Einheitshalbmesser von zweitausend Metern und wieder eine Gerade. Denn auf den Autobahnen fährt man nur mit zwei Fingern am Lenkrad; bei einem solchen Knick zieht man ein wenig mit zwei Fingern und hat eine neue Richtung.[153]

Merkwürdig erscheinen diese Ideen von 1934, allein mit Gerade und Einheitskreis zu trassieren, wenn überhaupt, nur nachträglich. Zeitgenössisch sind sie bestens eingebettet in nationale und internationale Baupraxis. Die italienischen Autostrade von Piero Puricelli aus den 20er Jahren durchpflügen mit bis zu 21 km langen Geraden die Poebene,[154] sogar noch 1951 wird der »New Jersey Turnpike« zwischen New York und Philadelphia schnurgerade angelegt.[155] Und auch an der ersten deutsche Kraftfahrbahn zwischen Köln und Bonn lobt das Mitteilungsblatt des HAFRABA e.V. im »Goethejahr 1932« mit einem bemerkenswerten Titelbild unter der Überschrift »Schönheit der Autobahn« das kompromisslos gerade Asphaltband in der Landschaft.

So verwundert es nicht, dass auch der erste Abschnitt der nationalsozialistischen Reichsautobahn von Frankfurt Richtung Heidelberg auf Geradenstücken mit bis zu zehn Kilometern Länge verläuft. Zum einen griff man für die Strecke, um noch im Herbst 1933 erste Spatenstiche zu vermelden, auf die ganz im Zeichen der Geraden und spärlicher Einheitskreise verfassten Pläne des HAFRABA e.V. zurück, zum anderen ist auch das ausführende Ingenieurpersonal an gerade Linien im Gelände gewöhnt: Bizarrer- und bekannterweise entstammen die ersten Reichsautobahnbauer dem Planungsstab der Eisenbahn, ist die »Gesellschaft Reichsautobahnen« ein Tochterunternehmen der Reichsbahn und die Behörde des Generalinspektors Todt aufs Engste mit der Eisenbahn verknüpft.[156]

HAFRABA

Mitteilungsblatt des Hafraba e.V.

VEREIN ZUR VORBEREITUNG DER AUTOSTRASSE HANSESTÄDTE-FRANKFURT-BASEL

Das Mitteilungsblatt wird an Mitglieder, Verwaltungsrat und Ausschüsse kostenlos versandt. Abonnementspreis: 6 RM. im Jahr Einzelnummer 50 Pfg.

HERAUSGEGEBEN VON DER GESCHÄFTSSTELLE FRANKFURT A. M.
Tel. Adr.: Hafrabastraße / Leerbachstr. 112 / Tel.: Zeppelin 55367

Erscheint monatlich Bezug durch die Post
Nachdruck nur mit Quellenangabe gestattet

Nummer 3 | 1. März / Goethejahr 1932 | 5. Jahrgang

Schönheit der Autobahn

Teilstück der Autobahn Bonn-Köln

Atlantic-Photo

Abb. 33: Begeisterung für die Gerade beim HAFRABA e.V. im »Goethejahr 1932«, illustriert durch ein Bild der Autobahn Bonn-Köln.

Dass die Autobahn dennoch schon nach wenigen Jahren nicht mehr als zwangsläufig kürzeste Verbindung zweier Punkte, sondern als tendenziell kurvige Linie die Landschaft zerteilen sollte, lässt sich wie im Fall diverser Geraden ästhetisch wie auch technisch fassen.

Im Januar 1934 spricht Generalinspektor Fritz Todt bei der Vorstellung des Reichsautobahnnetzes in der Reichskanzlei beide Motive als ineinander verschachtelt an:

> Die Linienführung muss [...] für das Automobil anders gestaltet werden wie für die Eisenbahn. Eisenbahn ist Massentransportmittel (auch für die Masse Mensch). Kraftfahrbahn ist individuelles Transportmittel. Die Eisenbahn ist meist Fremdkörper in der Landschaft. Kraftfahrbahn ist und bleibt Straße, Straße ist Bestandteil der Landschaft. Deutsche Landschaft ist charaktervoll. Deutschen Charakter muss auch die Kraftfahrbahn erhalten.[157]

Trotz institutioneller Nähe zur Deutschen Reichsbahn und trotz anderweitig geäußerter Wertschätzung für die zügige Gerade will Todt sich anscheinend in Fragen der Linienführung von den dominanten Bauprinzipien der Bahn lösen. Damit liegt er ganz auf Kurs der nationalsozialistischen »Bewegung« und deren Gesamtverkehrsprogramm.

Ob man wie Klaus Kuhm 1995 vom »technokratischen Konzept des faschistischen Umbaus vom Menschen zum Maschinenkameraden«[158] spricht oder wie Karl Lärmer einige Jahrzehnte vorher von der »Schaffung einer Motorisierungspsychose in breiten Bevölkerungskreisen«[159], immer geht diese Idee der Motorisierung individualisierter Massen einher mit der plakativen Ablehnung der die »Masse Mensch« befördernden Eisenbahn. Schon am 11.2.1933 hatte sich Adolf Hitler auf der wegweisenden Automobilausstellung in Berlin eindeutig zugunsten des selbst bewegten Kraftwagens positioniert und die Eisenbahn als Repräsentantin klassisch industrieller Staatstechnik aufs nationalsozialistische Abstellgleis gestellt, bekanntlich nicht ohne die Option, sie einige Jahre später für die Deportation eben der »Masse Mensch« wieder hervorzuholen:[160]

> Mit der Eisenbahn hört die individuelle Freiheit des Verkehrs auf. Das Mittel erhebt sich in kurzer Zeit zum Herren, der allmächtig die Lebensvorgänge zugleich mit dem Verkehr fahrplanmäßig bestimmt und regelt.[161]

Die technische Abkehr vom maschinellen Massentransportmittel Eisenbahn – immerhin Leitmotiv der aus England stammenden industriellen Revolution und schon insofern nationalsozialistisch unbeliebt* – kann Todt also gut als den ideologisch ästhetischen Akt darstellen, einer national »charaktervollen« Landschaft ebensolche Kraftfahrbahnen harmonisch einzupassen. »Landschaft« soll nicht

---

* Vgl. zum »seelischen Bruch, den das von England hereingeführte Eisenbahnwesen dem deutschen Lebensgefühl gebracht hat«, Agentur Bilwet (o.J.), S. 165.

weiter durch industrielle »Fremdkörper« geschwächt, sondern durch ihr angemessene Verkehrswege gestärkt werden, so die vage Botschaft seiner Linienskizze.

Offen lässt Todt, wie er sich die national »charaktervolle« Ästhetik der neuen Linien genau vorstellt, verortet er sie zunächst doch nur unscharf im geometrischen Brachland zwischen »unnötigen Windungen« und »Fremdkörpern in der Landschaft«, zwischen dem krumm ungeplanten Verlauf herkömmlicher Straßen und dem streng maschinellen der Eisenbahn.

Doch Todt ist immerhin nicht allein, wenn er über die Gestalt neuartiger Trassen nachdenkt:

> Es liegt mir daran, dass die Ausbildung der Strecke [...] so vorgenommen wird, dass man nicht den Eindruck einer Kunstbahn (Eisenbahndamm) hat, sondern dass man ein naturverbundenes Gefühl in diesem herrlichen Walde empfindet. Ich habe daher zunächst angeordnet, dass die Autobahn nicht durch Seitengräben begrenzt wird. Die Seitengräben unterbrechen immer die gedankliche Verbindung mit dem Nachbarland. [...] Ich würde empfehlen, dass Sie sich die Mühe machen, die ausgeholzte Straße durch diesen Wald einmal abzugehen. Es werden ihnen dabei sicher die richtigen Gedanken einfallen, so dass wir bald einmal über dieses Problem sprechen können.[162]

Der so schon im Herbst 1933 vom Generalinspektor Angeschriebene und zur Besichtigung der Autobahnbaustelle im Hofoldinger Forst bei München Eingeladene ist der Münchener Gartenarchitekt Alwin Seifert. In der Heimat- und Naturschutzbewegung aktiv und seit Beginn der 30er Jahre in Kontakt mit anthroposophischen Kreisen, hatte sich Seifert im November 1933 mit dem Vorschlag an Todt gewandt, die erwartungsgemäß öden Böschungen der geplanten Autobahnen mit einheimischem Gewächs zu begrünen, um einer »Versteppung des deutschen Landes«[163] entgegenzuwirken. Todt nimmt den Vorschlag interessiert auf, und Seifert ist fortan als schillernde Figur im Umkreis der Reichsautobahn oberster landschaftlicher Berater.

Seifert beschränkt sich dabei keineswegs auf seinen Kernbereich der Bepflanzung und Ausgestaltung von Böschungen. Das Vorhaben, »den Eindruck einer Kunstbahn (Eisenbahndamm)« zu vermeiden und eine »gedankliche Verbindung mit dem Nachbarland« herzustellen, fasst er sehr viel weiter, als Todt wohl beim ersten brieflichen Kontakt im Sinn hatte.

Abb. 34: Alwin Seifert. Der anthroposophisch angehauchte Autor von Texten wie »Vom Gartenzaun zur Gartenlaube« (1931) oder »Im Zeitalter des Lebendigen« (1941 !!). Zum 50. Geburtstag erhielt der Gartenarchitekt den Titel »Reichslandschaftsanwalt«, von 1958 bis 1963 war er schließlich Vorsitzender des »Bund Naturschutz in Bayern e.V.«

Auf Seiferts Vorschlag hin werden so genannte »Landschaftsanwälte« berufen, regional verwurzelte Gartenarchitekten, die planungs- und baubegleitend das Erscheinungsbild der Autobahn umfassend zu betreuen haben und die neben Pflanzplänen auch Gutachten zu Trassenvarianten und deren Auswirkungen auf die Landschaft erstellen sollen – wie nicht anders zu erwarten, mit mäßigem Erfolg.[164] Seifert selbst arbeitet auf Honorarbasis in der hierarchischen Grauzone zwischen diesen regional tätigen Personen und dem Generalinspektor Todt und erhält 1940 zu seinem 50. Geburtstag den opulenten Titel »Reichslandschaftsanwalt« verliehen.

Aus dieser notorisch ungeregelten und doch bisweilen seltsam einflussreichen Position heraus entwickelt er eine bemerkenswerte Aktivität, kämpft er an allen möglichen Fronten für biologisch-dynamisches Bauen und Wirtschaften. In der »Strasse« und in eigenständigen Bändchen – »Im Zeitalter des Lebendigen«[165] oder »Die Heckenlandschaft«[166] – veröffentlicht er eine Vielzahl von Texten, die sich nicht selten um so randständige Themen ranken wie »Lob der Brombeere«[167], »Das alpenländische Baugesicht«[168] oder »Mehrung der Wildrosen«[169], die aber noch öfter um den hier zentralen Gegenstand kreisen: die Linienführung der Autobahn.

Schon in der ersten Ausgabe der »Strasse« vom August 1934 lässt er anklingen, wie »charaktervolle« Straßen der Landschaft spezifisch angepasst werden könnten:

> [Sie] müssen in ihrer Führung die Schwingung widerspiegeln, die jeder Landschaft im besonderen eigentümlich ist, dürfen sich nicht stur über sie hinwegsetzen; sie sollten eine Projektion dieser Schwingung darstellen in jener Verzerrung, welche die technischen Voraussetzungen gerade noch zulassen. Das heißt ferner, daß sie in ihrer Formgebung nicht harte mathematische Körper sein können, sondern angeglichen den Formen der Natur, die zugleich die der Kunst sind.[170]

Soll also eine national bedeutsame Landschaft in ihrer Eigentümlichkeit ästhetisch erschlossen und automobil erfahren werden, so darf man sich laut Seifert in der Streckenplanung nicht mehr an »harten mathematischen Körpern« – also Geraden und Einheitskreisen – orientieren, sondern sollte die »Schwingung« der Landschaft, das natürliche Auf und Ab der Hügel und Täler, in flexiblen und tendenziell kurvigen Verkehrslinien nachvollziehen. Die für das Automobil so anders zu gestaltende »Straße als Bestandteil der Landschaft« im Gegensatz zur »Kunstbahn« ist hier also nicht nur begrünt und straßengrabenlos,* darüber hinaus steht bei Seifert der ganze Verlauf der Straße, ihr geometrischer Grundriss zur Debatte, argumentiert er gegen schneidig gerade und für »natürlich« schwingende Formen. Diese »schwingende Straße«[171] hält Seifert aber nicht nur für ästhetisch, sondern auch technisch für besser, ihre Kurvigkeit ist »nicht Schmuck, nicht Verbrämung, sondern Ergebnis technisch richtigen Denkens«[172].

Ausgangspunkt dementsprechend technischer Gedanken ist in seinem Aufsatz »Schlängelung?«[173] von 1936 wie bei Todt ein Vergleich von Automobil und Eisenbahn. Seifert freilich hält schon die gerade Eisenbahnschiene für verkehrt. Nicht nur bei Lebewesen –

> [es] folgt seinem Weg mit immer neuem Willensantrieb, der den ablenkenden Umwelteinflüssen Widerstand entgegensetzt und kommt dadurch zum Pendeln, zum Schwingen, zu dem ihm gemäßen Rhythmus[174]

–, sondern auch bei maschineller Fortbewegung scheint ihm die Gerade als Bewegungslinie untauglich. Ein simple Beobachtung, die der uninteressierte Eisenbahnpassagier ohne Blick nach vorn meist ignoriert, weckt beim aufmerksamen Seifert technische Zweifel am geraden Schienenweg: Wirklich ruhig liegen die Waggons nur in der Bahn, wenn es um die Kurve geht, in gerader Fahrt schlingern sie hin und her. »Im Schlingern und Stampfen sucht selbst die tote Masse der lebendigen ähnlich zu werden«[175], beschreibt Seifert die Tendenz der festen Stahlachse, auch in der Geraden kurvig abzurollen.

Wenn also schon bei der stählern zwangsläufigen und doch an kurvige Gesetze des »Lebendigen« gebundenen Eisenbahn die Gerade nicht wirklich »gemäß« war – »die Gerade ist kosmischen Ursprungs, sie stammt nicht von dieser Erde und kommt in der Natur nicht vor«, heißt es barsch[176] – so muss sie völlig fehl am Platz sein, wenn kein starrer Spurkranz schlingernd steuert, sondern wie beim Automobil ein Mensch:

---

* Nicht selten werden unmittelbar militärische Vorgaben als Grund für die Vermeidung von Straßengräben vermutet, so etwa von Karl Lärmer, der niemand Geringeren als Fritz Todt zitieren kann in seiner Ablehnung von Fallen, »aus der nicht ein einziges militärisches Fahrzeug herauskann«. Lärmer (1975), S. 140.

Seifert allerdings stellt die Angelegenheit anders dar und berichtet, dass gerade Todt keine eindeutige Position in der Straßengrabenfrage eingenommen hat und noch Ende der 30er Jahre Straßengräben an der Autobahn bauen ließ. Vgl. Seifert (1962), S. 39ff.

> An die Stelle der unpersönlichen Masse, die einfach muß, ist die selbständige Persönlichkeit getreten, die will. Und diese fühlt sich um so freier und wohler, ist also um so sicherer und leistungsfähiger, wenn sie nicht einer ihr wesensfremden starren Führung folgen muß, sondern wenn der Weg in dem ihr und ihrer Geschwindigkeit angemessenen Rhythmus schwingt.[177]

Sobald also eine selbständige Person den Blick nach vorn und das Steuerrad übernimmt, ist es für Seifert nicht mehr nur eine Frage völkischen Vergnügens, ob die Straße schwingt oder nicht, vielmehr hat die Linienführung dann auch fahrpsychologisch Einfluss darauf, wie sicher ein Individualfahrzeug bei hoher Geschwindigkeit in der Spur gehalten werden kann.

In »Gedanken zur Linienführung der Reichsautobahnen«, einem Text von 1941, führt Seifert diese psychotechnische Relevanz der Linienführung noch weiter aus:

> Neben dem bewußten Blickfeld nimmt das Auge [...] auch das seitlich von ihm Liegende wahr, unscharf zwar, aber mit dem viel weniger ermüdbaren Unterbewußtsein. Diese seitlich der Fahrbahn hingleitende, mit ihr parallel laufenden Schatten sind die besten Führer bei dem gewissermaßen animalischen, instinktiven, anstrengungslosen Fahren aus dem Unbewußten heraus.

Ganz unbewusst strebt das Auge infolgedessen nach der Kurve:

> Einen fernen ruhenden Punkt mehr als ein paar Blicke lang fest im Auge zu halten, ist erstaunlich anstrengend, aber spielend leicht und anregend, wenn an diesem fernen Punkt etwas sich verändert, etwas sich bewegt.[...] So erhält das Auge das, was es begehrt, in der Kurve, besonders in der mit ganz großem Halbmesser.[178]

Im tendenziell kurvigen Straßenverlauf ergänzen sich für Seifert also landschaftsästhetische und automobiltechnische Motive. Die leicht kurvige Strecke ist technisch sicherer, gerade weil sie optisch anregender ist und die bei einem motorbetriebenen Individualverkehrsmittel so wichtige Aufmerksamkeit des Fahrers besser gewährleistet als die Gerade.

> Es muß also die in einem schwingenden Kurvenfluß geführte Autobahn leichter, anregender und damit weniger ermüdend zu befahren sein als jene älteren Strecken, die aus Geraden und zwischengeschalteten Kreisbogen zusammengesetzt sind, und das ästhetisch Vollkommenere muß sich als Ausdruck einer höheren Zweckmäßigkeit erweisen.[179]

Was bei Todt zwar in einem Atemzug genannt wird, die Entwicklung »charaktervoller« Straßen und die Abkehr von der Eisenbahn als Leitbild der Trassierung, was bei ihm aber in seinem genauen Zusammenspiel undurchsichtig blieb, wirkt bei Seifert durchaus plausibel verknüpft. In eine für das Individualverkehrsmittel Automobil projektierte Linienführung denkt Seifert den zu Langeweile und Ermüdung neigenden Steuermann mit hinein. So kommt er zu der aus Fahrerperspektive unterhaltsamen, weil kurvig schwingenden Straße, die darüber hinaus aus Perspektive des Heimatschützers keinen industriell eisenbahnähnlichen Schock mehr darstellen soll und statt als »Fremdkörper« vielleicht sogar als neuartig nationales Kunstwerk wahrgenommen werden kann.

Vergleicht man dieses fahrpsychologisch landschaftsästhetische Argumentationsgebäude Seiferts mit der Baupraxis der Reichsautobahn zu Beginn und zum Ende des Projekts, so kann man fast den Eindruck gewinnen, die Realität sei wirklich im Großen und Ganzen den immerhin nicht unumstrittenen Ideen des umtriebigen bis »entnervenden«* Reichslandschaftsanwalts gefolgt: Spätestens Ende der 30er Jahre[180] ist das Einschwenken der Autobahn von geknickten Geraden** auf in der Linien- wie in der Gradientenführung »schwingende« Straßenverläufe zu verzeichnen. Konkret wird auf der Grundlage mehrfach überarbeiteter Richtlinien mit immer variableren Kurvenradien immer weniger nach dem Vorbild der Eisenbahn trassiert, und auch publizistisch entwickelt sich in Seiferts Windschatten ein reges Interesse an den eigenständig geschwungenen Autobahnkurven.

Wie eine neue kunsthistorische Disziplin beschreibt etwa Hugo Koester 1940 in einem langen und reich bebilderten Artikel, »Erfahrungen beim Trassieren von Reichsautobahnen«, die Ästhetik der Linienführung als »die Lehre vom perspektivischen Sehen langgestreckter Fahrbahnbänder«.[181] Er entwickelt eine umfassende Typologie gelungener und ungelungener Details der Streckenführung, lobt »durchschwingende Gradienten«‡, den Austritt der Autobahn aus dem Wald in der Kurve,

---

* »Selbst dieTraueranzeige der TU München sprach 1972 von ›nie versagendem Mut und einer entnervenden Ausdauer, dem Geheimnis seines Erfolges‹«, Zeller (2002), S. 89.

** Wie etwa noch zwischen Frankfurt/M. und Heidelberg, Berlin und Stettin oder München und dem Mangfalltal.

‡ Die Gradiente ist die Höhenkurve einer Straße.

Abb. 35: Nach Ansicht von Hugo Koester Beispiele für ästhetisch mangelhafte Trassen. »Störendes seitliches Springen in der Linienführung.«

Abb. 36: »Aus- und Eintritt im Wald ist in der Geraden unerwünscht.«

prangert das »Flattern«, »Abrutschen« und »Springen« der Linien im Gelände an, sowie »Knicke« und die »Brettwirkung von Brücken« als Unterbrechungen des optischen Flusses.

Genau auf dieser Logik vom »perspektivischen Sehen« beruht auch Seiferts Argumentation für den »schwingenden Kurvenfluss«, sowohl landschaftsästhetisch wie auch automobiltechnisch. In der geschmeidigen Straßen- wie Blickführung ist unschwer die Logik filmischer Inszenierung von Landschaft zu erkennen. Dass die Autobahnfahrt auch ohne Filmgerät als Kamerafahrt funktioniert – ganz ähnlich wie bei der »Erfindung« dieser Filmtechnik 1896 durch Eugène Promido auf dem Canale Grande in Venedig,* nur eben auf erstarrten Kanälen aus Beton –, dass hier also jeder Fahrer seinen persönlichen Heimatfilm in der Frontscheibe abfährt, bemerken auch andere Kommentatoren schnell. So schreibt etwa Walter Ostwald:

> Reichsautobahnen geben Gelegenheit zur »dynamischen Schau«, die bei hoher Geschwindigkeit einen raschen Wechsel von Bildern zu einer Art Landschaftsakkord zusammenklingen läßt.[182]

Und auch ein gewisser Wolf Strache registriert die mediale Nähe von Film und Autobahn:

> Hierher gehört eine Filmkamera, die die Fahrt im brausenden Tempo miterlebt, die das Auf und Ab der Bergrücken, den Schwung der Kurven, den Rausch der Geschwindigkeit miterlebt.[183]

Bei Seifert jedoch wird dieser Zusammenhang gleichsam umgekehrt: Er will den Schwung der Kurven nicht erst im Nachhinein filmisch künstlerisch rezipieren, sondern fühlt sich berufen, den optischen Kurvenfluss überhaupt erst musisch automobil herbeizuargumentieren. Dementsprechend beschwingt klingt beim Schwager Carl Orffs[184] auch die »Letztbegründung« kurviger Autobahnen:

---

* »Bei meiner Ankunft in Venedig, als ich mich mit dem Boot auf dem Canale Grande vom Bahnhof ins Hotel begab, sah ich, wie die Ufer am Boot vorbeiflohen, und dann dachte ich, wenn das unbewegliche Kino es ermöglicht, bewegliche Gegenstände wiederzugeben, dann könnte man vielleicht die Ausgangsbedingungen umkehren und versuchen, mit Hilfe des beweglichen Kinos unbewegliche Gegenstände wiederzugeben.«
Eugène Promido, zitiert nach: Paul Virilio, Rasender Stillstand, München Wien 1992, S. 40.

Daß die schwingende Straße die dem Menschen gemäße ist, das beweist besser als alle klugen Ableitungen die einfache Tatsache: Singen kann man nur auf ihr![185]

Von Alwin Seifert her kann also die Linienführung der Reichsautobahn als irgendwann nicht mehr kürzeste Verbindung zweier Punkte als ästhetisch technischer Einbau des geschwind bewegten Blicks des Fahrers in die Geometrie des Verkehrsbauwerks verstanden werden. Der Blick aus dem Fahrzeug heraus erscheint nicht mehr wie bei der Eisenbahn als zufällig »panoramatischer«[186] Nebenaspekt eines Transportvorgangs, sondern wird als automobile Schau der Heimat für Fahrer und Beifahrer offenbar bewusst schwungvoll inszeniert. Der regelungstechnische Verlust der stählern steuernden Eisenbahnschienen wird so bei der Reichsautobahn durch eine Art ideologisch völkischer Verkehrsführung durch Blickführung wieder ausgeglichen. Der Verkehr verläuft immerhin auch hier auf geregelten Bahnen, wenn auch diese Bahnen, jedenfalls wenn das Seifertsche Szenario aufgeht, durch die je eigene, emotionale Bindung des Fahrers an das filmisch inszenierte, heimatliche Landschaftsbild individuell selbst gezogen werden. So wäre unter nationalsozialistisch automobilen Vorzeichen Seiferts »selbständige Persönlichkeit«[187] in einen totalen Zusammenhang aus Natur, Kunst, Technik und Ästhetik integriert, jedoch immer in der Illusion, den ablaufenden Heimatfilm selbst zu steuern.

Fast einhellig begreifen die Autoren, die sich aktuell mit der Linienführung der Reichsautobahn befassen, deren Eigenarten als dementsprechend visuell ästhetisch motiviert. Der Historiker Thomas Zeller schreibt 2002 in seinem Buch »Straße, Bahn, Panorama«:

Die Straßen wurden auf den visuellen Konsum von Landschaften ausgelegt. Die Erfahrung des Autos als domestizierter Abenteuermaschine konnte mit Hilfe moderner Straßenbautechnik zu Einblicken und Durchblicken führen, die unterhaltende Überraschungsmomente und abwechslungsreiche Fahrten um des Fahrens willen ermöglichten. Diese von Todt explizit bevorzugte Inszenierung einer Erlebnisfahrt führte dazu, dass Straßen im Idealfall über Berge statt durch die Täler geführt wurden, um solche Konsumfunktionen erfüllen zu können. [188]

Ganz ähnlich erklären Erhard Schütz und Eckhard Gruber in »Mythos Reichsautobahn« von 1996 die »Priorität der geschwungenen Linie beim Bau der Reichsautobahnen«:

> [Die] Tatsache, dass man sich ganz überwiegend mit Fragen der Harmonisierung von Straße und umgebender Landschaft, mit malerischen Blickführungen und wechselnden Panoramen beschäftigte, zeigt an, wie sehr den Planern dabei ästhetische Fragen wichtiger als alle anderen waren.[189]

Und auch die technische Seite dieser »ästhetischen Fragen« stellen Schütz und Gruber in den quasiästhetischen Kontext der Technik-Ideologie, wenn sie den »tieferen Sinn« der »schwingenden Bahn« im generellen Erlangen von »Ganzheitlichkeit« verorten:

> [Man kann] sich bei der Lektüre der einschlägigen Äußerungen des Eindrucks nicht erwehren, dass hier der Gewinn von Ganzheitlichkeit zum eigentlichen Zweck wurde. Fast alle der an der Konzeption und Realisierung der Streckenführung [...] der Autobahn Beteiligten kamen von der Jugendbewegung her. Für alle, ob Bauingenieure und Landschaftsplaner, Naturschützer oder Architekten, galt deren Sehnsucht nach der »Wiedergesundung« des modernen Menschen durch die Natur. [...] Aus dieser Perspektive erscheint die Autobahn als völkische Versöhnung von Technik, Kultur und Natur.

In der Tat sticht diese Versöhnungsrhetorik bei den Protagonisten des Reichsautobahnbaus ins Auge, liest man von der Hoffnung, mit dem Massenverkehrsmittel Eisenbahn auch einen bestimmten Typus »kranker«, »losgelassener«[190] Technik zu verabschieden. Unter dem Titel »Reichsautobahnen und deutsche Landschaft« schreibt etwa Alwin Seifert 1935:

> Schon diese Überschrift ist etwas Neues. [...] »Hochspannungsleitungen und deutsche Landschaft«, »Großschiffahrtsstraßen und Landschaft« oder »Schienenwege und Landschaft« – solche Fragen sind in der Öffentlichkeit bisher nicht erörtert worden.[191]

Es ist jedoch gerade auch von diesem Hauptpropagandisten der schwingenden Straße her einsehbar und naheliegend, dass der Einbau landschaftlich interessierter Blicke in die Geometrie von Verkehrswegen nicht nur der agrarromantischen Ablehnung herkömmlicher, im Gefolge der Eisenbahn unbeliebter Technik geschuldet ist, sondern dass er selbstverständlich in Zusammenhang steht mit einem durchaus begrüßten, neuen Typ von Technik.

Eine technische Diskursanalyse der Linienführung der Autobahn ist damit also noch nicht durch die Diagnose abschließbar, man habe sich mit der schwingenden Bahn vom gerade verkehrenden, passiv desorientierten Eisenbahnpassagier gelöst und sich integrativ dem musisch kurvenliebenden, aktiven Steuermann zugewandt. Die Hoffnung auf eine ganzheitliche Versöhnung von Mensch und Natur einerseits und einer alten »kranken« Technik N andererseits mag zwar in der Tat die Stimmungslage einiger Reichsautobahnbauer widerspiegeln, als Erklärung für den quasinatürlichen Kurvenfluss bleibt sie aber solange vorläufig, unbefriedigend und rätselhaft, solange die zur angeblichen Versöhnung zwingend notwendige Plattform unscharf und dunkel bleibt: das technologische Feld N+1.

So sind die Linien der Reichsautobahn in ihrem diskursiven Kontext wohl nur genauer zu erfassen, wenn auch das Gebiet der Technik genauer, d.h. über die Andeutungen des Nichtfachmanns Seifert hinaus untersucht ist, das diese Hinwendung zum optischen Schwung – völkisch integrativ oder nicht – erst ermöglicht, das zeitgenössisch technologische Feld der Individualbewegung rund um das Automobil herum, um Landschaft, Kurven und kurvige Bewegung.

Um dieses Feld zu erkunden, kann man aber durchaus die Spur Alwin Seiferts noch weiterverfolgen. Immerhin hatte der fachfremde und zu abseitigen Ideen neigende Gartenarchitekt schon mit seinen wenn auch vagen Hinweisen auf die Fahrpsychologie eine bis dato kaum erforschte, aber offenbar nicht unrelevante Thematik gleichsam nebenbei ertastet.* Ähnlich aufschlussreich kann es demnach sein, Seiferts ganz persönlicher Geschichtsschreibung der kurvig ins Gelände gelegten Autobahn noch etwas nachzugehen.

Fahrbahn und Flugbahn

In seiner Autobiographie »Ein Leben für die Landschaft« berichtet Alwin Seifert 1962 von einer Art Schlüsselerlebnis für seine späteren Konzepte zur Autobahn. Wie so vieles bei diesem Gegenstand steht es in Zusammenhang mit der Eisenbahn, nämlich mit Seiferts Kriegsdienst als Eisenbahnpionier:

---

* Es gibt zwar auch gelegentliche Hinweise bei anderen Autoren – vgl. E. Bramesfeld, Aufmerksamkeitslücken beim Autofahren, in: Die Autobahn, 1934/7, S. 274–275 –, wissenschaftlich Untermauertes findet sich aber in den einschlägigen Zeitschriften überhaupt nicht. Nach dem Krieg gilt schließlich Seifert bisweilen wie selbstverständlich als der Ahnherr der anthropologisch fahrpsychologisch hergeleiteten Kurven. Vgl. Richard Auberlen, Vom Schwung der Fahrt zur Form der Straße, in: Forschungsarbeiten aus dem Straßenwesen, Neue Folge Heft 25, Bielefeld 1956, S. 15.

> [Ich wurde] in eine Gegend südlich von Metz geschickt und bekam da eine Aufgabe, in deren Lösung ich buchstäblich die Grundgesetze einer technisch, künstlerisch und landschaftlich vollkommenen Autobahn ahnungslos vorweggenommen habe. Ich baute durch eine hügelige Landschaft eine viele Kilometer lange Feldbahn in vollkommen gleichmäßiger Steigung und in einem steten Schwung von Kurven mit lauter gleichen Halbmessern auf einen Berg hinauf, an dessen vorderem Hang die Stellungen der Infanterie sich entlangzogen. Und diese Bahn mußte »landschaftlich eingegliedert« sein, also so unsichtbar als nur möglich, weil der böse Feind alles Sichtbare unweigerlich zerschoß. So arbeiteten wir uns in den Eichenbuschwäldchen zur Höhe hinauf und sind in diesen von den französischen Aufklärungsfliegern nie entdeckt worden. Weit über die kriegsmäßige Notwendigkeit hinaus war diese kleine Bahn ein wirkliches Kunstwerk geworden, an dem auch jeder Unteroffizier und Mann seine Freude hatte. Der Duft von Eichen, die in grünem Laub geschlagen werden, ist für mich für immer mit dem Durchhauen dieser gänzlich ungepflegten lothringischen Bauernwälder verbunden und mit dem Bau der Brücken in ihnen.[192]

Die mächtige Dynamik, in deren Angesicht der noch ganz ahnungslose Seifert also die der Landschaft unauffällig eingepasste Kurve als technisch und ästhetisch perfekt »vorwegnimmt«, ist Tarnung im Allgemeinen und Tarnung vor Aufklärungsfliegern im Speziellen. Die Möglichkeit des »bösen Feindes« zu fliegen und aus der Luft herunterzublicken, verwandelt dabei fast wie von selbst den normalerweise »starren mathematischen Körper«[193] der Eisenbahntrasse in einen Prototypen der landschaftlich harmonischen, weil kurvigen Autobahn.

Anekdotisch schneidet Seifert hier einen Komplex an, von dem bisher noch nicht die Rede war, der für das erwähnte technologische Feld der Kurven in der Landschaft und für die Linie der Autobahn aber offenbar von Bedeutung ist: die Beziehung der Autobahn zum Flugzeug. Dass die Autobahn auf mindestens zwei Arten mit dem Fliegen in Verbindung gebracht wird, fällt in der einschlägigen publizistischen Landschaft schnell auf.

Zunächst gibt es den schon für Seifert so mächtigen Blick aus dem Flugzeug, hinunter auf das Verkehrsbauwerk, exzessiv von Reichsautobahnplanern genossen, um die Großzügigkeit der Linienführung aus der Luft zu betrachten und etwa den Lesern der »Strasse« mit einer Unzahl von Luftbildern zu vermitteln. Als »Luftgefahr« ist derselbe Blick jedoch gefürchtet[194] und das Motiv der Tarnung findet über Bepflanzungen hinaus schließlich Eingang in die ab 1938 mit Ruß geschwärzten Betonfahrbahnen.[195]

Abb. 37: Luftaufnahmen aus der ersten Ausgabe der »Strasse« von 1934 zeigen begeistert die Dimensionen der neuen Verkehrsbauwerke: zwischen Berlin und Stettin …

Abb. 38: und zwischen Mannheim und Heidelberg.

Ganz anders ist die Rolle des Fluges in ebenfalls zahlreichen Texten, in denen die Fahrt auf der Reichsautobahn in Anlehnung ans Fliegen beschrieben wird. Werbebroschüren versprechen, »Auf der Autobahn fliegt man«,[196] bei von Stackelberg ist von »Fliegenden Teppichen«[197] die Rede, bei Alwin Seifert von »schwereloser Bewegung«[198] und Herybert Menzel schreibt in »Das Erlebnis der Reichsautobahn«: »Wir schweben, werden fast vogelgleich.«[199] Anscheinend verschwimmt auf der Autobahn erlebnismäßig die Grenze zwischen der Fortbewegung zu Land und in der Luft und zwar nicht nur für Hochgeschwindigkeitstestfahrer wie Rudolf Caracciola, der 1938 in einer Artikelsammlung der »Strasse« – »Was mir die Reichsautobahn bedeutet« – beschreibt, wie er auf dem regulären Verkehrsbauwerk im Grunde genommen Fluggeschwindigkeiten erprobt:

> Die Reichsautobahn bedeutet für mich deshalb das Ideal einer Autostraße überhaupt, denn ich befuhr sie mit meinem Rekordwagen schließlich nahezu mit der äußersten Geschwindigkeit, deren ein Landfahrzeug noch fähig ist![200]

Auch von Freizeitfahrern wird die geschwind automobile Fahrt durch eine mehr oder weniger spektakulär mit Ausblicken auf Alpenkette und Mittelgebirgshügel inszenierte Landschaft als kleines Geschwister der Flugreise begriffen, wird das Neue an der Fahrt auf der Autobahn gegenüber der Beförderung per Eisenbahn kaum einmal ohne Referenz auf das Flugzeug erklärt. Alfons Paquet schreibt in »Die Autobahn in der Landschaft und im Reich«:

> Die Eisenbahn reißt vom Landschaftsbilde nur einen Streifen ab, sie hält sich am liebsten am Boden der Täler, am Sockel der Berge. Der Motorwagen rafft die Landschaft. Er folgt ihr, wo immer die Wege es erlauben, und die Wege erlauben es immer mehr. Er ist nie weit von der vollen Freiheit des Geländes. Das Auto erlebt die Landschaft der Landschaften schon beinahe wie im Flugzeug.[201]

Textstellen dieser Art, deren Schreiber die Autobahn nicht nur mit der Kamerafahrt, sondern gleich mit dem Flugzeug kurzschließen, werden dabei ganz selten als plausible Aussagen über die befahrenen Straßen gelesen, etwa über deren »panoramatische Apperzeption« – so Paul Virilios Begriff, um Flugzeug und Kamera zusammenzudenken,[202] sondern werden meist als problematische Information über die Fahrer interpretiert. Die Freude an schwereloser Geschwindigkeit verstehen etwa Schütz und Gruber in »Mythos Reichsautobahn« als pathologische »Sehnsucht nach dem Sog«, als »Wunsch nach Entlastung vom eigenen Selbst« und letztlich als Symptom nationalsozialistischer »Lust am Untergang«.[203]

In jedem Fall passen die sperrigen Fluggeschichten der Autobahnpiloten gut zur Flugbegeisterung der gesamten nationalsozialistischen »Bewegung«. Nicht wenige ihrer Hauptakteure hatten im Ersten Weltkrieg der neuartigen Fliegertruppe angehört, bekanntermaßen der spätere Chef der Luftwaffe Hermann Göring, sowie als »Führer einer selbständigen Fliegerformation [...], nämlich des Reihenbildtrupps der Armeeabteilung C in Mars-la-Tour«,[204] auch Fritz Todt. Adolf Hitler verdankt nach eigener Angabe dem Wahlkampfinstrument Flugzeug nichts weniger als die Macht,* filmisch kultisch zelebriert zu Beginn von Leni Riefenstahls »Triumph des Willens«. Das Flugzeug kann also als geschätzter technischer Fixpunkt im nationalsozialistischen Denken gelten und das gleichgeschaltete Schwärmen über Parallelen von Auto- und Flugbahn wäre damit auch als faschistisch-futuristische Propaganda entlang einer gängigen Leitmetapher verständlich. Schließlich hatte sich Adolf Hitler in seiner Rede auf der Automobilausstellung 1933 nicht nur vom Fahrplan der Eisenbahn losgesagt, sondern gleich die für nicht wenige Interpreten rätselhafte Parole ausgegeben, der Kraftwagen gehöre »seinem ganzen Wesen nach mehr zum Flugzeug als zur Eisenbahn«.**

Dieses undurchsichtige Geflecht aus Propaganda, faschistischer Psyche, militärisch photographischer Fliegerromantik und Tarnung verschleiert dabei, dass die wie auch immer problematisch begeisterten Fluggeschichten von der Autobahn auch ganz nüchtern als Verweise auf das hier in Frage stehende technologische Feld der Bewegung in der Landschaft verstanden werden können.

---

* »Ohne Auto, Flugzeug und Lautsprecher wäre die Eroberung der Macht nicht möglich gewesen«, wird Hitler in Hartmut Bitomskys Autobahnfilm zitiert, Pirschtat (1992), S. 71. Vgl. zum Wahlkampfinstrument Flugzeug im Spiegel von Hitlers Anhängern auch Diverse, Wir fliegen mit Hitler, Berlin 1934.

** Zitiert nach: Joachim Radkau, Technik in Deutschland, Vom 18. Jahrhundert bis zur Gegenwart, Frankfurt/M. 1989, S. 309, wo die Behauptung zumindest als »erstaunlich« gewertet wird. Der direkte Übergang von der Eisenbahn zur Luftfahrt findet daneben auch in den Gremien der »Gezuvor«, der Gesellschaft zur Vorbereitung der Reichsautobahnen, statt, in deren Beirat nicht nur Eisenbahner sitzen, sondern auch die Chefs diverser deutscher Luftfahrtunternehmen, vgl. Lärmer (1975), S. 38.

Weder muss die »überflogene« Linie der Autobahn ungenau mit Militärtechnik aufgeladen werden – als ob sich etwa die Autobahn schon wegen Seiferts Tarnerlebnis im Eichenwald dauerhaft im Luftkrieg befände – noch müssen die Flugberichte von der Strecke ganz untechnisch psychotisch erklärt werden: Wie im ersten Teil dieses Kapitels die schwingende Straße zunächst von der Linie der Eisenbahn her gefasst wurde, nämlich als deren bewusst formulierte Negierung, soll die genauere Gestalt der Autolinien und ihre technologische Umgebung im Folgenden entlang der Beziehung von Fahrt und Flug untersucht werden – soll die Linienführung der Autobahn anhand der vielgestaltigen Frage entwickelt werden, wie viel vom Fliegen tatsächlich in ihre Krümmungen eingebaut ist.

Paul Bonatz, nicht nur der Erbauer des Stuttgarter Hauptbahnhofes, sondern auch oberster Planer der Brücken bei der Reichsautobahn und als solcher für luftige Fragen qualifiziert – »Die Brücke ist die Fortsetzung der Fahrbahn durch die Luft« so ein Bonmot von Fritz Todt,[205] deutet Parallelen der Autobahn zum Flugverkehr an, die nicht nur auf subjektive Ergriffenheit, sondern auch auf die konkrete Lage der Straße im Gelände abheben:

> Die Reichsautobahn folgt nicht dem alten Siedlungszug der Täler, die überansprucht sind. Sie sucht bei der Verbindung großer Städte den freien Raum, führt über Hochflächen und Bergrücken, überspringt Taleinschnitte, sie hat ein neues rhythmisches Gesetz der Bewegung erfunden, einer schwingenden Bewegung, die dem Fliegen am nächsten kommt.[206]

Interessanter noch als die unscharfe Ähnlichkeit in der Behandlung von Siedlung und freier Fläche durch Flugzeug und auf Bergrücken verlegte Autobahnen,* ist hier der kleine, durchaus auch technisch zu

---

* In der Tat lässt sich diese Parallele in fast wortgleichen Flug- wie Fahrtbeschreibungen wiederfinden – zwischen Hermann Hesse 1928 vom Flugzeug aus:

> »Deutschland war gar nicht so, wie die Eisenbahnreise es einem vorzutäuschen suchte! Es bestand weder aus Zement noch aus Blech, weder aus Fabriken noch aus Bahnhöfen, sondern aus lauter Wald und Erde.«

– und Walter Ostwald 1939 auf der Autobahn:

> »Und doch ist es eine dauernde Freude, von der Bahn aus die deutsche Landschaft zu sehen, wie sie wirklich ist, und nicht, wie sie längs Reichsstraße und Schienenstrang mehr oder weniger verdarb.«

Hermann Hesse zitiert nach: Schütz/Gruber (1996), S. 131, bzw. Ostwald (1939), S. 10. [Zitatangabe Walter Ostwald?]

lesende Hinweis von Bonatz auf die Ähnlichkeit der »schwingenden Bewegung« zum Flug.

Um diesen möglicherweise ja wirklich parallelen Spuren zu folgen, muss man sich vom wenig prägnanten, allenfalls im Gegensatz zur »Geraden« sinnvollen Begriff bloßer »Kurvigkeit« lösen und sich genauer der einzelnen Kurve zuwenden.

Die Kurve ist bei einem Verkehrsbauwerk prinzipiell dazu da, die Fahrtrichtung zu ändern, und damit dies bei der zugrunde gelegten Ausbaugeschwindigkeit der Reichsautobahn von 160 km/h und den dabei auftretenden Fliehkräften gefahrlos vonstatten geht, wird von Anfang an neben einer angemessenen Überhöhung der Kurven auch mit möglichst großzügigen Krümmungsradien geplant. Möglichst großzügig heißt, dass die Bauvorschrift in Abhängigkeit vom Gelände variable Mindestradien für die Kurvenkreise vorgibt. Allererste Pläne, nirgends die 2000 m zu unterschreiten, sind schon im Mai 1934 vom Tisch. Je nach Schwierigkeit der in drei Klassen eingeteilten Landschaft dürfen die Radien von 2000 bzw. 1800 m im Flachland auf 1000 bzw. 800 m in hindernisreichem Gelände und im Gebirge sogar auf 600 bzw. 300 m heruntergesetzt werden, um die im Frühjahr 1936 gültigen Klassenwerte mit den jeweiligen Sonderfallregelungen zu zitieren.* Damit kann also prinzipiell variabel zwischen norddeutscher Tiefebene und Schwäbischem Albabstieg trassiert werden.

Dass die eigentliche Kurvendiskussion mit einer Verfeinerung dieser Größen aber gerade erst beginnt, verrät folgender Beitrag von Fritz Todt auf einer Architektentagung 1940:

> Ich empfinde es immer noch als einen Nachteil unserer Trassierung, daß sich ein solcher Straßenzug im allgemeinen aus Geraden, Kurven und Kreisbögen zusammensetzt. Je mehr man auf fertigen Straßen fährt, um so mehr hat man den Wunsch, weicher in die Übergänge zu gehen und vielleicht doch vom bisherigen Mittel des Lineals und des Kreisbogens abzukommen und noch weit mehr Anpassung an die Natur zu erreichen.[207]

* Vgl. Dittrich (1953), S. 23. Die unterschiedlichen Vorschriften, es gibt eine vom Mai 1934, Frühjahr 1936 und von Anfang 1937, werden zwar immer differenzierter, unterscheiden sich aber weder in ihrer Einteilung noch in den Werten grundsätzlich.

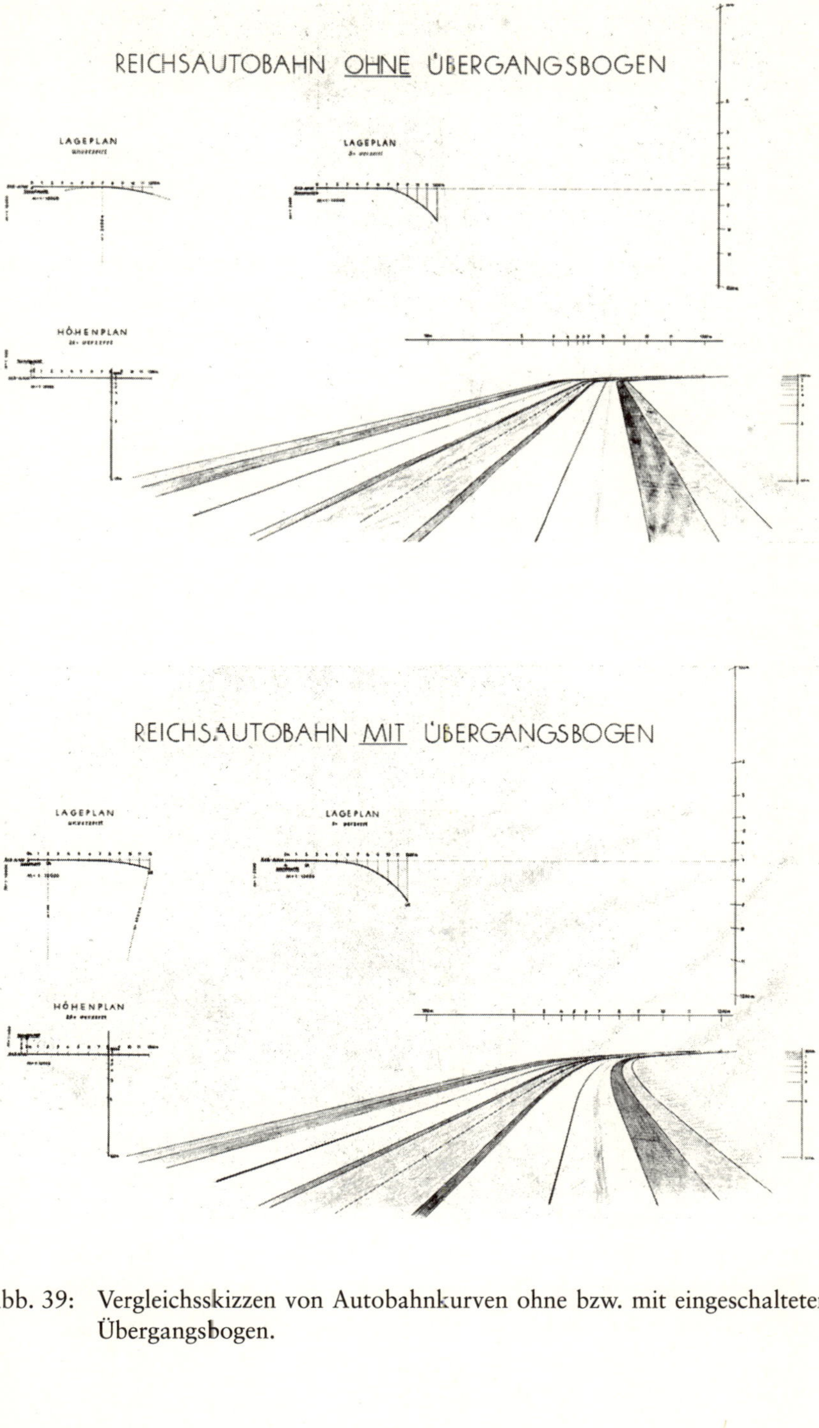

Abb. 39: Vergleichsskizzen von Autobahnkurven ohne bzw. mit eingeschaltetem Übergangsbogen.

Was Todt hier als »Anpassung an die Natur« anspricht, ist die technische Problematik des so genannten Übergangsbogens. Als unangenehm beschreibt er nämlich nicht etwa zu kleine Kurvenradien mit vielleicht zu geringer Überhöhung, sondern grundsätzlich den Übergang von der Geraden in einen auch noch so großen Kreis. Schon wenig spezialistische Überlegungen zum Vorgang des Lenkens machen klar, worum es hier geht.

Ein Fahrzeug fährt geradeaus, wenn die lenkbaren Räder gemeinsam mit den anderen gerade Linien bilden. Diese Gerade kann man auch als Kreisbogen mir unendlichem Radius beschreiben, was sich als sinnvoll erweist, wenn man die Fahrt durch eine Kurve weiterverfolgt. Eine Kurve zu lenken bedeutet, in einer gewissen Zeitspanne den Radius des eingeschlagenen Bogens stufenlos von unendlich bis hinunter zum Kurvenradius zu verringern und bei der Ausfahrt aus der Kurve dementsprechend wieder zu erhöhen. Strecken, die sich allein aus Geraden und dazwischengeschalteten Kreisen zusammensetzen, tragen diesem Umstand nicht wirklich Rechnung, da sie vernachlässigen, dass nicht blitzartig vom Kurvenradius unendlich etwa auf 1000 m Krümmungsradius eingeschlagen werden kann, sondern dass der Vorgang eine gewisse Zeit und damit auch eine gewisse Strecke erfordert, den von Todt vermissten, »weichen« Übergangsbogen. Diese harten Kurven ohne eingebaute Vermittlung zwischen gerader und kreisförmiger Strecke können unmöglich exakt gefahren werden, sie müssen am Eingang und Ausgang geschnitten werden. Auch wenn die gefahrene Kurve zwar noch auf der Fahrbahn liegt, weicht sie dennoch etwas von der Geometrie der Trasse ab.

So neuartig, wie es sich in der zitierten Stellungnahme Todts zunächst anhört, ist die ganze Fragestellung 1940 keineswegs. Zwar nicht aus Gründen der Lenkung, aber wegen des abrupten Einsetzens der Fliehkraft auf übergangslosen Strecken und auch, weil die Überhöhung einer Kurve allmählich und daran der Kurvenradius angepasst werden muss, hat man im Eisenbahnbau schon seit den 1860er Jahren Erfahrung mit Übergangsbogen. Beim Bau der Brennerbahn 1864–67 wurden so genannte Übergangskorbbogen verwendet, wurde die Trasse aus Bogenstücken verschieden großer, in die Kurve hinein immer kleinerer Kreise zusammengesetzt.[208] Damit ist zwar das prinzipielle Problem des Übergangs von der Geraden in einen wie auch immer bemessenen Kreis noch nicht gelöst, die Fliehkraft baut sich so aber immerhin abgestuft auf. Noch besser, und im Eisenbahnbau schließlich auch gebräuchlich, ist die Verwendung von Stücken kubischer Parabeln ($y = a \cdot x^3$), um die Krümmung der Kurve allmählich aufzubauen.*

Die Linie, die sich bei der Reichsautobahn schließlich gegen ein ganzes Bündel von anderen Kurven durchsetzen soll, ist jedoch keine Parabel, sondern die so genannte Klothoide. »Klothoide nennt man die durch die Gleichung $s \cdot \rho = a^2$ definierte Curve«, so beschreibt der italienische Mathematiker Ernesto Cesàro am Ende des 19. Jahrhunderts in seinen »Vorlesungen über natürliche Geometrie« knapp das Objekt.** Es handelt sich bei der Linie um eine Spirale, deren Krümmung sich direkt proportional zur Bogenlänge verhält, die sich also mit zunehmender Länge immer stärker einkrümmt‡. In Cesàros Formel wird diese direkte Proportionalität von Länge und Krümmung über die indirekte Proportionalität von Länge und dem der Krümmung entsprechenden Radius ausgedrückt, das Produkt aus Bogenlänge s und jeweiligem Radius ρ bleibt für die gesamte Klothoide jeweils konstant.

* Genauer lautet die bei der Eisenbahn gebräuchliche Formel: $y = \frac{x^3}{6 \cdot R \cdot l}$, wobei *R* = Bogenradius, *l* = Übergangsbogenlänge.
Vgl. dazu auch etwa, Hanker (1952), S. 11.
Auch beim Bau der Reichsautobahn wird die kubische Parabel als Übergangslinie gelegentlich verwendet, allerdings nur in den Jahren 1934/35 und nur in geringem Umfang im Bereich der Obersten Bauleitung Hamburg, wie etwa an der Strecke nach Lübeck. Vgl. dazu Hans Lorenz, Sinn und Anwendung von Übergangsbögen, in: Hans Lorenz/Friedrich August Finger Trassierungsgrundlagen der Reichsautobahnen, Schriftenreihe der »Strasse«, Heft 28, Berlin 1943, S. 48.

** Ernesto Cesàro, Vorlesungen über natürliche Geometrie, Leipzig 1901, S. 15. Dabei gilt: s = Bogenlänge, ρ = Krümmungsradius an einem jeweiligen Kurvenpunkt, a = für die jeweilige Klothoide feststehender Parameter, Vergrößerungs- oder Verkleinerungsfaktor der stets geometrisch ähnlichen Kurve.
Den Namen der Kurve leitet Cesàro von »Klotho« her, der ersten der drei Moiren, den Schicksalsgöttinnen aus der griechischen Mythologie. Der Schicksalsfaden, den die anderen beiden messen und schließlich abschneiden wird von Klotho zusammengesponnen, die »Klothoide« ist damit ihrer Form nach als »Spinnlinie« benannt.

‡ »Aus der Radiusverlängerung erfolgt die lebendige Spirale. Die Radiusverkürzung verengt den Umschwung mehr und mehr, bis das schöne Schauspiel im Punkte ruckartig stirbt; die Bewegung ist hier nicht mehr unendlich, so dass die Frage nach der Richtung an Bedeutung wieder gewinnt«, hatte Paul Klee 1925 in sein pädagogisches Skizzenbuch über »die Spirale« notiert, zitiert nach: Sigfried Giedion, Die Herrschaft der Mechanisierung, Frankfurt/M. 1982, S. 137. Hier findet sich auch eine hübsche Freihandskizze einer klothoidenähnlichen Figur.

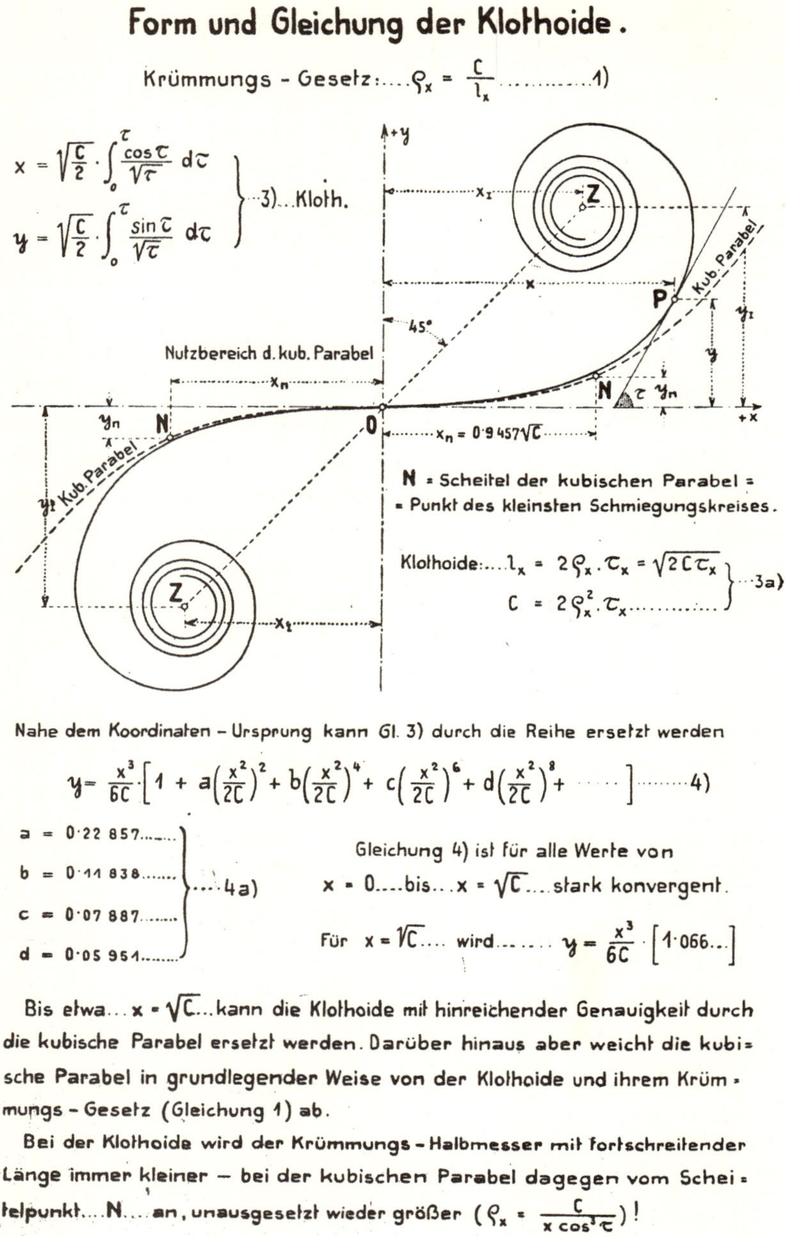

Abb. 40: Leopold Oerleys Skizze der Klothoide. Man beachte die ebenfalls in die Skizze eingetragene Kurve der kubischen Parabel, die bei großen Krümmungsradien dasselbe Krümmungsverhalten zeigt.

Die Idee, diese Kurve aus den »Vorlesungen über natürliche Geometrie« für die von Todt angestrebte »Anpassung an die Natur« technisch zu verwenden, hatte ein gewisser Prof. Leopold Oerley von der Technischen Hochschule Wien. Er hatte den Zusammenhang schon bei einer Straßenbautagung in München 1936 frei erläutert und zu einem daraufhin von Todt angeforderten Gutachten ausgebaut, »Übergangsbogen bei Straßenkrümmungen«[209].

Das geringe und späte Interesse an spezifisch dem Straßenverkehr angemessenen Kurven liegt laut Oerley an der Annahme, das Automobil suche sich seine Linie auch auf einer wenig komplexen Fahrbahn selbst, sowie an mangelnden Vorschlägen geeigneter Kurven. Wenn das aus vielerlei Gründen – Oerley nennt Ästhetik, Fahrpsychologie und Fahrsicherheit[210] – aber wichtige Problem überhaupt bearbeitet wurde, habe man die mehrschichtige Frage auf ihren geometrischen Teil reduziert und zwei andere Aspekte vernachlässigt:

> Eine befriedigende Lösung der Übergangsbogenfrage erfordert die Klarstellung dreier [...] Teilprobleme, und zwar: 1. des fahrtechnischen Problems, 2. des geometrischen Problems, 3. des geodätischen Problems.[211]

Die fahrtechnischen Voraussetzungen beschreibt Oerley folgendermaßen:

> Die Zusammensetzung der Straßenachsen aus Geraden und reinen Kreisbogen ist unnatürlich! Wenn ein Fahrzeug [...] aus der Geraden in einen Bogen übergehen soll, muss die Steuerung betätigt werden. Zum Umlegen des Steuers (Einschlagen der Vorderräder) ist eine bestimmte Zeit t_o erforderlich. In dieser Zeit bewegt sich das Fahrzeug weder in der Geraden noch im reinen Kreisbogen, sondern in einem Übergangsbogen.[212]

Und weiter heißt es zur Gestalt dieser Vermittlungslinien:

> »Je nach Betätigung der Steuerung und der Geschwindigkeit kann der Übergangsbogen die verschiedensten Formen und Längen haben; immer aber geht er vom Halbmesser $\rho = \infty$ aus und führt bis $\rho = R_o$
> Nimmt man an:
> 1. Geschwindigkeit V unveränderlich,
> 2. gleichmäßige Drehung des Lenkrades [...]
>
> dann erhält man [...] das Krümmungsgesetz $\rho = \frac{C}{l}$.«[213]

Oerley entwickelt seine Version der dem Automobil angemessenen »natürlichen« Übergangskurve also aus der Logik des selbst gesteuerten Fahrzeugs heraus, ja aus der dynamischen Perspektive ungebundener Bewegung überhaupt, wenn er verallgemeinert:

> Das gilt in gleicher Weise für ein Schiff im Weltmeer, wie für ein Flugzeug in der Luft oder einen Kraftwagen in freier Bahn und ähnlich aber auch für einen Radfahrer auf freiem Platz; für Pferd und Reiter auf der Rennbahn, einen Schnellläufer am Eissportplatz oder einen Läufer im Stadion. [214]

Für die spezielle Aufgabe einer Autobahnkurve fügt er diesem allgemeinen Konzept des selbst gesteuerten Übergangs eine konstante Geschwindigkeit der Fahrt und der Lenkbewegung hinzu und kommt so zwangsläufig zur sich proportional zur Wegstrecke einkrümmenden Linie der Klothoide und zu einer Version von Cesàros Krümmungsformel dieser Kurve.

Im Tonfall durchaus emphatisch und doch genauer als noch Bonatz in seiner Formulierung vom »rhythmischen Gesetz der Bewegung [...], einer schwingenden Bewegung, die dem Fliegen am nächsten kommt«,[215] deutet sich bei Oerley also an, dass die Autobahn und die Flugbahn technisch möglicherweise wirklich mehr teilen, als nur eine tragende Rolle für die nationalsozialistische Befindlichkeit. Sehr allgemein, aber dabei nicht unplausibel, begreift Oerley beide Verkehrsmittel – das »Flugzeug in der Luft oder einen Kraftwagen« – als einem bestimmten Typ von Bewegung »in freier Bahn« zugehörig, was aus der Kurve der Autobahn, würde man sie tatsächlich ausgehend von dieser Bewegung trassieren, zwar noch keinen direkten Nachkommen der in einem wirklich hindernislosen Medium ihre Kurven ziehenden Flugbahn macht, aber doch eine Art nahen Verwandten.

Fahrtechnisch leuchten diese Überlegungen prinzipiell ein, einfach umsetzbar sind sie aber 1937 keineswegs und zwar wegen der von Oerley angesprochenen geometrischen und geodätischen Anteile des Problems. Es liegt einfach noch kein Verfahren vor, eine Klothoide ins Gelände einzumessen. So bespricht Oerley in seinem Buch nach den hochtrabenden Ideen zum generellen Nutzen der Klothoide für die freie Bewegung auch nur noch Techniken, wenigstens der Klothoide angenäherte Straßenkurven zu bauen. Bei sehr großen Krümmungsradien böte sich als Ersatz die von der Eisenbahn her vertraute, aber schließlich kaum verwendete kubische Parabel an, da ihr Krümmungsverhalten in der Nähe des Nullpunktes dem der Klothoide entspricht.* Bei engeren Kurven aber, etwa bei Autobahnausfahrten, wo die Kombination aus reinem Krümmungskreis und der Geraden am lästigsten ist, schlägt Oerley als Näherung eine Korbbogenlösung vor, mit einem vor den Kurvenkreis gelegten Übergangskreis mit doppeltem Radius. Obwohl sich dabei doch erhebliche Abweichungen von der Ideallinie der Klothoide ergeben und das prinzipielle Gerade-Kreis-Problem weiterhin auf seine Lösung wartet, findet dieser Vorschlag, illustriert mit Bemessungstafeln zur Tangenteneinrückung und Fahrbahnquerneigung unmittelbar Eingang in die »Vorläufigen Anweisungen für die Durchführung der Bauarbeiten an den Reichsautobahnen, Nr. 8« vom 28. 5. 1937,[216] und von da in die Baupraxis.

Todts Wunsch von 1940, er wolle noch »weicher in die Übergänge [...] gehen«[217], lässt sich so einordnen als Anmerkung zu einem prinzipiell schon erkannten Problem, das auf theoretisch womöglich vager Grundlage, sicherlich aber praktisch noch zu ungenau angegangen wurde. Immerhin werden Ende der 30er Jahre die ersten durchgängigen Strecken fertig, und die als Verkehrsmittel befahrene Autobahn wird nicht mehr nur propagandistisch begeistert mit anderen und dabei stets schlechteren Straßen verglichen, sondern gerät eigenständig und nach eigenen Kriterien in den Blick. Im Lichte praktischer Erfahrung und Beobachtung intensiviert sich die Kurvendiskussion so noch einmal ganz erheblich, fast umgekehrt proportional zum kriegsbedingt rapiden Rückgang der Bautätigkeiten. In dieser letzten Diskussionsrunde um die Linienführung der Reichsautobahn kurz vor der kompletten Einstellung aller Arbeiten geraten alle drei Aspekte der Linie – Fahrtechnik, Geometrie und Geodäsie – noch einmal in Bewegung, wird das diskursive Verhältnis der Autobahn zur Flugbahn über Oerleys theoretisch postulierte, allgemeine Bewegungslehre hinaus noch einmal präziser fassbar.

Zunächst verändert sich unter dem Eindruck der Praxis der Begriff der dem Auto fahrtechnisch angemessenen Kurve. Dass sich der Unterschied zwischen guten und schlechten Kurven sowie die genaue Form der guten handfest und objektiv von der Straße selbst

---

* Dies erklärt auch ihre Verwendung bei den weiten Kurven der Eisenbahn.

ablesen lässt, ist die Idee von Walter Ostwald. Dem Sohn des Chemienobelpreisträgers Wilhelm Ostwald, dem Erfinder und Benenner des weltweit ersten Superkraftstoffs »Aral« von 1924, Herausgeber der »Automobiltechnischen Zeitschrift« sowie Initiator ausgiebiger Test- und Messfahrten auf der Reichsautobahn,* einer schillernden Figur also zwischen Kraftstoffchemie und Kfz-Technik, konnte nicht verborgen bleiben, dass Automobile bei Höchstgeschwindigkeit ganz von selbst der Linienführung von Straßen ihr Zeugnis ausstellen und zwar in Form der von winzigen aber unzähligen Tropfen aus Motor und Getriebe auf die Betondecke geschriebenen Ölspur. Erstmals hatte Ostwald das Phänomen 1938 unter dem Titel »Die schwarze Spur« in seiner »Automobiltechnischen Zeitschrift« erwähnt:

> Der Verlauf der schwarzen Spur zeigt [...] in Kurven den idealen »Übergangsbogen«, den man durch Kreisbogenstücke von doppeltem Halbmesser, die kubische Parabel und neuerdings durch die Klothoide zu verwirklichen versucht.[218]

Dass diese Spuren teils erheblich vom durch Kreise und Geraden gebildeten Fahrbahnverlauf abweichen können, ist schon mit Oerleys Ausführungen zu Lenkgeometrie verständlich, Ostwald allerdings präzisiert diesen Gedanken noch einmal merklich und argumentiert von den Feinheiten der Lenkgeometrie her nicht nur gegen Gerade-Kreis-Übergänge, sondern auch gleich gegen die Klothoide:

> Ein Kraftfahrzeug kann nämlich eine Fahrbahn, die aus Kreisbogenteilen und Geraden zusammengesetzt ist, nicht fahren. Zwischen Gerader und Kreisbogen muß vielmehr ein Übergangsbogen von ganz seltsamer Beschaffenheit liegen. Man kann sagen, daß ein Kraftfahrzeug seine Spur doppelt differenziert, oder umgekehrt, daß die zweite Ableitung einer Kraftfahrzeugspur stetig sein muß.[219]

Stetig sollte die zweite Ableitung einer Straßenkurve deswegen sein, weil dieser mathematisch zweiten Ableitung automobiltechnisch der Verlauf der Beschleunigung des Lenkrades entspricht, und dieses stetig flüssig und nicht ruckartig zu bewegen ist. Da die Klothoide diesem Kriterium

---

* Vgl. zu diesen unter anderem von seinen beiden Söhnen Karl-Wilhelm und Fritz (Letzterer gilt beiläufig als der Erfinder des Antiblockiersystems ABS sowie des negativen Lenkrollradius) unternommenen und ausgewerteten Fahrten Ostwald, Walter, Die Wirtschaftlichkeit von Autobahnen / Ergebnisse der Vergleichsfahrten auf Reichsautobahn und Reichsstraße, Schriftenreihe der Strasse, Heft 10, Berlin 1938.

Abb. 41: Walter Ostwald. Der Sohn des Chemienobelpreisträgers Wilhelm Ostwald, Autor der »Autler-Chemie«, Erfinder des ersten Superkraftstoffs der Welt und Herausgeber der »Automobiltechnischen Zeitschrift« in häuslicher Umgebung 1934.

nicht entspricht, bestellt Walter Ostwald bei seinem Neffen Peter Brauer, einem Physiker, eine speziell »glatte«*, d.h. auch in zweiter Ableitung stetige »Lenkradkurve«. Peter Brauer stellt sie in 1940 in der »Strasse« unter dem Titel »Über die Form des Übergangsbogens«[220], der praktische Nutzen dieser reichlich komplizierten Kurve bleibt dennoch gering.

Auf einer vom 4. bis zum 6. Februar 1941 abgehaltenen Trassierungstagung auf der von Todt zum Schulungszentrum umgebauten Plassenburg in Oberfranken zeichnet sich in einer Art Finale nämlich doch noch eine Entscheidung zugunsten der Spinnlinie ab, wie sich aus dem zwei Jahre später erschienenen Sammelband zur Tagung rekonstruieren lässt.[221] Der Grund für diese erneute Wende hin zur Klothoide und weg von der von Walter Ostwald »Ostwald-Brauer-Kurve«[222] genannten Lenkradkurve – wohl in Anlehnung an das nach ihren beiden Vätern benannte »Ostwald-Brauer-Verfahren« zur Salpetergewinnung von 1902 ist dabei bau- und vermessungstechnischer bzw. mathematischer Natur.

Von den sieben Kriterien, die Hugo Kasper, Professor für Geodäsie von der Technischen Hochschule Brünn, für eine als »Glättungsbogen« geeignete Kurve im Tagungsband formuliert, bezieht sich nur noch das erste und das letzte auf die Fahrtechnik. Viel wichtiger scheint die Einfachheit und Transparenz der Kurve beim Messen und Bauen.

1. Stetiger Krümmungswechsel von jeder beliebigen Krümmung auf eine andere einschließlich der Krümmung Null. [...]
2. Die Kurve soll sowohl bei dem Übergang aus der Geraden als auch von Kreis zu Kreis brauchbar und leicht einzurechnen sein.
3. Die Kurve muß in einfachen Tabellen erschöpfend darstellbar sein.
4. Die Absteckung muß einfach sein.
5. Der Zusammenhang zwischen der Stationierung (Bogenlänge), dem Krümmungshalbmesser und dem Tangentenwinkel soll an jeder Stelle rasch angegeben werden können, was für die Berechnung der Querneigung und die Schnittwinkelmessung mit Bauwerksachsen erforderlich ist.
6. Dem Krümmungsgesetz soll aus bautechnischen Gründen möglichst eine lineare Anrampung des Quergefälles entsprechen.
7. Es wäre günstig, wenn die Kurve auch bei Anschlußstellen als fahrtechnische Übergangskurve geeignet wäre, da man mit einer einzigen Kurventafel und gleichen Absteckungs- und Berechnungsverfahren auskäme.«[223]

---

* Vgl. Walter Ostwald, Die wirkliche Form des Übergangsbogens, in: Die Strasse 1940/7/8, S. 145, Ostwald spricht hier von einer »stetig (Mathematisch genauer ausgedrückt: Es bedarf einer »glatt« beginnenden und »glatt« endenden Funktion) beginnenden und stetig endenden Funktion«. »Glatt« bedeutet demnach: auch in der zweiten Ableitung stetig.

Kasper untersucht daraufhin die kubische Parabel, die Klothoide, die Lemniskate, die Kreisevolvente, eine gewisse Übergangskurve von Schramm,* die Lenkradkurve von Brauer sowie die Sinuslinie und kommt zum, wenn man von Oerleys Schwierigkeiten mit der Kurve und Ostwalds Kritik an ihr ausgeht, durchaus überraschenden Schluss, dass allein die exakte Klothoide allen Kriterien gerecht wird.

Aus der noch für Oerley nur mit Hilfe grober Näherungskreise handhabbaren Kurve konnte in ihrer exakten Form ein explizit einfaches und durchsichtiges Mittel für den Straßenbau werden, weil ein gewisser Dipl.-Ing. Walter Schürba sich daran gemacht hatte, die Koordinaten der Kurve zu berechnen und in Abstedktabellen bautechnisch verfügbar zu machen.[224]

Entgegen kommt ihm bei diesem Vorhaben, dass die mathematische Geschichte der Kurve nicht wie etwa von Oerley behauptet, erst mit Cesàro oder einem österreichischen Eisenbahningenieur namens Max Ritter von Leber anhebt,[225] sondern dass sich – freilich in ganz anderen Zusammenhängen – niemand geringerer schon vorher damit beschäftigt hatte, als Jakob Bernoulli und vor allem Leonhard Euler sowie Augustin Fresnel. Weil sich die Koordinaten der Kurve aufgrund der Euler'schen bzw. Fresnel'schen Integrale, also aufgrund eines gewissermaßen mathematikhistorischen Glücksfalls, doch einfacher berechnen lassen, als Oerley angenommen hatte, kann Schürba vergleichsweise schnell praktisch Anwendbares vorlegen.** In der »Strasse« und im

* Dabei handelt es sich um eine Kombination aus kubischer Parabel und Vorkreisbogen.

** Vgl. dazu Hugo Kasper, Ein Verfahren zur Berechnung und Absteckung beliebiger Übergangsbögen, in: Lorenz/Finger (1943), S. 61.
Zu den mathematikhistorischen Hintergründen der infrage stehenden Integrale vgl. darüber hinaus etwa, »Euler's Spiral«, in: American Mathematical Monthly, Volume 25 (1918). S. 276–282. Hier finden sich auch Hinweise auf Eulers Text »Methodus inveniendi lineas curvas maxime minime proprietate gaudentes« von 1743, wo er sich im Zusammenhang mit elastischen Spiralfedern mit der Kurve befasst. Die Fresnel'schen bzw. Euler'schen Integrale lauten: $\int_0^\infty \sin x^2 dx = \frac{1}{2}\int_0^\infty \sin\frac{v^2}{\sqrt{v}}dv$, $\int_0^\infty \cos x^2 dx = \frac{1}{2}\int_0^\infty \cos\frac{v^2}{\sqrt{v}}dv$

Die darauf aufbauende Gleichung der Spirale: $x = K\int_0^s \cos s^2 ds$, $y = K\int_0^s \sin s^2 ds$.

Vgl. zu diesen Formeln: a.a.O.

Zeile	Tafel-Eingänge: Bogenlänge $l=\frac{L}{a}$	u_λ	u_δ	$\lambda=\frac{L}{H}=\widehat{2\tau}$	$\delta=\frac{\Delta H}{H}$	Tangenten-Einrückung $\Delta h=\frac{\Delta H}{a}$	u_l	Halbmesser $h=\frac{H}{a}$	u_l
Reihe:	1	2	3	4	5	6	7	8	9
0	0,000000			0,000000	0,000000	0,000000		∞	
	13926	72,144		194			0,0000	— —	
1	0,013926			0,000194				71,809624	
	5768	29,733		194			0,0000	21,032557	
2	0,019694			0,000388		0,000000		50,777067	
	4426	22,814		194		1	0,0002	9,317766	
3	0,024120			0,000582		0,000001		41,459301	
	3731	19,232		194		0	0,0000	5,554502	
4	0,027851			0,000776		0,000001		35,904799	
	3288	16,948		194		0	0,0000	3,790565	
5	0,031139			0,000970		0,000001		32,114234	
	2972	15,320		194		1	0,0003	2,798083	
6	0,034111			0,001164		0,000002		29,316151	
	14129	12,149		1163		3	0,0002	8,586501	
7	0,048240			0,002327		0,000005		20,729651	
	10842	9,3144		1164		4	0,0004	3,803965	
8	0,059082			0,003491	0,000000	0,000009		16,925686	
	9140	7,8590		1163	1	4	0,0004	2,267613	
9	0,068222			0,004654	0,000001	0,000013		14,658073	
	8052	6,9175		1164	0	5	0,0006	1,547492	
10	0,076274			0,005818	0,000001	0,000018		13,110581	
	7280	6,2597		1163	1	6	0,0008	1,142313	
11	0,083554			0,006981	0,000002	0,000024		11,968268	
	6695	5,7517		1164	1	7	0,0010	887804	
12	0,090249			0,008145	0,000003	0,000031		11,080464	
	6231	5,3577		1163	1	6	0,0010	715640	
13	0,096480			0,009308	0,000004	0,000037		10,364824	
	5853	5,0284		1164	1	8	0,0013	592774	
14	0,102333			0,010472	0,000005	0,000045		9,772050	
	5535	4,7552		1164	1	7	0,0013	501469	90,5996
15	0,107868			0,011636	0,000006	0,000052		9,270581	
	5265	4,5271		1163	1	8	0,0015	431429	81,9428
16	0,113133			0,012799	0,000007	0,000060		8,839152	
	5031	4,3222		1164	1	9	0,0018	376308	74,7979
17	0,118164			0,013963	0,000008	0,000069		8,462844	
	4825	4,1488		1163	1	9	0,0019	332006	68,8095
18	0,122989			0,015126	0,000009	0,000078		8,130838	
	4642	3,9880		1164	2	9	0,0020	295767	63,7154
19	0,127631			0,016290	0,000011	0,000087		7,835071	
	4480	3,8521		1163	2	9	0,0020	265673	59,3020
20	0,132111			0,017453	0,000013	0,000096		7,569398	
	4333	3,7225		1164	1	10	0,0023	240360	55,4720
21	0,136444			0,018617	0,000014	0,000106		7,329038	
	4199	3,6105		1163	2	10	0,0024	218827	52,1141
22	0,140643			0,019780	0,000016	0,000116		7,110211	
	4077	3,5026		1164	2	10	0,0025	200328	49,1361
23	0,144720			0,020944	0,000018	0,000126		6,909883	
	3966	3,4101		1163	2	11	0,0028	184297	46,4692
24	0,148686			0,022107	0,000020	0,000137		6,725586	
	3863	3,3187		1164	3	11	0,0029	170295	44,0836
25	0,152549			0,023271	0,000023	0,000148		6,555291	
	3767	3,2363	1883,5	1164	2	11	0,0029	157982	41,9384
26	0,156316			0,024435	0,000025	0,000159		6,397309	
	3678	3,1625	1839,0	1163	2	12	0,0033	147085	39,9905
27	0,159994			0,025598	0,000027	0,000171		6,250224	
	3596	3,0893	1198,7	1164	3	11	0,0031	137384	38,2047
28	0,163590			0,026762	0,000030	0,000182		6,112840	
	3519	3,0258	1759,5	1163	2	12	0,0034	128706	36,5746
29	0,167109			0,027925	0,000032	0,000194		5,984134	
	3445	2,9596	1148,3	1164	3	13	0,0038	120904	35,0955
30	0,170554			0,029089	0,000035	0,000207		5,863230	

76

Abb. 42: Blick auf Schürbas Klothoidenabstecktafel aus dem Jahr 1942.

Tagungsband führt er den Entwurf einer Klothoide vor, 1942 erscheinen die »Klothoiden-Abstecktafeln« zusammenfassend als Buch, zunächst mit Tangentenwinkeln bis 45°.*

Schon jetzt, spätestens aber, wenn diese Arbeit über 45° hinaus erledigt ist, entpuppt sich die Klothoide als wahre Wunderkurve. Sie ist nicht nur bequemer abzustecken und baulich transparenter (vgl. Kaspers 5. Punkt) als Oerleys Doppelkreise, mit ihrer Hilfe – mit aus Abschnitten verschieden großer Klothoiden zusammengesetzten »Korbklothoiden« – lässt sich darüber hinaus jede straßenbaulich interessante Kurve – etwa auch Ostwald/Brauers glatte Lenkradkurve – nachbilden und ein schwingender Straßenverlauf ohne jede Gerade erreichen. Geradezu begeistert beschreibt Hans Lorenz das Trassieren mit Korbklothoiden:

> Mit diesem letzten Schritt erreicht man vollends ein Ideal, wem man sich auch durch die einfache Klothoide schon mit wünschenswerter Genauigkeit genähert hat: Eine mit freier Hand (gewissermaßen mit dem weichen Architektenbleistift) gezogene schmiegsame und gefällige Linienführung, die zunächst auf gar keine Konstruktionselemente Rücksicht genommen hat, kann mathematisch nachgebildet, berechnet und abgesteckt werden, ohne größere Schwierigkeiten aber mit besserem Erfolg als bisher, wo man sich unnötig auf die starren Gebilde beschränkt hat, die man aus Geraden und Kreisbögen zusammensetzen kann.[226]

Die damit bestehende, baulich geometrische Freiheit bedeutet aber nicht nur, weichen Architektenbleistiften in der Landschaft folgen zu können. Ein weitgehend entgrenzter, Fliegen wie Fahren einschließender Typus ungebundener Bewegung, der seit Oerleys Gleichbehandlung von »Schiff, Flugzeug, Kraftwagen«[227] immer wieder in die Diskussion eingebracht wurde – »unsere Rennfahrzeuge werden zunehmend Luftfahrzeuge«, schreibt etwa Walter Ostwald schon angesichts des hohen Prozentsatzes des Luftwiderstands am gesamten Fahrtwiderstand, und ein gewisser Theo Ernst Schunk berechnet den »Schwimmwinkel«, mit

---

* Walter Schürba, Klothoiden-Abstecktafeln, Berlin 1942.
Als Formeln für die x- bzw. y-Koordinate gibt Walter Schürba Folgendes an:

$y = \frac{1}{\sqrt{2}} \int_0^\tau \frac{\sin\tau}{\sqrt{\tau}} d\tau$ und $x = \frac{1}{\sqrt{2}} \int_0^\tau \frac{\cos\tau}{\sqrt{\tau}} d\tau$, vgl. Schürba (1942a), S. 50

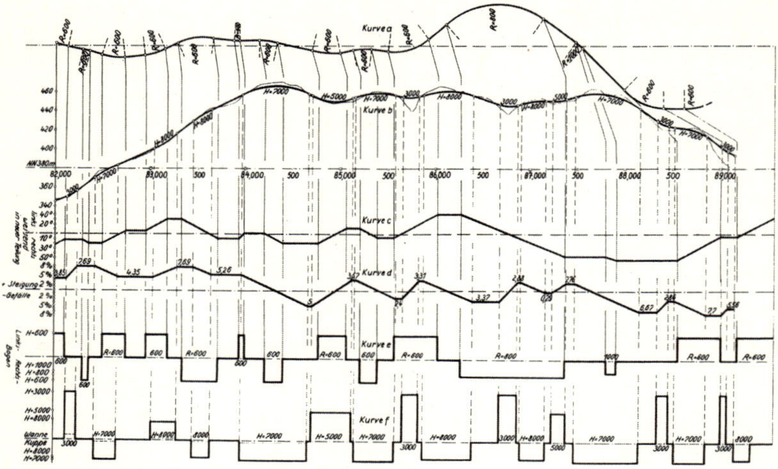

Abb. 1. Ableitungen eines älteren Autobahnabschnittes. Da Übergangsbögen fehlen, ist die zweite Ableitung des Grundrisses unstetig. Wie die zweiten Ableitungen des Grund- und Aufrisses erkennen lassen, sind die Bogen und Ausrundungen ohne Beziehung zueinander angelegt worden. Der Gesamteindruck der Strecke ist ungünstig. (Abbildung 1 und 2 stellen zwei Reichsautobahn-Abschnitte dar, die infolge der verschiedenartigen Geländeverhältnisse nicht unmittelbar miteinander verglichen werden können.)

Abb. 43 u. 44 :
Hans Lorenz erklärt anhand der ersten und zweiten Ableitung von Straßenkurven den Unterschied eines frühen und eines späteren Autobahnabschnitts. Die jeweils oberen beiden Kurven stellen den Grund- sowie den Aufriss einer Strecke dar, die folgenden Kurven zunächst die erste, dann die zweite Ableitung dieser Kurven. Beim älteren Abschnitt ist das Springen der zweiten Ableitung des Grundrisses deutlich zu sehen. Beim »Abschnitt aus neuerer Zeit« springt nur noch die zweite Ableitung des Aufrisses.

Abb. 2. Ableitungen eines Autobahnabschnittes aus neuerer Zeit. Durch die Einfügung von Übergangsbögen erhält die zweite Ableitung des Grundrisses einen stetigen Verlauf, wenn auch noch mit Ecken. Grund- und Aufriß sind nicht unabhängig voneinander bearbeitet worden. So deckt sich zum Beispiel die Kuppe H = 9000 m bei km 172,5 mit der Linkskurve R = 2000 m, und die Kuppe H = 40000 m bei km 177,5 liegt innerhalb der Linkskurve R = 1000 m.

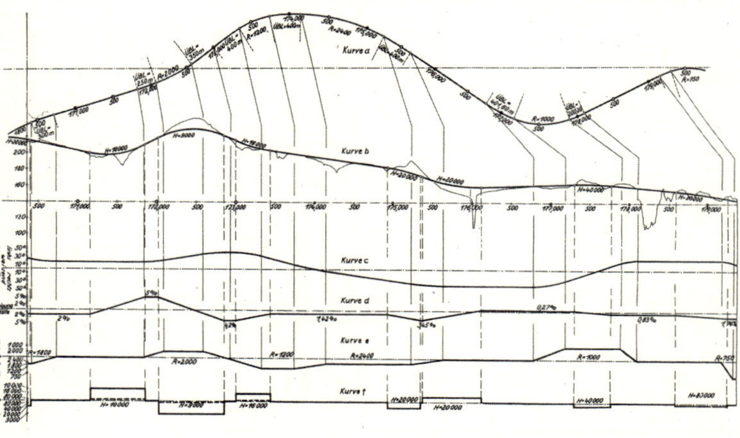

dem Automobile über die quer geneigte Fahrbahn scheuern* –, diese elementar ungebundene Bewegung kann jetzt in wirkliche Straßen eingebaut werden.

Nötig wäre für diesen ganz von der selbst gesteuerten Dynamik her gedachten Straßenbau nur noch, die Geometrie dieses Bewegungstypus zu ermitteln. Ein womöglich kompliziertes Verfahren dazu – etwa eine Art Gilbreth'scher »Zyklograph«** – muss aber nicht erst erfunden werden, immerhin ist man dieser Bewegungsgeometrie schon einmal zufällig begegnet: in Ostwalds »Schwarzer Spur«. Um den Um- und Irrweg von der Spur zur mathematisch unbefriedigenden »Ostwald-Brauer-Kurve« abzukürzen, schlägt Ostwald schließlich auf der Tagung vor, die empirisch gefahrenen, auf der Straße ablesbaren Öl-Kurven zum Muster der dann etwa klothoidenmäßig absteckbaren Linien zu machen. Die leichte Schneedecke, die in der Tagungswoche über Franken- bzw. Thüringer Wald liegt, legt nahe, sich das auch bei Schnee zu beobachtende Phänomen der interessanten Kurvenabweichungen genauer anzusehen. Die Exkursion war offenbar überzeugend, denn sie führt auf Todts Anweisung prompt zur Einrichtung einer speziellen »Spurenkunde« mit »Schneespurmessungen auf der Autobahn«.[228]

In den letzten verbleibenden Veröffentlichungen der »Strasse« finden sich so neben Schürbas Skizzen zur Klothoide einige flugzeuglose »Beinahe-Luftaufnahmen« von verschneiten Straßen: Illustrationen des von Ostwald angeregten Verfahrens, die Linienführung zukünftiger Straßen,

* Ostwald (1937b), S. 532.
Zum Verschwimmen der Grenzen zwischen »Schiff, Flugzeug, Kraftwagen« vgl. den Beitrag im Tagungsband:
Theo Ernst Schunk, Wie nimmt der gummibereifte Kraftwagen Seitenkräfte auf und welche Folgerung hat dies für die Querneigung der Straße in den Übergangsbögen?, in: Lorenz/Finger (1943), S. 140–142.
Schunk stellt hier dar, wie ein Kraftfahrzeug auf einer quer geneigten Fahrbahn nicht nur nicht von der Geraden in den Kreis wechseln kann, sondern dass es schon der Geraden nur lose folgt. Um nicht bei wirklich exakter Geradeausfahrt auf einer immer quer geneigten Straße (Regenwasserablauf) abzudriften, muss permanent gegengelenkt werden, ähnlich wie bei Schiffen, die ihren Kurs auch relativ zur Strömung und nicht exakt nach Himmelsrichtung halten. Dieser lose über dem Beton entlangscheuernden Bewegung entsprechend, berechnet Schunk den so genannten »Schwimmwinkel« von Fahrzeugen, die Richtung also, die minimal falsch eingeschlagen werden muss, um die erwünschte Richtung zu »fahren« bzw. zu schwimmen.

** Frank B. Gilbreth hatte zu Beginn des 20. Jahrhunderts mittels eines »Zyklographen« etwa Handbewegungen photographisch als Linien fixiert und so begreifbar gemacht. Vgl. dazu Giedion (1982), S. 127ff.

Abb. 45: »Spurenkunde.« Die gefahrenen Kurven weichen von den gebauten merklich ab.

Abb. 46: Kurve zwischen Chemnitz und Dresden.

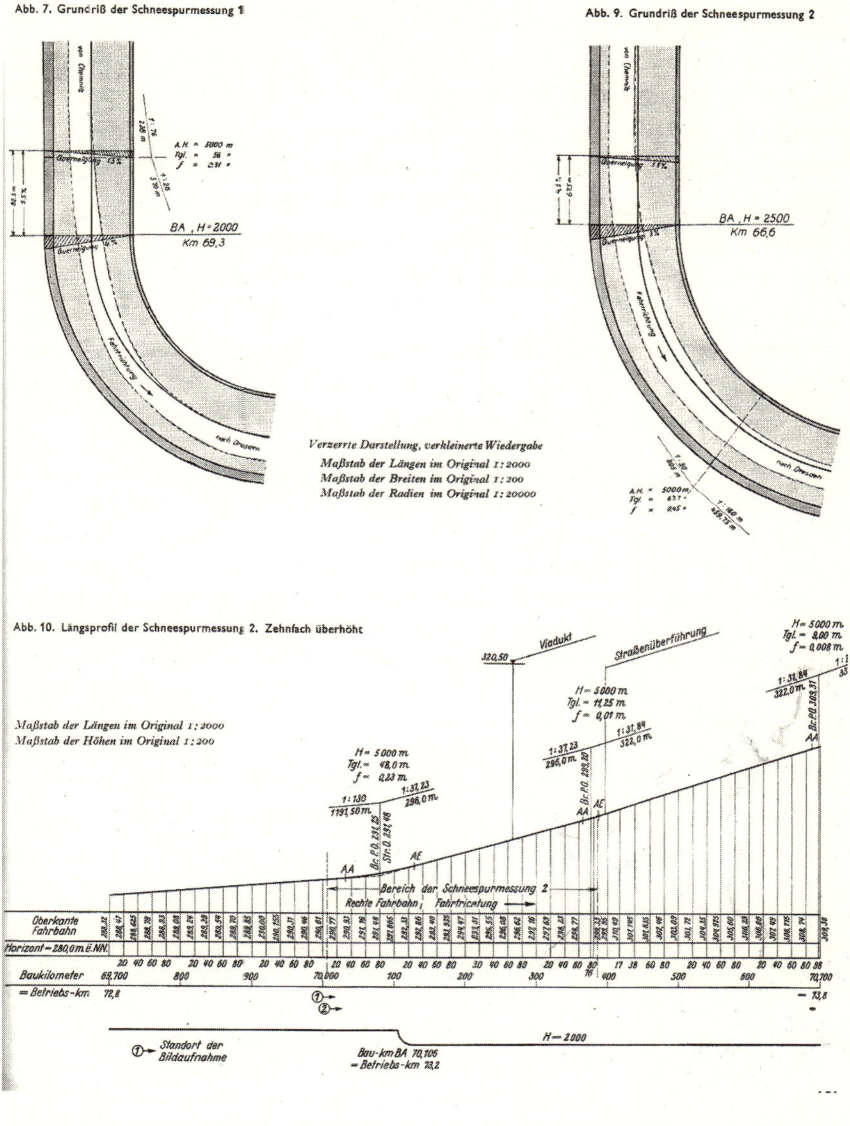

Abb. 47: Schematische Darstellung von »Schneespurmessungen« durch Hans Gläser. Die Abweichungen der Spuren von der Fahrbahn sind hier besonders deutlich. Wie aus den Angaben »Viadukt« und »Straßenüberführung« beim Längsprofil unten ersichtlich ist, spielt sich die »Schneespurmessung 2« in der schon unter Abb. 42 dargestellten Kurve ab.

Abzweige und Kreuzungen aus den photogrammetrisch auszuwertenden, empirischen Spuren im Luftbild gegenwärtiger Straßen und auf speziellen Spurentestplätzen zu bestimmen.[229]

Alle beiden aus der »Strasse« so hervorstechenden Flugmotive, das Erlebnis schwereloser Bewegung und das faszinierende Luftbild, erscheinen auf der Trassierungstagung also technisch gewandelt als Bestandteile einer künftigen Linienplanung: fast schwerelose Trassierungstechnik – durch die Korbklothoide geometrisch geodätischer Grenzen entrückt – schneidert unter Ausnutzung photogrammetrisch ausgewerteter Flugbilder dem Automobil seine natürlichen Kurven auf den Leib.

Alwin Seifert lobt die Entscheidung für die neue Kurvigkeit noch in den höchsten Tönen als künstlerischen Akt im Dienste des klassisch interessierten *Automobil-Steuermanns*:

> Arbeiten wir nach diesen neuen Gedanken, dann tritt der Autobahnbau aus dem archaischen Zeitalter in sein klassisches über. Aus der starren geraden Mantellinie der frühen griechischen Säulenformen wurde die schwingende Entasis der Säulen des Parthenon, des Kosmisch-Schönsten, was Menschengeist geschaffen. Die neuen Übergangsbogen sind von der Art jenes Anzugs der Säulenkanneluren; und wer immer noch die starre Gerade verteidigen will, den erinnern wir daran, daß an jenem Parthenon auch die Kanten des Unterbaus und des Gebälks keine Geraden sind, sondern Kurven sehr, sehr großen Halbmessers.[230]

Doch Walter Ostwald kann die einzelne Kurve mit kaum weniger guten Gründen als rein innertechnische Rückkopplung beschreiben, als Spur, die das Fahrzeug führerlos selbst errechnet hat, in einem Vorgang *automobiler Kybernetik*:

> In Wirklichkeit muß der Übergang von Geradeausfahrt zur Klothoide am Steuerrad nicht unstetig, wie bei Örley, sondern stetig erfolgen. Der Übergangsbogen dient also dazu, beim Übergang von der Geraden in den Kreisbogen Unstetigkeiten höherer Ordnung zu vermeiden. Die Vermeidung dieser Unstetigkeiten höherer Ordnung ist für Autobahnen deshalb notwendig, weil das Steuerrad des Kraftwagens nicht anders als stetig betätigt werden kann und weil es als zwangläufige Rechenmaschine den Kehrwert der zweiten Ableitung der vom Fahrzeug gefahrenen Strecke ergibt.[231]

Die angebliche, nationalsozialistische »Versöhnung« von Natur, Mensch und Technik im Zeichen der Kurvigkeit, die in der völkisch landschaftsästhetischen Rhetorik von den schwingenden Bahnen bei Seifert und anderen auftaucht und die zunächst als rätselhafte Unbekannte stehen bleiben musste, kann so nach der genaueren Untersuchung der geometrischen Geschichte der Reichsautobahnkurve bis in ihr letztes Stadium hinein auch schlicht als Anpassung technisch baulicher Instrumente an einen neuartigen Typus motorbetriebener Bewegung begriffen werden. Die gern bemühte »Natur« – »die Kurven des Baches oder des Flusses sind seltsam unregelmäßig« heißt es fast seifertsch bei Ostwald* – ist zumindest hier kaum etwas anderes als die »Natur« des Automobils – die »Bewegungen des Steuerrades während der Fahrt erscheinen irgendwie als natürlicher«, heißt es nur einige Zeilen weiter.

Was so kulturhistorisch die Linien der Reichsautobahn ins Gelände einschreibt, ist also nicht nur filmästhetische Heimatinszenierung und Einbeziehung von Individuen in den Verkehr. Den Subtext hinter beidem prägt die technische Logik selbst bewegter Dynamik, in der für euphorische Kraftfahrzeugpiloten die Grenze zwischen Fahren und Fliegen ebenso verschwimmt, wie bau-, vermessungstechnisch und mathematisch fast nicht mehr zwischen den Trägern des Fahrzeugs – Wasser, Land oder Luft – unterschieden werden muss, sondern wo davon losgelöst reine Bewegung gedacht, geplant, gebaut und gefahren wird, wo Porsche, Messerschmitt, Heinkel und Todt als Repräsentanten totaler Dynamik im Jahr 1938 gemeinsam den »Nationalpreis« erhalten,[232] und wo schließlich alle Elemente einer omnimobilen Kriegsmaschine – Kraft-durch-Freude-Kübelwagen, Panzer- und U-Boot-Verbände, Messerschmitt- und Junkersscharen, sowie die Aggregate 3–4 – in stetig glatter Bahn durch echte Meere, »Getreidemeere«[233] und Luftozeane brechen.**

---

* Ostwald (1943b), S. 120. »Wie auch der Fluß als ein Lebendiges nur in den richtigen Kurven gut geführt ist, in den Geraden aber von einem Ufer zum andern ständig hin- und wiederströmt«, schreibt Alwin Seifert fast identisch. Seifert (1941d), S. 131.

** Vgl. zum glatten Raum der Kriegsmaschine, der sich hier geradezu aufdrängt, die beiden Kapitel bzw. Plateaus, »1227 – Abhandlung über Nomadologie: Die Kriegsmaschine«, sowie »1440 – Das Glatte und das Gekerbte«, in: Deleuze/Guattari (1992), S. 481–585, bzw. S. 657–693.

Bleibt zu klären, wie diese allgemeine, klothoidisch ermöglichte Bewegungslehre, die auf der Trassierungstagung im Februar 1941 angestimmt wird, angesichts der wenigen verbleibenden Monate bis zum Baustopp der Reichsautobahn 1941/42 noch mit der baulichen Realität der Kurven in der Landschaft in Zusammenhang gebracht werden kann.

Schürba hatte immerhin seine Klothoidentafel nicht für den luftig wirklichkeitsleeren Raum berechnet, sondern für ein konkretes, wenn auch merkwürdiges Verkehrsprojekt, die so genannte »Durchgangsautobahn Wien-Breslau«[234]. Nach dem Anschluss Österreichs und des Sudetenlandes 1938 wurde hier eine Art exterritorialer Abkürzungsstrecke von Wien über Brünn durch Mähren nach Schlesien geplant, die nicht nur im Kartenbild von einem gewissen Sonderstatus umgeben ist.* Beauftragter für diese Strecke ist Oberregierungsbaurat Hans Lorenz, der dieses letzte große Planungsprojekt der Reichsautobahn als eine Art Experimentierfeld nutzt. So arbeitet er mit den Geodätikern Hugo Kasper und Walter Schürba aus Brünn zusammen, um genau genommen außerhalb des Reiches die mit Abstand fortgeschrittensten Trassierungstechniken der Reichsautobahn zu entwerfen und anzuwenden. Entworfen wurde dabei eine ganze Menge, angewandt werden konnte es zwischen Wien und Breslau jedoch kaum mehr, allenfalls einige Erdarbeiten folgten der so avancierten Planung mit klothoidenförmigen Übergangsbogen, raumperspektivischer Vorwegnahme der Straße in Landschaftsaufnahmen, Gradientenmodellen zum stetigen Steigungswechsel u.v.m.[235]

Ironisch könnte man angesichts der nur in einigen mährischen Erddämmen niedergelegten Reichsautobahn-Klothoiden auf Emil Maier-Dorns Ausspruch über die Parallelen zwischen Römerstraße und Autobahn zurückkommen. So ließe sich bemerken, dass die so »gewissenhaften Deutschen«[236] zwar keine Betonfahrbahnen mit 2000-jähriger Haltbarkeit entworfen haben, dafür aber auch keine Millennien wie die Römer benötigten, bis einer der wenigen selbständig entwickelten Aspekte ihres Straßenprojekts,** die Klothoide, nur noch luftbildarchäologisch wahrgenommen werden kann und allenfalls Bodenstörungen geometrisches Zeugnis einer bau- und verkehrswissenschaftlichen Kom-

---

* Die Strecke wäre außerhalb der Grenzen des Reichs, jedoch innerhalb seiner Zollhoheit verlaufen. Vgl. Lärmer (1975), S. 101.

** Im Gegensatz etwa zur Betonplatte, der Überholspur oder der von amerikanischen Parkways übernommenen Bepflanzungsideen. Vgl. zum Parkway Giedion (1976), S. 487.

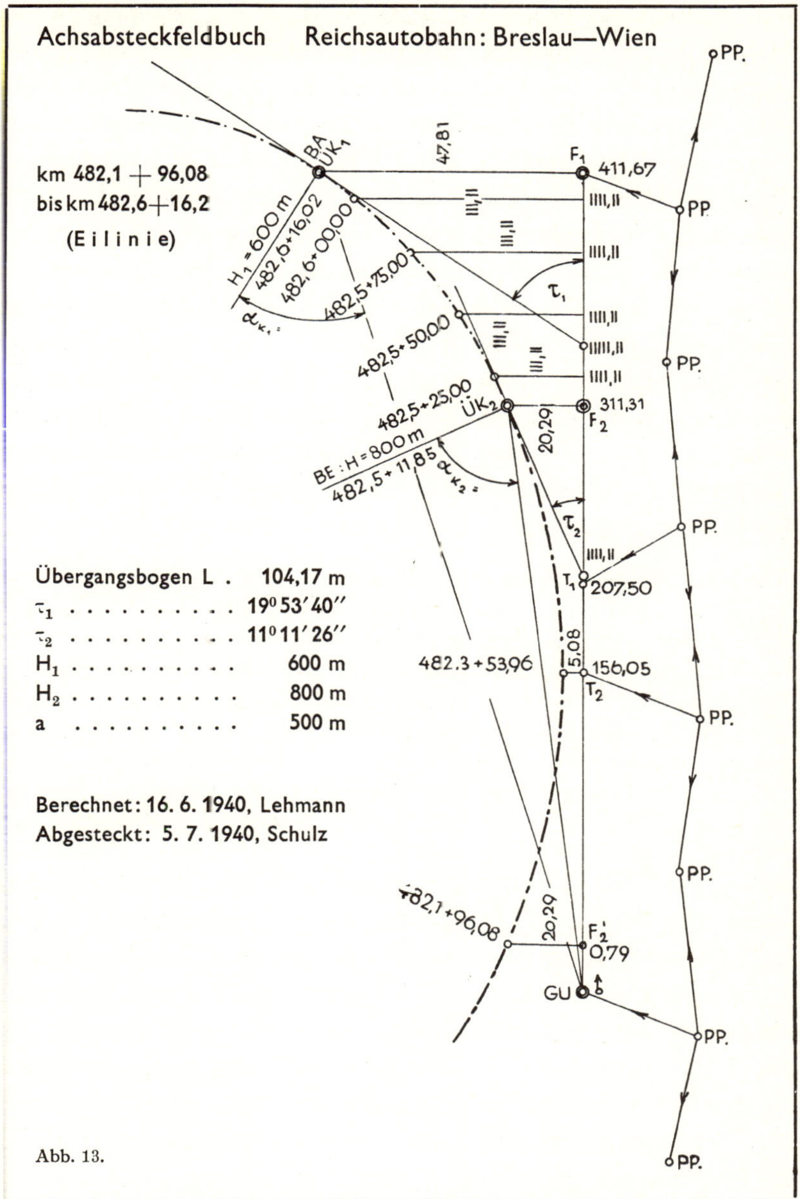

Abb. 48: Nicht gebauter Prototyp eines »Autobahnabschnitts aus neuerer Zeit«. Zumindest in der Planung sind hier klothoidische Übergangsbogen in einen Straßenverlauf eingeschaltet.

petenz ablegen. Ein letztes Mal käme so die Reichsautobahn mit dem Motiv des Fluges in Kontakt, würden in der Luftbildarchäologie Fritz Todts Reihenbildtrupp, Walter Ostwalds Fahrspurenkunde und Albert Speers »Ruinenwerttheorie«[237] miteinander kurzgeschlossen.

Doch auf derlei Ironie kann man verzichten. Die »Durchgangsautobahn Wien-Breslau« funktioniert nicht nur als letztes Projekt der Reichsautobahn, sondern – im nur einige Jahre später gleich mehrfach ausländischen Gebiet zwischen der Hauptstadt der Bundesrepublik Österreich und dem polnischen Wrocław – als Gründungsakt der deutschen Nachkriegskurvenplanung. Schürbas Klothoidentafeln erschöpfen sich nämlich keineswegs zwischen mährischen Dörfern. Der gesamte Autobahnkurvenbau der Bundesrepublik Deutschland baut geometrisch und geodätisch auf Schürbas Tafelwerk und seinen Erweiterungen und Neuauflagen auf. Die fünfte und letzte Auflage des Buches besorgen Hans Lorenz, Hugo Kasper und Walter Schürba im Jahr 1968.[238]

> Die Forderung des Kraftwagens nach verkehrssicheren, fahrdynamisch richtig angelegten Straßen einerseits und der Wunsch nach bestmöglicher Einfügung in das Gelände andererseits, haben die Verwendung der Klothoide im Straßenbau außerordentlich gefördert. [...] Das Tafelwerk von Professor Dr. Ing. Kasper, Dr. ing. Schürba und Reg.-Baudirektor Dr. ing. E.h. Lorenz hat sich seit seinem Erscheinen vor mehr als zehn Jahren in jeder Beziehung bewährt. An den großen Erfolgen der letzten Jahre im Bau verkehrssicherer und gut in die Landschaft eingepaßten Straßen hat das Werk seinen nicht zu übersehenden Anteil,

schreibt der Ministerialdirektor im Bundesverkehrsministerium Herbert Eymann im Geleitwort.[239] Das Buch wurde gegenüber seinem Vorläufer von 1942 zwar mehrfach erweitert und verfeinert, an der Basis aber hat sich wenig geändert, ist die »Klotoide als Trassierungselement« beim Baustopp der Reichsautobahn fast schon zu Ende gedacht. Ohne grundlegend von dieser Linie abweichende Neuimpulse in der Straßengeometrie bleibt der deutsche Autobahnkurvenbau damit bis mindestens in die 70er Jahre hinein direkt an die »Durchgangsautobahn« und ihre drei Hauptakteure angelehnt.*

---

* Vgl. Lorenz (1971). In diesem umfassenden Werk zur Nachkriegsautobahn finden sich die gleichen klothoidenförmigen Übergangsbogen, Gradientenmodelle zum stetig glatten Steigungswechsel wie im Tagungsband zu Trassierungsfragen von 1943, mit nicht selten sogar denselben Illustrationen und beiläufig im offenbar ewig-jungen Schrifttyp der »Strasse«.

Um das »Projekt Breslau-Wien«* als konkret kaum begonnenes Bauwerk der Reichsautobahn also nicht nur schriftlich und bildlich in der Zeitschrift »Die Strasse«, sondern auch in der Landschaft zu finden, kann man wider Erwarten auf Luftbilder und Flugzeuge verzichten. Es genügt, am Steuer eines normalen Kraftfahrzeugs die Bundesautobahn z.B. im Spessart[240] zu befahren, um die fortgeschrittensten Trassierungstechniken der Reichsautobahn, den Einbau allgemein selbst gesteuerter Bewegung in ein Betonband, geometriearchäologisch zu besichtigen.

Abb. 49: »Talübergang in weiter S-Kurve: Autobahn Frankfurt-Nürnberg.« Bundesrepublikanisch klothoidischer Kurvenschwung in Hugo Kaspers, Walter Schürbas und Hans Lorenz' Tafelwerk von 1968.

* A.a.O., S. 172. Man beachte die leichte Namensverschiebung, aus dem »Durchgang« wurde das »Vorhaben«.

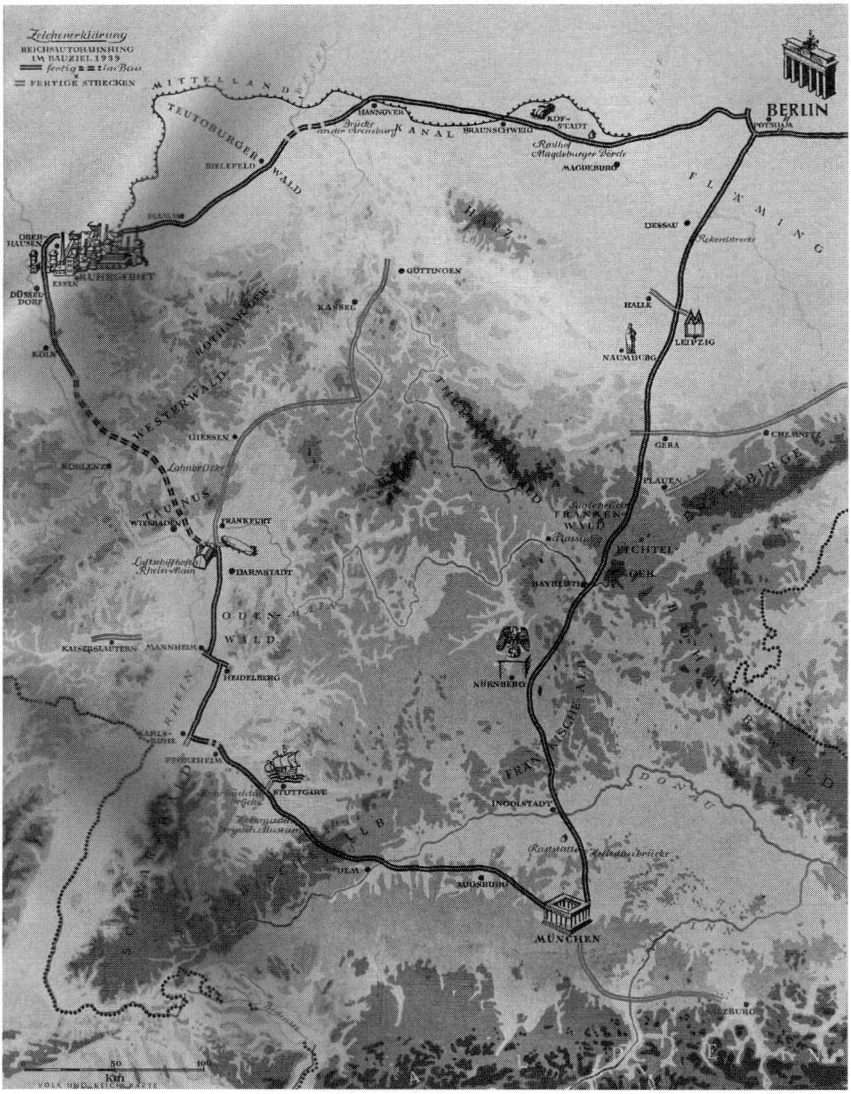

Abb. 50: Walter Ostwalds »Reichsautobahnfahrt im ersten Deutschlandring«. Gemäß der gehetzten Logik der Publikation ist hier im Januar 1939 ein bereits sehr viel längerer Autobahnring abgebildet, als Ostwald ihn Ende November 1938 vorfand.

3. Mobile Knoten, zentrale Zonen – Der Raum der Autobahn

Gott sei Dank ist die Autobahn nicht so breit wie sie lang ist.[241]
Karl Valentin

Deutschlandring

»Reichsautobahnfahrt im ersten Deutschlandring«, heißt ein Artikel von Walter Ostwald im ersten Januarheft der »Strasse« von 1939.[242] Wie schon häufiger in der »Strasse«, berichtet der Herausgeber der »Automobiltechnischen Zeitschrift« von einer Art Testfahrt. Anders jedoch als bei vorangegangenen, ingenieurwissenschaftlichen Vergleichsfahrten, bei denen die gegenüber herkömmlichen Straßen gesteigerte Leistungsfähigkeit der Autobahn mit zu Messfahrzeugen umgerüsteten Personen- und Lastkraftwagen ermittelt und demonstriert werden sollte,[243] steht hier keine einzelne Strecke auf dem Prüfstand: Begutachtet wird auf dieser journalistischen Rundfahrt das zunehmend zu einem flächigen Netz verknüpfte System der Linien, der neu entstehende Raum der Autobahn. Der vierseitige Artikel ist ein Sammelsurium aller möglicher Aspekte dieses neuen Raumes und eignet sich daher gut als Ausgangspunkt der Untersuchung. Zunächst soll er fast unkommentiert entlang längerer und kürzerer Zitate referiert werden.

»Das Jahr 1938 brachte uns die ersten wirklichen Fernstrecken […], aber erst das Jahr 1939 bringt uns die ersten geschlossenen Reichsautobahnmaschen«, beschreibt Ostwald gleich zu Beginn den Übergang der Autobahn von einem linearen zu einem flächigen Gebilde, zum »ersten Deutschlandring«.*

> Die ersten Maschen des Reichsautobahnnetzes haben für den Kraftfahrer etwas seltsam Aufregendes an sich. Sie bilden eine Rennbahn im Ungeheuren, einen Nürburgring im Gigantischen, eine Deutschlandschau ohnegleichen.

* Alle langen und kurzen »Zitate« im Abschnitt »Deutschlandring« stammen aus Ostwald (1939) und sind dort so leicht aufzufinden, dass sie nicht jeweils einzeln mit Seitenzahlen belegt werden müssen.

Unwillkürlich beginnt man sich vorzustellen, was für eine herrliche neue 2000-km-Fahrt ohne Straßensperrung und ohne Behinderung des Arbeitsverkehrs auf einem solchen Reichsautobahnring möglich ist.

Diese »Zauberteppichreise« über die erste sich schließende große Schlinge will Walter Ostwald schließlich nicht nur aus der »Phantasie heraus« schildern – »wirklich fahren und sehen ist doch besser!«. Nicht als Rennfahrer und ohne Zeitvorgabe, aber doch als erster Prüfer des neuen Raumeindrucks auf den Spuren der beiden 2000-km-Rennen bricht er Ende November 1938 in seinem Wohnort Heppenheim an der Bergstraße auf, um über München, Berlin und das Ruhrgebiet an seinen Ausgangsort zurückzukehren. Auf zwei Dritteln der Strecke ist die Autobahn bereits fertig gestellt, an einigen Stellen aber, so bei Karlsruhe, zwischen Ulm und München, zwischen Hannover und Bielefeld sowie zwischen Köln und Frankfurt, muss er noch auf die Reichsstraße ausweichen. So lästig sie sind, werden diese Lücken im Netz doch gleich zweifach journalistisch ausgeschlachtet. Ganz ohne exotisches Messgerät konnte der in seine Apparate offenbar ganz vernarrte Ostwald nämlich nicht zu seiner Rundreise aufbrechen, und so führt er neben einem Autobarometer zur Höhenmessung auch noch einen Schrittzähler nach Wandererart mit sich, um in der Westentasche Erschütterungen während der Fahrt aufzuzeichnen. Die unerwünschten Unterbrechungen der Autobahnfahrt lassen sich so, jedenfalls noch zum gut gelaunten Beginn der Reise, in passable Messwerte zur Qualität der neuen Fahrbahnen ummünzen. So notiert Ostwald interessiert, dass die 39 km Reichsstraße zwischen Karlsruhe und Pforzheim sich in der Westentasche immerhin anfühlten wie 3 km Fußmarsch, während 100 km auf glatt verfugter Reichsbetonbahn am Schrittmesser fast spurlos vorübergehen: 0 km. Kaum weniger schrullig wirkt der zweite Versuch, den Lücken Positives abzugewinnen. So wird die Länge der unterwegs schon befahrbaren Autobahn, die Ostwald im Text mit »Ende November rund 1230 km« sowieso schon als Momentaufnahme beziffert, in dem vierseitigen Artikel nicht weniger als dreimal per Fußnote nach oben korrigiert, »inzwischen sind es noch mehr geworden«.*

* Innerhalb von wenigen Zeilen wird redaktionell sogar zweimal auf dieselbe Fußnote verwiesen, damit auch ja kein Leser vergisst, um welch dynamisches Bauwerk es hier geht: Mit kaum mehr anschreibbarem Tempo schiebt sich die Reichsautobahn ins Land und enteilt selbst dem geschwindesten Berichterstatter.

Neben derlei Skurrilitäten über Lücken bietet Ostwalds Text aber auch präzise Eindrücke von den Strecken und Bemerkungen zum durchfahrenen Raum. Zunächst einmal ist den am Fahrbahnrand beobachteten Einzelheiten eines gemein: Sie alle rauschen vorüber wie die zwischen Föhn und Regen wechselnde Wetterlage entlang der Route, »das erste deutsche Reichsautobahnmuseum« bei Holzmaden, »das Betonwunder der Rohrbachbrücke« von Bonatz oder der »gelenkige Sulzbachviadukt mit seinen Stromlinienfundamenten«. Selbst Ostwald bemerkt dies mit einem allerdings flüchtigen Anflug von Beschleunigungskritik:

> Wer [...] von den Tausenden und Tausenden, die über die glatte Fahrbahn hinübersausen [...], ahnt überhaupt die Schönheit, über die er dahinfährt, wer hält an den vorhandenen Parkplätzen an [...]? Ja, wer käme aber sonst auch vorwärts auf dem großen Westring, wo doch die Reichsautobahn eine einzige Folge von bautechnischen und schönheitlichen Leckereien aller Art ist?

Ostwald jedenfalls kommt vorwärts und nach nur wenigen Stunden ist München durchquert:

> So ist es doch schon Mittagszeit geworden, als das Wägelchen in München einläuft und sich zur Reichsautobahnausfahrt Berlin durchfitzt. Schon Mittag? Früher war die Fahrt nach München eine behagliche Sommertagesreise. Heute genügt ein Novembervormittag dazu, obwohl noch zwei Stücke Reichsstraße, und davon ein recht langes und lästiges dazwischenliegen. Deutschland wird klein durch die Reichsautobahn!

Weiter geht es in »schier geöltem Tempo« durch die »wohlbekannte eigenartig schöne Waldlandschaft um das Nürnberger Parteitaggelände«, teils begleitet von »knatternden« Sportfliegern bis zu »gelbrot wilden Felszacken als Anklang an Richard Wagners Bayreuth«, wo Ostwald um 16 Uhr 45 seinen ersten, abwechslungsreichen Reisetag beschließt.

> Verdutzt ist man beim Abendessen [...], wie erstaunlich stark durch die Reichsautobahn die menschliche Herrschaft in Zeit und Raum mit Hilfe des Kraftfahrzeugs gewachsen ist, wie man an einem kurzen Wintertag erstaunlich große Teile des schönen deutschen Vaterlandes zu schauen vermag, wie aber auch die Reichsautobahn zwar allerwärts dicht an die Menschen, Städte und Dörfer heranführt, ihnen aber trotzdem kunstvoll fernbleibt. Allein von den Reichsautobahnen möchte Deutschland als ein leeres Land erscheinen. Dabei ist ja doch das Gegenteil wahr.

Auch am zweiten Tag werden bekannte und unbekannte Sehenswürdigkeiten allenfalls von Blicken oder immerhin Gedanken gestreift, schrumpfen gewohnte Distanzen zusammen.

> Immer rascher geht es in die Ebene hinab. Das Leunawerk taucht links auf. Rechts meint man Leipzig, links Halle zu spüren. Das Schkeuditzer Kleeblatt ist rasch durchfahren, und schon ist man auf der neuen Reichsautobahnstrecke Leipzig-Berlin.

Von der Reichshauptstadt wird Ostwald aber wenig sehen, denn nur zwei Abzweige weiter

> ist Berlin der Auspuff zugewendet; dabei war außer Sand, Kiefern und stärkerem Verkehr auf der Reichsautobahn von Berlin gar nichts zu merken.

Zunächst jedenfalls, denn an der Tankstelle Ziesar wartet schon eine Nachricht aus Berlin, zugestellt nach dem im Frühjahr 1938 eingeführten Autofernrufsystem, wonach an Tankstellen die Nummernschilder von um Rückruf gebetenen Automobilen auf Tafeln im Mittelstreifen angeschrieben werden können.[244]

> Hier hat mich doch noch Berlin erreicht, durch den Fernsprecher. Mein Auftrag lautet dahin, im neu eröffneten Rasthof Magdeburger Börde Nachmittag und Nacht zu verbringen und eine Arbeit zu erledigen.

Eh' man sich versieht, ist der selbst gesteuerte Tag also ferngesteuert wieder zu Ende und Ostwald sitzt einmal mehr erstaunt am Tisch:

> »An einem halben Wintertag von Bayreuth bis hinter Magdeburg – rund 400 km – mit dem Kleinwagen? Dabei frisch und unangestrengt trotz widrigsten Wetters? Nicht ein einziges Mal die Autobahn verlassen, keine Berührung mit Pferdegeschirren, Radfahrern, Handwagen, Fußgängern und Landstraßenschmutz? Und nun als Krönung in einer Art Märchenschloß, das nur für uns Kraftfahrer – aber alle wollen nun Kraftfahrer werden! – dahingesetzt ist? Dieser Rasthof ist wirklich ein Märchenschloß. Schildern könnte man viel. Besser ist hinfahren und erleben. Dieser Rat wird auch eifrig befolgt. Ein Betrieb herrscht da, der an – Berlin erinnern könnte.«

Nach diesem offenkundigen Höhepunkt der Reise bleibt für den dritten Tag kaum Attraktives übrig. »Dritter Fahrtag: Der Rest«, ist der Abschnitt lustlos überschrieben. Immerhin, man »ahnt rechts das Werk der KdF-Wagen und links die Reichswerke Hermann Göring«, doch schon bei Hannover muss Ostwald die Autobahn wieder verlassen, bis Bielefeld. Wenigstens dem Ruhrgebiet kann er von der Autobahn aus positive Aspekte abgewinnen.

> Sturm und Regen, dazu gelber Dunst; das Revier zeigte sich in scheußlichster Stimmung. Umso überraschender war die Fahrt durch dieses Inferno. Schlimme zermenschelte Stellen rechts und links wechselten dauernd ab mit ausgesprochener Parklandschaft und landwirtschaftlichen Landflecken mit den schwarzweißen Fachwerkkotten westfälischer Art. Und wo es bisher rechts und links noch scheußlich war [...] da sah man überall, wie von der Reichsautobahn aus sich Sauberkeit und Nettigkeit auszubreiten beginnen.

Bis zur Rasthofbaustelle und zum vorläufigen Autobahnende bei Siegburg kann Ostwald das Werk der Landschaftsgestalter noch bewundern, dann geht es wieder auf die Landstraße bis Frankfurt und schließlich ›autobahnkurz‹ und ›hafrabagerade‹ zurück nach Heppenheim.

Nach gut 1600 km Fahrt ist Walter Ostwald wieder zu Hause und zieht ein doppeltes Fazit:

> Der Möglichkeit, durch die Reichsautobahn deutsche Landschaften in unerhörter Folge und Reinheit zu sehen, steht die praktisch ebenso überraschende Auswirkung zur Seite, daß man in verblüffend wenig Stunden zu verblüffend niedrigen Kosten ohne Anstrengung von hier nach dort kommt, sobald man Autobahnen benutzen kann.

Und er scheut sich nicht, wie schon am Rasthof »Magdeburger Börde« die Welt der Illusion zu bemühen, um den durcheilten Raum, diesen »unsagbar schönen Kraftfahrertraum [, der] in den Straßen des Führers Wirklichkeit geworden« ist, zusammenzufassen:

> Auf der Reichsautobahn ist der Kraftfahrer im Märchenland.

Große Worte, selbst für den eingefleischten und begeisterten Kraftfahrer Walter Ostwald!

Was es nun tatsächlich auf sich hat mit diesem theatralisch zum »Märchenland« erklärten Autobahnraum, der hier journalistisch umrissen und so nationalschwärmerisch wie detailreich zwischen »Wirklichkeit« und donquichottesker Zauberei angesiedelt wird, soll in diesem dritten Kapitel genau erkundet und durchmessen werden. In mehreren Schritten soll versucht werden, den bei Ostwald so flächig vorgetragenen Raum immer weiter einzukreisen, ihn auf seine verkehrshistorischen Grundtendenzen und seine aussagekräftigsten Kernstücke hin zu durchkämmen und den von der Autobahn formulierten Raum anhand dieser im Laufe der Untersuchung immer kleiner und dichter werdenden, modellartigen Einheiten zu begreifen.

Eisenbahnraum + Automobil = Autobahnraum ?

Um die Neuformatierung des Raumes durch die Verkehrswege der Autobahn entlang der hier verkehrs- und kulturwissenschaftlich interessanten Fragestellungen anzugehen, ist es sinnvoll, die der Autobahn historisch unmittelbar vorangehenden Raumkonzepte zumindest zu streifen.

Das im Vorfeld wichtigste raumprägende Verkehrssystem ist die Eisenbahn und der wohl berühmteste Ausspruch zum Eisenbahnraum stammt von Heinrich Heine aus dem Jahr 1843:

> Durch die Eisenbahn wird der Raum getödtet, und es bleibt uns nur noch die Zeit übrig. Hätten wir nur Geld genug, um auch letztere anständig zu tödten! In vierthalb Stunden reist man jetzt nach Orléans, in ebenso vielen Stunden nach Rouen. Was wird das erst geben, wenn die Linien nach Belgien und Deutschland ausgeführt und mit den dortigen Bahnen verbunden seyn werden! Mir ist als kämen die Berge und Wälder aller Länder auf Paris angerückt. Ich rieche schon den Duft der deutschen Linden; vor meiner Thüre brandet die Nordsee.[245]

Der persönliche Eindruck eines durch die Geschwindigkeit der Eisenbahn getöteten Raumes wirkt dabei kaum übertrieben, wenn man bedenkt, wie sich der vormaschinelle Umgang mit dem Raum durch das Auftreten der Eisenbahn in der Tat bis zur Unkenntlichkeit wandelt, subjektiv wie objektiv.* Nähe und Ferne sind dabei die ersten und am nächsten liegenden Größen, die sich verändern, wenn mit erhöhter Geschwindigkeit Räume schrumpfen, wenn in der Vorstellung »die Berge und Wälder aller Länder auf Paris angerückt« kommen und in der Wirklichkeit deren Produkte und Bewohner. In Abhängigkeit von den

---

* Von dieser »Industrialisierung von Raum und Zeit im 19. Jahrhundert« – so der Untertitel des Buches – handelt in all ihren zwischen Ökonomie, Urbanistik, Psychotechnik und Kunst angesiedelten Facetten Wolfgang Schivelbusch in seinem Buch »Geschichte der Eisenbahnreise«, Schivelbusch (1977).

durch beschleunigte Verkehrslinien zusammengezogenen Entfernungen verändern sich aber auch noch andere Größen und Raumqualitäten. So wirkt die Verkürzung der Strecken an manchen Punkten verdichtend, an anderen verdünnend, kristallisieren sich unter dem Eindruck der Eisenbahn in bis dato bisweilen ganz anders strukturierten Gebieten neue regionale, nationale und kontinentale Zentren des Verkehrs und der Industrie heraus und werden im Gegenzug ganze Landstriche durch den Sog der neuen Geschwindigkeit fast entvölkert und in die neue Rolle einer bedeutungslosen, verkehrsfernen Peripherie versetzt.[246]

Der Raum wird unter dem Eindruck der Eisenbahn also gestrafft und gesplittet, in verdichtete und ausgedünnte Gebiete, in vom Verkehr formulierte Zentren und Peripherien. Das maschinelle Ausmaß dieses Phänomens, die Bündelung der Bevölkerung ganzer Landstriche in frisch entstandenen Industrierevieren, ist dabei neu und unbekannt, die prinzipielle Dichotomie ist aber vertraut: Es ist die radikalisierte und, dem Tempo der Eisenbahn entsprechend, auf große Räume ausgeweitete Unterscheidung zwischen Stadt und Land.

Schon die antike Stadt zeigt in all ihrer Langsamkeit, wie in einer unverdichteten Umgebung in spezifischer Abhängigkeit von einer raumprägenden Verkehrsgeschwindigkeit Verdichtungs- und Bedeutungsknoten entstehen. Paul Virilio bemerkt dazu:

> Die antike Stadt war ein Durchgangsort für menschliche und tierische Wanderungen. Am Kreuzungspunkt der Pisten gebaut, nahm sie die Karawanen auf, den Einzug der Bauern, die Ankunft der Händler und Boten; wie das Dorf an der Wegkreuzung, so errichtete sie sich über den metabolischen Strömen der gezähmten Tiere und richtete ihre Plätze und Viertel nach der niedrigeren Geschwindigkeit der Tierkörper ein. Fußgänger und Reiter entwarfen ihren Kataster und bestimmten ihren Grundriß; Aufgang und Treppe, Stadt und Hafen, Fußweg und Landungssteg bildeten die Infrastruktur der Langsamkeit.[247]

Ob also aus der zu Fuß erreichbaren Umgebung einer antiken oder mittelalterlichen Stadt das Landvolk seine Feldfrüchte zum Markt fährt, oder ob aus einer französischen, englischen oder deutschen Provinzregion des 19. Jahrhunderts Waren und Personen auf dem Schienenweg in die Metropole transportiert werden, trotz gesteigerter Geschwindigkeit und eines völlig umgeformten Raumeindrucks bleibt immerhin eines vergleichbar und gehorcht einer ähnlichen Logik: der Bezug von einer nahen oder fernen Randlage auf einen nahen oder fernen zentralen Punkt.

Mit dem Aufkommen des schließlich motorisierten Individualverkehrs um die Wende vom 19. zum 20. Jahrhundert geht die Schrumpfung des ohnehin schon eisenbahntechnisch »getödteten« Raumes durch nochmals gesteigerte Geschwindigkeit zwar weiter, die Logik aber, nach der Verkehrsmittel zwangsläufig entsprechende Zentren formulieren und eine Steigerung der Verkehrsgeschwindigkeit diese Zentren zu immer dichteren Ballungsräumen anwachsen lässt, scheint plötzlich nicht mehr ohne weiteres zu gelten. Mit dem Fahrrad und dem Automobil erscheinen Verkehrsmittel im Raum, die ganz im Gegenteil zur Eisenbahn auflockernd auf bestehende Zentren wirken und die strikte Trennung des Raumes in zentrale und periphere Bereiche zum Wanken bringen.

> In die ungeheuren, zahllosen Maschen des collectivistischen Verkehrs, bringt es die ungebundene Circulation der Individuen, welche die verödeten Zwischen- und Nebenstraßen beleben mit flüchtigen Schwärmen, die allerorten durcheinanderstreben, die weiten Maschen des Massenverkehrs ausfüllend und überall Bewegung schaffen, wo früher Ruhe und Festkleben war.[248]

Der Volkskundler Michael Haberlandt hatte diese Einschätzung in seiner »Cultur des Alltags« von 1900 zwar noch auf das Fahrrad bezogen, die Beobachtung aber, dass eigenständig mobile Individuen verödete Nebenräume umwidmen und Peripherien beleben, passt ebenso gut auch auf das freilich noch nicht so zahlreich auftretende Automobil in seiner Frühphase.

Die Möglichkeit, individuell und schnell von einem Ort zum anderen zu gelangen, ohne am räumlich wie zeitlich mit Fahrplan und Gleisspinnen zentral organisierten Verkehr teilnehmen zu müssen, ist dabei nicht nur für gestresste Industrieindividuen erholsam und entspannend. Die neuen dezentralen Verkehrsmittel, mit denen Ballungen von Menschen, Waren und von gesellschaftlichen Funktionen gemieden und umgangen werden können, mindern auch im urbanistischen Sinne den von der Eisenbahn aufgebauten Druck, der auf den Zentren lastet. Heinrich Peus, sozialdemokratischer Politiker und einer der größten Förderer des Dessauer Bauhauses und der daran angeschlossenen Siedlerbewegung bemerkt 1926:

> Wir können heute viel eher als vor etwa 60 Jahren weiträumig wohnen. Die Festungsstädte der Vergangenheit sind verschwunden. Das Fahrrad fährt in der Zeit, die ein nicht mehr ganz junger Mensch braucht, um in einem Mietshause 4 Treppen hoch zu steigen, mindestens einen Kilometer weit. In einer mittleren Stadt bis zu 10000 Einwohnern fährt man mit dem Rade etwa 5 bis 6 Minuten, um aus dem Mittelpunkt der Stadt bis an den Rand zu kommen. Das Motorrad braucht dazu kaum 2 bis 3 Minuten. Auch der Autobus macht das Wohnen da draussen immer mehr möglich. Und wir werden in Zukunft alle auch unser Auto haben.[249]

Was bei Ebenezer Howards Entwürfen zur Gartenstadt zu Beginn des 20. Jahrhunderts noch wie wenig realistische Zukunftsmusik geklungen hatte, »die Ausmerzung der Übelstände der industriellen Revolution, die Beseitigung der Slums und der übervölkerten Industrieviertel«[250] durch die Schaffung postindustrieller Landstädte, scheint unter automobilen Vorzeichen in ähnlicher Form wirklich möglich. Individuell mobile Personen können auf dem Land leben und in der Stadt arbeiten, ohne die Nachteile städtischer Verdichtung und ländlicher Verödung.

Dass die an diesem Pendeln beteiligten Pole Stadt und Land dabei ihren vormotorisierten, streng voneinander geschiedenen Vorläufern immer weniger ähneln, sondern dass sie vielmehr im Begriff sind, ineinander überzugehen, liegt auf der Hand. Das Musterbeispiel für nicht nur von Stadtreformern angestrebte, sondern eingetretene Entwicklungen dieser Art liefern einmal mehr die USA. Die Arbeiter, die in den 1920er Jahren bei Henry Ford – sprichwörtlich »the man who put America on wheels« – arbeiten, sind nicht nur die ersten in der Automobilindustrie,* an denen die zusammenzusetzenden Autoteile auf Fließbändern vorbeifahren, sie sind auch die ersten der Industriegeschichte, die sich selbst nach einem »Five Dollar Day«[251] massenhaft individuell in eines von schließlich 15 Millionen zusammengesetzten Ford T Modellen setzen, um nach Hause zu fahren.[252] Ihr Weg führt dabei nicht mehr zwangsläufig in klassisch dicht gedrängte Arbeiterquartiere von Industriestädten, sondern ebenso gut nach irgendwohin in aufgelockerte Siedlungsstrukturen.[253] Marshall McLuhan beschreibt diese automobile Auflösung herkömmlicher Zentren in den USA:

---

* Die ersten fließbandähnlichen Anlagen gab es schon ein halbes Jahrhundert früher in den Schlachthöfen von Cincinnati und Chicago, allerdings nicht zum Zusammensetzen von Drahteseln oder Dampfrössern, sondern zum Zerteilen von Tierkörpern aus Fleisch und Blut. Vgl. Kuhm (1995), S. 101f.

Als das Auto noch neu war, übte es den typisch mechanischen Druck der Zersplitterung und Trennung von Funktionen aus. [...] Es trennte den Arbeitsplatz vom Wohnsitz wie noch nie zuvor. Es spaltete jede Stadt in ein Dutzend Vorstädte auf und übertrug viele Formen des städtischen Lebens auf die Gebiete entlang der Autostraßen, bis die Landstraße zu einer endlosen Stadt zu werden schien.[254]

Zwei ganz unterschiedliche Raumkonzepte stehen sich also im Vorfeld der Autobahn gegenüber: die zentralisierende Logik der Eisenbahn, die den Raum scharf hierarchisiert, und die dezentralisierende Logik des frühen Automobils, das Unterschiede im Raum wieder einebnet und dafür eine unprägnante »endlose Stadt« erzeugt.

Die Raumlogik der Reichsautobahn schließlich ist zwischen diesen beiden extremen Konzeptionen zu vermuten. Schon die grundsätzliche Stellung der Autobahn in der Verkehrsgeschichte legt dies nahe: Zwar gehört das Phänomen Autobahn klar zum neuen, den Raum auflockernden Individualverkehr, das Verkehrsmittel fungiert aber doch ebenso klar als Instrument zur Fassung der etwa von Haberlandt beschriebenen »ungebundenen Circulation« in eine staatlich bis generalstabsmäßig geplante neue Infrastruktur. So ist zu erwarten, dass der technisch neue Raum der Autobahn sowohl Motive der Dezentralisierung und Auflockerung als auch Elemente der neuerlichen Bündelung und Konzentration aufweisen wird.

Das sehen auch agrarromantisch gestimmte Kommentatoren wie Wilhelm Arntz so, der trotz raumpolitischer Gesundungswünsche um den leicht widersprüchlichen Charakter der Autobahn in seinem Artikel »Die Lage der Stadt zur Autobahn« von 1935 nicht herumkommt:

Ihre besondere Aufgabe ist aber [...], eine gesündere Gestalt und Verteilung von Wirtschaft und Siedlung herbeizuführen. Das bedeutet, daß die Reichsautobahnen die besondere Verkehrseigenschaft des Kraftwagens, nämlich seine Freizügigkeit in Zeit und Raum, nicht einschränken dürfen, sondern vielmehr zur höchsten Wirkung zu bringen haben. Das aber verlangt, daß sie nicht ein in sich selbst abgeschlossenes, verhältnismäßig großmaschiges Linienverkehrsnetz wie die Eisenbahnen, sondern dass sie die leistungsfähigen Schlagadern eines bis ins feinste abgestuften und verzweigten, aber einheitlichen allgemeinen flächigen Verkehrsnetzes werden. Sie müssen so geführt werden, daß sie den Verkehr an sich ziehen, aber nicht noch stärker zusammenballen, sondern vielmehr auflockernd auf das Gefüge der Städte und Wirtschaftsräume einwirken.[255]

Für die theoretische Analyse des Autobahnraumes bedeutet diese Stellung im Mittelfeld zwischen zwei entgegengesetzten Raumprinzipien, zwischen Konzentration – »Deutschland wird klein durch die Reichsautobahn« – und Dezentralisierung – »allein von der Reichsautobahn mag Deutschland als ein leeres Land erscheinen«[256], dass zwei Hauptfragen von Belang sind, um dem Gegenstand in seiner Spezifität gerecht zu werden:

Einerseits muss die Frage im Auge behalten werden, wie die Autobahn dem zentralisierten Eisenbahnraum und seiner Struktur entgegenwirkt, inwiefern sie also das hierarchisch in Station, Strecke und abgelegene Gebiete gegliederte Raumgebilde wirklich sprengt und zu einem zentrumslos ausgeglichenen Kontinuum beiträgt. Diesem Interesse an der automobilen Auflösung der althergebrachten Dichotomie von Stadt und Land, von Zentrum und Peripherie, steht als zweite gedankliche Leitschiene gegenüber, inwiefern die Autobahn als technisches Mittel zur immerhin geplanten Dezentralisierung trotzdem und weiterhin dem Gegensatz von Zentrum und Peripherie verpflichtet bleibt und wie die Formulierung von Zentren auch noch dieses Raumgebilde praktisch prägt und theoretisch erschließt.

Zahlreiche Ansätze sind möglich, um die räumliche Mischstruktur der Autobahn mit ihren neuartigen Konzentrationen und Entzerrungen aus der Quellenlandschaft herauszuarbeiten. Klassisch wären die Veränderungen im Raum wohl anhand eines Vorher-Nachher-Vergleichs zu erklären. Ausgewählte Raumgebilde wie »Stadt«, »Dorf«, »abgelegene Gegend«, »Ballungsraum« könnten einmal vor und einmal nach dem Autobahnbau in ihrer Bevölkerungs-, Industrie- oder sonstigen Entwicklung beleuchtet werden, um so ein präziser Eindruck der neuen Raumtechnik gewinnen zu können.*

Hier wird jedoch ein anderer Weg eingeschlagen, um die Auswirkungen der Autobahn im Raum zu erfassen. Der neue Autobahnraum soll in diesem Kapitel nicht an den träge verzögerten Reaktionen abgelesen werden, die die neue Technologie an alten Gebilden rechts und links der Betonbänder zeitigt, vielmehr soll der neue Raum in Anlehnung an

* So funktioniert etwa die Dissertation des Verkehrswissenschaftlers Max-Erich Feuchtinger von 1935, in der die Veränderungen im Verkehrsgeschehen »seit dem Jahre 1000« an den Veränderungen in und um die Stadt Ulm herum erforscht werden. Vgl. Feuchtinger (1935).

Ostwalds Rundfahrt allein von der Autobahn aus begutachtet werden, soll die neuartige De/Zentralisierung an explizit der Autobahninfrastruktur zugehörigen Örtlichkeiten festgemacht werden.

Zwei Bauwerke scheinen für diesen unmittelbaren Zugriff auf den neuen Raum, als baulich konzentrierte Chiffren für die doppelte Fragestellung nach Abschaffung und Veränderung von Zentren bei der Autobahn besonders geeignet und reizvoll: das Autobahnkreuz und der Rasthof; Ersteres als ein Gebilde, an dem, obwohl sich hier ganze Verkehrsströme an einem Punkt kreuzen, nichts Zentrales mehr zu spüren ist; Zweiteres als ein Bauwerk, das selbst, wenn es an verkehrstechnisch so unbedeutender Stelle wie am Rand der Magdeburger Börde liegt, als von Ostwald gefeiertes Märchenschloss, ganz auf die Belange des Kraftfahrers zugeschnitten, Massen anlockt, »die an – Berlin erinnern könnten«[257].

Schkeuditzer Kreuz

Als Walter Ostwald das erste Autobahnkreuz im Netz der deutschen Reichsautobahnen passiert, das 1936 fertig gestellte Kreuzungsbauwerk der Strecken Halle-Leipzig und München-Berlin, ist ihm das gerade mal einen Halbsatz wert: »Das Schkeuditzer Kleeblatt ist rasch durchfahren, und schon ist man auf der neuen Reichsautobahnstrecke Leipzig-Berlin.«[258] Das logistisch aufwändige Bauwerk »Autobahnkreuz« wird also lapidar als eine Art Nicht-Ereignis abgehakt, was nicht nur unmittelbar aus der geschwinden Fahrerperspektive verständlich ist, sondern auch als Zugang zur räumlichen Logik des Autobahnkreuzes dient.

Wie schon die Fahrbahndecke als baulicher Gegenstand nur dann als Mittel zur gleichmäßig hohen Geschwindigkeit funktioniert, wenn sie dem Fahrer nicht auffällt, so funktioniert auch der logistische Gegenstand der Kreuzung zweier Schnellfahrbahnen offenkundig nur, wenn er als Ereignis für den Fahrer kaum stattfindet, wenn das Autobahnkreuz nach der Vorgabe einer spezifischen Reibungslosigkeit konstruiert ist.

Dabei geht es nicht nur wie beim Material der Fahrbahn um die ungestört reibungsarme Bewegung eines einzelnen Fahrzeugs relativ zu seiner (nahezu) unbewegten Umgebung, sondern vielmehr und darüber hinaus um das reibungsfreie Aneinandervorbeigleiten vieler jeweils bewegter Fahrzeuge im Raum. Und diese Fahrzeuge sollen an der Kreuzung auch nicht nur wie auf freier Strecke entlang einer Linie in ihrer individualmotorisierten Dynamik voneinander separiert werden, sondern sie müssen hier immerhin an den Stellen effektiv und ohne Halt aneinander vorbeigelenkt werden, wo sich die – mit Hilfe baulich getrennter Richtungsfahrbahnen und großzügiger Überholspuren – geordneten Linienbündel insgesamt in die Quere kommen, wo sie absichtsvoll mit anderen Verkehrssträngen verknotet und verwoben, wo die Fahrzeugströme aus und in mehreren Richtungen aneinander vorbei und ineinander hinübergeschleust werden.

Die logistische Bedeutung reibungsloser Kreuzungen, durch die der Verkehr in jede Richtung so sicher und schnell wie auf freier Strecke fließen kann, ist zu Beginn des Reichsautobahnbaus schnell erkannt. Hochgeschwindigkeitstaugliche Kreuzungsbauwerke finden sich schon in der ersten groben Liste der für den Autobahnbau noch zu lösenden Einzelprobleme, die Fritz Todt im Herbst 1933 in der »Deutschen Technik«[259] aufstellt, und auch in der HAFRABA e.V.-Zeitschrift »Die Autobahn« ist davon die Rede. Ein gewisser W. Blöcker schreibt dort 1934:

> Kraftverkehrstechnisch gesehen, wird auch die schönste, zügigste Autobahn in ihrem Werte illusorisch, wenn falsch angelegte Kreuzungen oder Übergänge immer wieder ein Abstoppen notwendig machen oder erst einen Kreisverkehr bedingen.[260]

Die Richtung, die zur Lösung dieses Problems eingeschlagen werden muss, ist klar: Kreuzungen neuer Art dürfen nicht mehr wie ihre altertümlichen Vorläufer als Plätze vorgestellt werden, wo sich Verkehrslinien in einer Ebene schneiden und begegnen; sie müssen vielmehr als dreidimensional kombinatorische Linienräume gestaltet werden, wo alle an der Kreuzung möglichen bzw. nötigen Abbiege- und Durchfahrtsvorgänge ausgeführt werden können, aber gegenseitig unbehelligt über-, unter- und nebeneinander auf einander im Raum ausweichenden bzw. einander allenfalls tangential angeschmiegten Einzelspuren.

Ganz diesem neuen Primat der für zügigen Verkehr zügig gekreuzten Linien entsprechen die Pläne für Autobahnkreuze nach der so genannten »Linien«-Lösung, die W. Blöcker in seinem Artikel gleich im Anschluss an seine Warnungen favorisiert. Die Straßenkreuzung als klassischerweise rechtwinkliger Gegenstand ist bei seinem Vorschlag völlig aus der

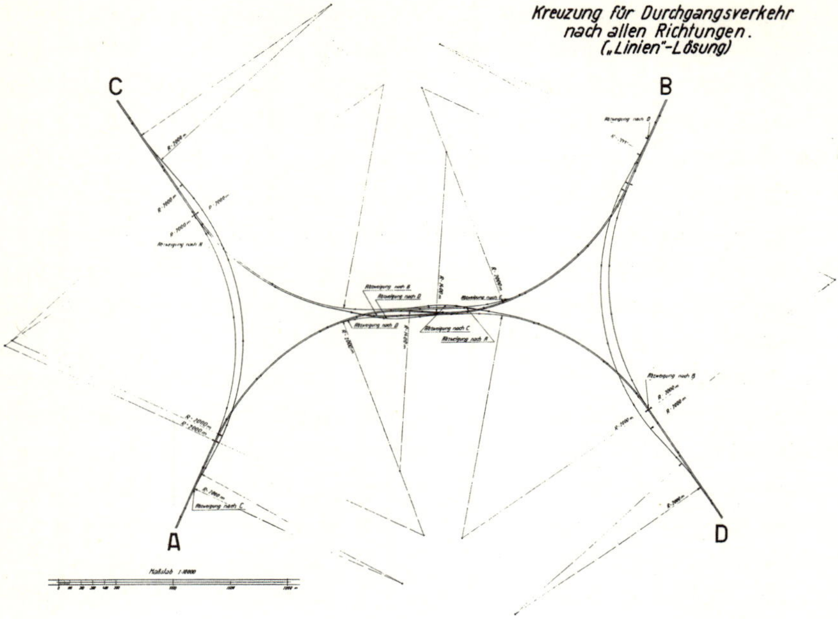

(a)

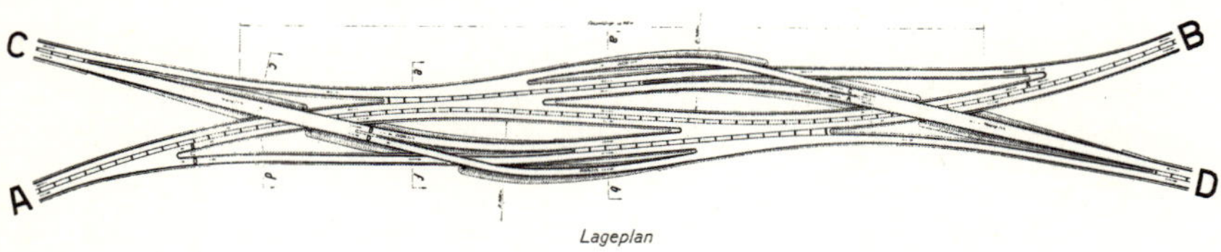

(b)

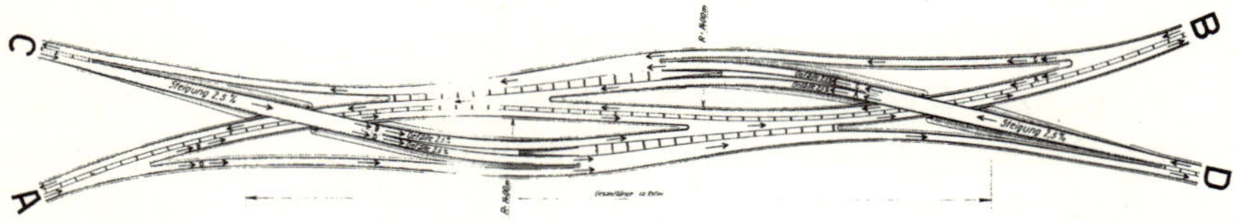

(c)

Abb. 51: Die weitläufige Anlage einer Autobahnkreuzung nach Art der hochgeschwinden Linienlösung. Für eine derartige Anlage sind acht bzw. sechs Überbrückungsbauwerke nötig, je nachdem, ob im zentralen Bereich vier, wie in (b), oder nur zwei, wie in der von Blöcker nachgeschobenen (c), realisiert werden.

Landschaft verschwunden und in ein großzügig ins Gelände gelegtes System aus einander überspringenden Abbiegespuren aufgelöst. In dessen Zentrum laufen die sich kreuzenden Routen für ein gewisses, zum Spur- und damit Streckenwechsel ausreichendes Stück nebeneinander her, bevor die eine unter der anderen Autobahn abtaucht. Zumindest auf Blöckers Zeichenblock wird so aus einer zeitraubenden Problemstelle ein dynamisches Gebilde, das sich in jede Richtung mit ungebremst imaginierten 200 km/h durchfahren lässt.

Leider fällt auch schon auf dem Papier auf, woran der ehrgeizige Vorschlag vorläufig scheitern muss: an den acht bzw. allermindestens sechs benötigten Brückenbauwerken, die die Kreuzung ganz unmäßig verteuern. Durchaus billiger, wenn auch längst nicht so geschwind wäre die so genannte Kreislösung. Der Verkehr fließt hier ungebremst nur noch auf zwei Hauptlinien. Für den Wechsel von einer zur anderen Hauptlinie sind zum Abbiegen nach rechts simple Kurven, sowie nach links ein umlaufend erhöhter Kreisverkehr vorgesehen. Doch auch diese Lösung, die schon 1928 ein gewisser E. Genzmer zur »Kreuzung zweier Hauptkraftwagenstraßen«[261] mit integrierter Tankstelle just für eine Fernverkehrskreuzung bei Schkeuditz – für die der »HAFRABA« vergleichbaren Projekte »Müleiberl« und »Leha«* – vorgeschlagen hatte, kommt bei der Reichsautobahn zunächst nicht zur Ausführung. Offenbar sind auch fünf Überbrückungsbauwerke noch zu teuer und der gelegentlich geäußerte Pluspunkt der behelfsmäßigen Befahrbarkeit der Anlage im Falle der kriegerischen Zerstörung der Hauptbrücke ist hier nicht schwer wiegend genug.[262]

Was als erstes vollständiges Kreuzungsbauwerk der Reichsautobahn bei Schkeuditz schließlich gebaut und von Ostwald durchfahren wird, ist – soviel erfährt man immerhin von ihm – ein so genanntes Kleeblatt, der Klassiker also unter den Autobahnkreuzen. Diese Kreuzungsform ist im Herbst 1938 längst kein unbeschriebenes Objekt mehr. Im deutschsprachigen Raum wurde sie schon im Jahre 1927 erstmals für eine Kreuzung bei Frankfurt am Main vorgeschlagen, und zwar anlässlich einer HAFRABA-Ausstellung in Basel von einem 17-jährigen Schlosserlehrling namens Willy Sarbach.[263] In merkwürdigem Gegensatz zur späteren Bedeutung des Kleeblatts wird die vom HAFRABA e.V.

* Wie »Hansestädte-Frankfurt-Basel«, »München-Leipzig-Berlin« bzw. »Leipzig-Halle«.

vereinnahmte und dort unter dem Titel »Renaissance-Kreuzung«* geführte Idee in Todts erwähnter Einzelproblemliste in der »Deutschen Technik« von 1933 schlicht ignoriert. Das erstaunt auch insofern, als die Idee in den USA schon am 29.2.1916 von einem gewissen Arthur Hale aus Maryland patentiert wurde und landesweit zu Beginn der 30er Jahre auch bereits mehrere Kleeblätter in Betrieb sind – etwa bei der Mount Vernon Memorial Street, einem zum 200. Geburtstag George Washingtons erbauten Parkway (Ausflugsstraße) entlang des Potomac,** oder an der mehr oder weniger namenlosen Kreuzung der State Roads 4 und 25, d.h. der heutigen US 1/9 mit der NJ 35 im Bundesstaat New Jersey.‡ Drei Punkte stören so manchen geschwindigkeitsverliebten Kommentator und Inspektor an den gewundenen Linksabbiegerspuren des jungen Baslers respektive Marylanders: ihre engen und langsamen Radien, die anscheinend gewöhnungsbedürftige Verkehrsführung, bei der man in einen Rechtskreisel hineinfährt, um irgendwann nach links abgebogen zu haben, und die »schleifenden Kreuzungen in den Nebenfahrbahnen«.‡‡ Neutralisiert werden derlei fahrdynamische bzw. -psychologische Bedenken vom Beginn der Reichsautobahnplanung aber in der bau(rohstoff)lichen Realität Ende der 30er Jahre von einem einzigen, alle dynamischeren Varianten schlagenden, ökonomischen Argument: Als einziges (fast) kreuzungsfreies Knotenbauwerk benötigt das Kleeblatt nur eine Brücke und ist dementsprechend günstig zu realisieren.

---

* Vgl. Arntz (1934). Im HAFRABA-Mitteilungsblatt 1931/11 ist ebenfalls schon von der »Renaissance-Kreuzung« die Rede, sowie darüber hinaus von einer gewissen »Barock-Kreuzung« sowie der »gotischen Kreuzung«.

** Vgl. Autobahnen in aller Welt, in: Die Autobahn, HAFRABA-Mitteilungsblatt 1932/5, S. 5: »In Deutschland feiert man das Goethe-Jahr mit Festreden, Rundfunkübertragungen und Theateraufführungen. Die Amerikaner können sich mehr leisten. Sie bauen eine Gedenkstraße mit allen modernen Finessen für viele Millionen Dollars, lediglich aus dem Hauptzweck heraus, den zu erwartenden riesigen Strom neugieriger Fremder und begeisterter vaterlandsliebender Amerikaner im Kraftwagen auf eine ausgezeichnete Straße abzuleiten. Man rechnet das ganze Jahr über mit einem ausgedehnten Kraftverkehr und auch in Zukunft wird diese Straße, die dem Potomac-River entlangläuft, von ausgezeichnetem Nutzen für den Verkehr sein.«

‡ Vgl. zur Kreuzung zwischen der Straße 4 und 25 im Jahr 1930 im Bundesstaat New Jersey, Lay (1994), S. 260. Hier findet sich ein völlig unkommentiertes Bild des möglicherweise weltweit ersten Bauwerks dieser Art. Vgl. zu Hales US-Patent Nr. 1,173,505, http://www.uspto.gov.

‡‡ Feuchtinger (1939), Die verkehrliche Leistungsfähigkeit der Reichsautobahnen, insbesondere der Autobahnknotenpunkte, in: Die Bautechnik, Jg. 17, Heft 32, Berlin 1939, S. 452. In der Tat benutzen Linksabbieger aus unterschiedlichen Richtungen kurz dieselbe Strecke, sie kreuzen sich also »schleifend«. Vgl. zu weiterer Kritik Fehlemann, Gabelungen und Kreuzungen von Autobahnen, in: Die Autobahn, 1934/3, S. 101–107.

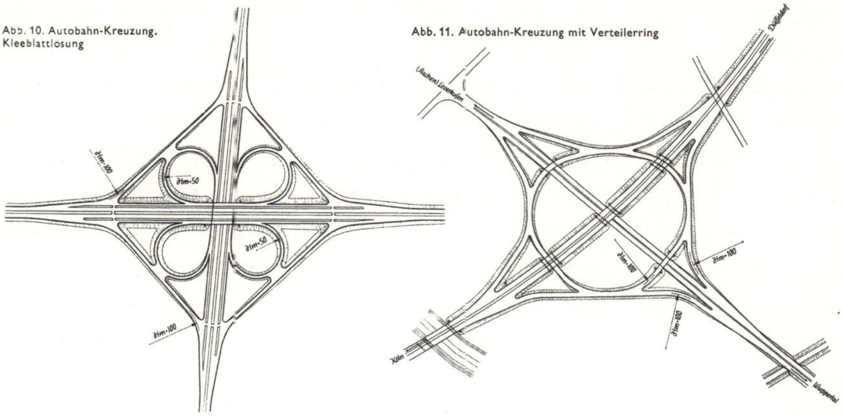

Abb. 52: Schematische Darstellung von Kleeblatt- bzw. Kreiskreuzungen. Man beachte, dass das heutige Kleeblattkreuz zu Leverkusen ursprünglich als eine der ersten Kreiskreuzungen Deutschlands in Betrieb ging.

Abb. 53: Das erste echte Kleeblattkreuz der USA, die Kreuzung der State Roads 4 und 25 im Bundesstaat New Jersey in einer Aufnahme von 1930.

Ganz entgegen der skeptischen Prognose Blöckers, Autobahnen würden »in ihrem Werte illusorisch«[264], wenn ihre Kreuzungen nicht durchgängig mit allerhöchster Geschwindigkeit durchfahren werden könnten, funktioniert das Kleeblatt seither bestens, und zwar nicht nur als stahlsparende Vorkriegsnotlösung. Massenhaft sprießt die zunächst so stiefmütterlich behandelte Kreuzungsart schließlich aus den Baugründen innerhalb und außerhalb Nachkriegsdeutschlands, drehen sich diverse Automobilgenerationen kurzzeitig abgebremst im Kleeblattkreis, um danach wieder beschleunigt einen neuen Kurs aufzunehmen.

Auch noch in dieser vergleichsweise wenig schnittigen Form mit dem harmlos ländlichen Namen, die in Deutschland bei Schkeuditz erstmals von Ostwald und anderen »rasch durchfahren«[265] wird, stellt das Autobahnkreuz eine geradezu paradoxe Örtlichkeit im begrifflichen Spannungsfeld bzw. Niemandsland zwischen Dezentralisierung und Konzentration dar. Das Autobahnkreuz ist sowohl ein zentraler als auch ein peripherer Ort. Verkehr strömt hier aus vielen Richtungen zusammen, wird dort in ungeheurer Weise verdichtet – man denke nur an die täglich 320.000 Pkw und Lkw, die aktuell das Frankfurter Kreuz, den Bestimmungsort von Sarbachs Ur-Kleeblatt durchpulsen[266] –, um doch gleichzeitig und in fast voller Fahrt schon wieder in ebenso viele Richtungen zerstreut und verdünnt zu werden.

Unter der Vorgabe der pausenlos flüssigen Durchleitung von Fahrzeugen wird dabei nicht nur die Kreuzung vom Punkt der Verdichtung sofort wieder zum unprivilegierten Linienstück, auch die gesamte Logik von Orten als die Logik fester Punkte im Raum wirkt hier eigenartig ungreifbar. Immerhin ist die Kreuzung nicht irgendein x-beliebiges Ding im Raum, sondern das städtebauliche Paradigma für Orte und Zentren überhaupt. Und was jedenfalls für die abendländische Kulturgeschichte der Kreuzung durchgängig gilt, dass nämlich der »Kreuzungspunkt der Pisten«[267] inmitten von Linien als Punkt funktioniert, wo Verkehr nicht einfach durchfließt, sondern angehalten, verdichtet und auf lange Sicht zu Gebilden verfestigt wird, die sehr viel später dann etwa Prag, Paris oder Nürnberg heißen, diese Logik der an den dynamischen Verkehrswegen statisch ruhenden Kreuzung, die selbst noch den letzten Eisenbahnknoten zum Umsteigen mit angeschlossener Lager- und Wartehalleninfrastruktur geprägt hatte, wird in den ganz von der ununterbrochenen Linie her gedachten Kreuzungsstrudeln irgendwo bei Schkeuditz, Hermsdorf oder schließlich Kamen, Dortmund-Unna oder Leverkusen im automobilen Verkehrsstrom verflüssigt und weggespült.

Der Raum der Autobahn spiegelt sich in den dauermobilen Windungen des Autobahnkreuzes also als gleichmäßig durchströmtes, selbst an den Stellen klassischer Verdichtung und Verfestigung eigenartig ortloses Gebiet, in dem keine durch den Verkehr selbst formulierte Kontraststruktur aus verkehrsreichen Zentren und verkehrsarmer Peripherie abzulesen ist, sondern wo noch die verkehrsreichsten Knotenorte unwichtige und damit periphere Durchgangsstationen, Orte des Aufenthalts nur für wenige Sekunden, darstellen.

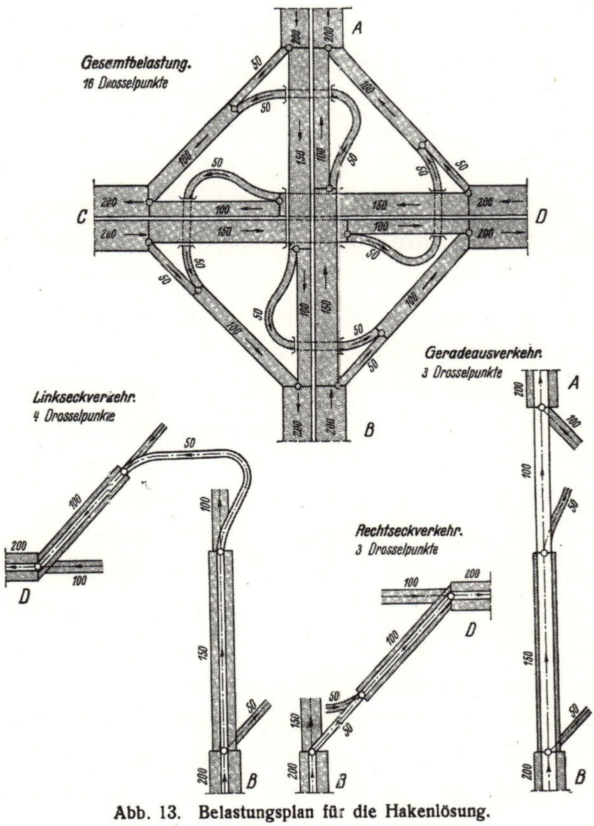

Abb. 13. Belastungsplan für die Hakenlösung.

Abb. 54: Aus nahe liegenden Gründen nirgendwo realisierte, so genannte »Hakenlösung« nach Thitze.

Das Rasthaus am Chiemsee

Mitten in einem städteübergreifenden Verdichtungsraum, genau zwischen den am Horizont ahnbaren Großstädten Halle und Leipzig, in einer Gegend also, wo die Autobahnplanung wie auch zwischen Mannheim und Heidelberg, zwischen Mannheim und Frankfurt, im Ruhrgebiet oder zwischen Köln und Bonn schon in den 20er Jahren als Mittel zur neuerlichen Bündelung ausfransender Ballungsgebiete einsetzte, wird also ein jeglicher Zentrumsfunktion entledigtes Schkeuditzer Kreuz von Ostwald mit Reisegeschwindigkeit nur gestreift. Einige hundert Kilometer weiter, ohne erkennbaren Grund kurz hinter Magdeburg, ist jedoch »ein Betrieb [zu spüren], der an – Berlin erinnern könnte«[268], erhebt sich über den Rande der fruchtbaren aber doch reichlich peripheren Zuckerrübenebene ganz unvermittelt ein ausgesprochener Anziehungspunkt, der von Ostwald zum Märchenschloss geadelte Rasthof »Magdeburger Börde«.

Der Rasthof ist einer von etwa fünf größeren und bemerkenswerten Rastkomplexen im System der Reichsautobahn, die Ende der 30er Jahre den Betrieb aufnehmen und die als ebenfalls ganz neuartige Figur im raumprägenden Arsenal der Autobahn den Knotenpunkten bei Schkeuditz oder anderswo in mancher Hinsicht entgegengesetzt wirken.

Verkehrstechnisch nicht unbedingt an besonderen Schlüsselstellen, sondern zunächst meist auf freier Strecke gelegen, sind diese Rastanlagen mit ihren Tankstellen, Gast- und Werkstätten sowie diversen weiteren Einrichtungen als die ruhenden Pole im konstanten Fluss des Lkw-, Pkw- und Omnibusverkehrs der Autobahn gedacht und konstruiert. Praktisch haben sie die simple Funktion, während der Fahrt auftretende Bedürfnisse zu befriedigen, etwa nach Treibstoff, einer warmen Mahlzeit oder einem Bett für die Nacht, also das bereitzustellen, wofür auch bei der dynamischsten Autobahn ruhende Punkte von Nöten sind. Je nach Lage ist die Rolle des jeweiligen Rasthofs dabei leicht verschieden. Primär als Wartungs- und Übernachtungsstation für den Fernlastverkehr funktioniert etwa der Rasthof bei Hermsdorf, als Rastplätze für den Ausflugsverkehr sind zwei Anlagen in Oberbayern – die Rasthäuser in der Hallertau und am Chiemsee – sowie vermutlich der Rasthof im Siegerland gedacht, als Station für Fernlast- und Geschäftsverkehr der Rasthof »Magdeburger Börde«.[269]

Abb. 55: Südgiebel des Hauptbaus mit Sonnenuhr und Seiferts Bauerngarten 1938.

Genau zum Zeitpunkt, als die vom historischen Verkehrsgeschehen bis hin zur Eisenbahn formatierten, klassischen Haltestellen wie Gabelungen oder Kreuzungen in ihren automobilen Nachfolgern, den hindernislosen Kleeblättern, Schleifen und Kreiseln in frei durchströmte Streckenabschnitte verwandelt sind, entsteht also auf freier Strecke eine neue Spezies extra geplanter Haltepunkte, wo man auf seiner Fahrt durch eine durchgängig mobile Straßenlandschaft zwar nicht laut Fahrplan anhalten muss, aber doch kann, wenn man will.

Der eben noch mit geschwindem Linienfluss auf ubiquitäre Ortlosigkeit noch unterhalb der Intensität einer »endlosen Stadt« eingestellte Autobahnraum erhält damit wieder punktförmige Gebilde, an denen auf den ersten Blick nicht viel mehr passiert, als dass der Verkehr hier auf freiwilliger Basis ruht. Auf den zweiten Blick aber können diese Orte durchaus als eine Art neuer Zentren der automobilen Welt begriffen werden, als Örtlichkeiten, an denen sich raumtheoretisch ein dem Autobahnraum entsprechender, neuartiger Begriff des Zentrums festmachen lässt. Vielerlei größere, kleinere und kleinste Details aus dem Umfeld diverser Raststätten an der Reichsautobahn weisen in diese Richtung und sollen hier zu einem Gesamtbild der Reichsautobahn-Rastanlage in Gestalt und Funktion zusammengesetzt werden.

Schon am untersten Ende der Wichtigkeitsskala ist zum Beispiel eine fast bizarre Übertragung traditionell standortgebundener Motive in den Transitraum der Autobahn zu beobachten. Als Ausweis ihrer vom Strom der Autobahn nicht anzunagenden Verwurzelung in ihrer landschaftlichen Umgebung erhalten drei Rastanlagen im Stile alter Städte und Rittergeschlechter extra entworfene Wappen. Bierkrug, Salzstreuer und Serviette werden so der zugigen Atmosphäre einer Tankstelle entrissen und altstabiler Gastlichkeit zugeordnet. Im Falle des Märchenschlosses Magdeburger Börde ist das Emblem sinnigerweise die Zuckerrübe in schwarzer Bördenerde, am Rastplatz Holledau in Oberbayern die Hopfenstaude und am Rasthaus Chiemsee an den Gestaden des ›bayerischen Meeres‹ eine Art bajuwarischer Neptun[270].

Dieses letztgenannte Rasthaus mit seinen Seenixen in Wetterhahn, Sonnenuhr und Toilettenschildern ist die mit Abstand ungewöhnlichste Anlage im Netz der Reichsautobahn. Als eigentliches Musterstück eines Rasthauses an der Reichsautobahn kann dieses Bauwerk das von Ostwald beschriebene, vergleichsweise schlichte Zuckerrüben-Märchenschloss bei Magdeburg gut vertreten und soll als neuartiger Typ des Zentrums im Raum der Autobahn dementsprechend ausgiebig hier erläutert werden.

Rasthaus am Chiemsee | Rasthof Magdeburger Börde | Raststätte in der Holledau

Abb. 56: Wappen von Rastanlagen.

Abb. 57: Blick von Norden auf das Modell der Rastanlage am Chiemsee. Links der Ostflügel mit Gaststube und Badeanstalt, in der Mitte der Mittelbau mit der vorgelagerten Kaffeeterrasse und dem runden Erker- bzw. »Führerzimmer«, rechts der Hotelflügel, ganz rechts der Yachthafen, auf der Südseite der Autobahn die Versorgungsbauwerke.

Bemerkenswert ist an dieser Raststätte zuallererst schon die Lage direkt am Ufer des Chiemsees, der hier von der Autobahn München-Salzburg nach etwas weniger als zwei Dritteln der Strecke touchiert wird. Schon diese Reichsautobahnstrecke selbst – immerhin als zweite in Angriff genommen, und damit nach dem vom HAFRABA e.V. vorgeplanten Abschnitt Frankfurt-Heidelberg als erste von Anfang an nationalsozialistisch konzipiert – ist ihrerseits ein Kuriosum. So bestand hier im ländlichen Oberbayern ganz im Gegensatz zu den anderen frühen Autobahnprojekten, die stets überstädtische Ballungsräume betrafen, nicht die Spur eines Verkehrsaufkommens, das eine Autobahn verkehrstechnisch gerechtfertigt hätte. Die weitverbreitete Annahme, dass Autobahnen Verkehr weniger kanalisieren als vielmehr erst produzieren, ist hier wohl mehr als begründet. »Glauben Sie denn, dass da kein Verkehr ist, wenn wir erst die Autobahn fertig haben?«[271], soll Adolf Hitler trotzig und angesichts der Ausflüglerscharen, die sich aus München schließlich in Richtung Tegernsee, Schliersee, Chiemsee und nicht zuletzt bis über das Autobahnende hinaus nach Bad Reichenhall bzw. Berchtesgaden schieben sollten, nicht ganz falsch eingeworfen haben. Halb beobachtet

Abb. 58: Das so genannte »Führerzimmer« mit panoptischer Sicht auf die Kaffeeterrasse und den See, mit Rüstervertäfelung und Luftzufuhr aus dem umlaufenden »Stuckprofil«.

und halb »geglaubt« bzw. »geahnt« wirkt dieser Verkehrsstrom durch die Provinz in einem Text von Fritz Todt aus dem Jahr 1938:

> Wer je einmal am Sonntagabend in der Dämmerung auf dem Samerberg oder auf dem Irschenberg gestanden hat und die endlose – häufig zweispurige – Lichterkette verfolgt, die gebildet wird von den Scheinwerfern der Wagen, die von der Wochenendfahrt auf der Reichsautobahn Salzburg – München aus dem Gebirge zurückkehren, um ihre Insassen neu gestärkt an die Tagesarbeit zu bringen, über den hat die Autobahn Macht gewonnen, der glaubt an ihre Aufgabe und ahnt, was sie wirtschaftlich bedeutet.[272]

Wirtschaftliche Bedeutung hin, Vorbereitung für den Anschluss Österreichs her, »der Sinn der Autobahn von München nach Südosten war der schnelle Weg zum Obersalzberg über die Alpenstraße« – also zu Hitlers Landsitz bei Berchtesgaden –, schreibt Alwin Seifert.* Dem obersten Ausflügler im Reich wird neben der Entscheidung für die ganze Route schließlich auch die konkrete Streckenführung der Au-

---

* Seifert (1962), S. 93. Seifert hält die These, diese Autobahnstrecke wäre militärisch motiviert gewesen, für unzutreffend und verweist auf die etwas schmalere Ausführung der Strecke zwischen Siegburg und Salzburg. Inwiefern diese nachweisliche Tatsache diesbezüglich verfängt, sei dahingestellt.

tobahn direkt entlang am Südufer des Chiemsees zugeschrieben.[273] Die kürzeste Verbindung zwischen »Braunem Haus« in München und »Adlerhorst« bei Berchtesgaden wird dadurch zwar etwas verlängert und der steigungsreiche Abschnitt langfristig zum europäischen Verkehrshindernis, mit dem Vorteil allerdings einer für Aussichts- und Ausflugszwecke spektakulären Strecke. So erst ergibt sich nämlich der Aufstieg der Autobahn auf den ansonsten weder in Photostrecken noch Verkehrsfunkdurchsagen zu »Europas längstem Parkplatz«[274] verewigten Hügel namens »Irschenberg«, und auch nur auf dieser Route ist der ebenfalls spektakuläre Abstieg von der Hochebene hinunter ans Ufer des Chiemsees zu bewundern:

Abb. 59: Das altbackene Mobiliar im Rasthaus am Chiemsee verdeckt zeitgenössische High-Tech-Features. In den Fensternischen sind Heizkörper, im Deckenprofil Abluftschlitze und hinter der Wandleuchte Lautsprecher versteckt.

> Die plötzliche Veränderung der Aussicht, neben den Bergen zur Rechten die große weite Fläche des Chiemsees voraus und links der Fahrbahn, hat noch jeden, der an diese Stelle kam, überrascht und gefesselt. Wer diese Landschaft als Kraftfahrer richtig empfindet, stellt den Motor ab und gleitet die 3 km Gefälle lautlos hinab an das Südufer des Sees, wo Badestrand, Parkplätze und der Fischerwirt zum Bleiben und Rasten einladen.[275]

Dieser »Fischerwirt« schließlich, den Fritz Todt in seiner Beschreibung der »Autobahn München-Landesgrenze« von 1935 fast mit der Aura einer alteingesessenen Gastwirtschaft umgibt, ist das größte Rasthaus an der Reichsautobahn, das am 27.8.1938 eröffnete Rasthaus am Chiemsee.

Alteingesessen ist in der Tat wohl das letzte Prädikat, das dem – nach Querelen mit dem zunächst beauftragten Roderich Fick[276] – von Fritz Norkauer erbauten Komplex gerecht wird. Mag es sich noch so sehr im von Hitler persönlich angeregten »oberbayerischen Landstil« ans Seeufer schmiegen, mögen seine »behäbigen, weitausladenden Lärchenschindeldächer«,[277] die ebenfalls mit Lärchenholz umkleideten Dachrinnen, die Sonnenuhr, und der von Alwin Seifert gestaltete, »räumlich wohl kleine, dafür aber um so farbenfreudigere reizvolle Bauerngarten«[278] in frischem Alter glänzen: Das ganze Rasthaus ist von oben bis unten, durch und durch mit allermodernstem technischem Aufwand errichtet.

In ganz grundlegendem Sinne ergibt sich der besondere Aufwand schon aus der besonderen Lage des Rasthauses. Der Baugrund ist hier, direkt am See, nämlich so unsicher, dass sich jede vormoderne Bautätigkeit und damit Alteingesessenheit von selbst verboten hatte, bis Autobahnplaner auf höchstes Geheiß hin mit ihren Kenntnissen in Terzaghischer Erdbaumechanik und dementsprechenden Spezialtechniken dem Chiemseeufer zu Leibe rücken.

> Wohl machte der Moorboden ein Schlagen von Eisenbetonpfählen nötig, wohl mußten die Keller unter dem Wirtschafts- und Hotelbau wegen des im Frühjahr regelmäßig einen Meter steigenden Wasserspiegels in Wannen gestellt werden[279],

beschreibt ein gewisser Max Schoen reichlich unschön mythisierend die technisch aufwändige Fundamentierung der in den See hineingeschobenen Anlage. 1436 bis zu 14 Meter lange und 30 × 30 cm starke Stahlbetonpfähle, die auf Knickung belastet im unter Moor und

Seeton anstehenden Molassefelsen stecken, fundamentieren schließlich das Hauptgebäude, ähnlich viele Holz- und Betonpfähle stützen die einige hundert Meter lange Ufermauer, an der entlang die Autobahn verläuft.[280] Auf diesem Pfeilerwald aus Beton, mit dessen Einschlagung am 2.8.1937, also nur gut ein Jahr vor Einweihung der Anlage begonnen worden sein soll, liegen drei, zur Rissevermeidung voneinander unabhängige, wasserdichte Betonwannen, in denen die Keller der Hauptgebäude vor Grund- und Hochwasser geschützt sind. Über einer Wanne steht der wuchtige Mitteltrakt mit Eingangshalle, Büro, Konditorei, Küche, dem Frühstückszimmer und dem meist als »Führerzimmer«[281] titulierten Erkerzimmer im Erdgeschoss, der Wohnung für den Wirt, mehreren Gesellschafts- und Beratungsräumen in den oberen Stockwerken, sowie dem »Bierstüberl«[282]. An dieses Mittelgebäude, das an seiner Südseite von Seiferts Bauerngarten und einer Sonnenuhr geschmückt wird, schließt sich ganz an der künstlichen Seekante der West- bzw. Hotelflügel an, mit einem Gesellschaftssaal und der Hotelhalle über der zweiten Betonwanne, dem eigentlichen Hoteltrakt mit seinen in Erd- und Obergeschoss insgesamt 53 Hotelzimmern über der dritten. Nicht nutzbar unterkellert aber auch nicht mehr so nah am Ufer gelegen ist der Ostflügel mit seiner großen Gaststube und der fast einhundert Meter langen Badeanstalt. Neben diesem dreigliedrigen Hauptkomplex der Rastanlage erheben sich aus dem unsicheren und kompliziert gebändigten Moor- und Schwemmlandgrund ebenfalls auf der Seeseite der Autobahn weitläufige Hafenanlagen zur Segel-, Motor- und Dampferschifffahrt sowie Parkplätze. Auf der dem See abgewandten Seite liegen die Versorgungseinrichtungen des Rasthauses mit weiteren Parkplätzen, einer Tankstelle, Werkstätten, Angestelltenwohnungen, Wäscherei, Metzgerei und diversen Stallungen.

Insgesamt befindet sich damit am einst morastigen Chiemseestrand eine Rastlandschaft von enormen Ausmaßen. Der Hauptbau aus Bade-, Gaststätten und Hotelflügeln bedeckt ca. 5900 m², die Versorgungsgebäude bedecken rund 4000 m², und zusammen mit Badewiese, Hafen und Parkplätzen erstreckt sich die Anlage über kaum weniger als 15 Hektar. Den räumlichen Ausmaßen entsprechend sind die einkalkulierten Besucherscharen. Die Kaffeeterrasse im Freien bietet Platz für 1300 Gäste, die große Gaststube mit ihrer von drei Marmorsäulen getragenen Holzdecke und ihren oberbayerischen

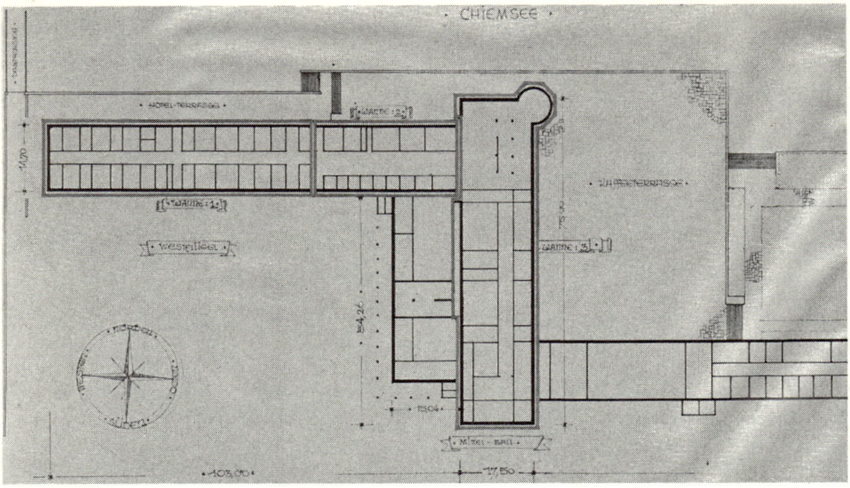

Abb 60: Lageplan der drei Betonwannen. Der Westflügel (links) steht über zwei, der Mittelbau mit dem runden Erker- bzw. »Führerzimmer« steht über einer Wanne. Die große Gaststube im Ostflügel (rechts) sowie die sich daran anschließende Badeanstalt sind nicht derart unterkellert.

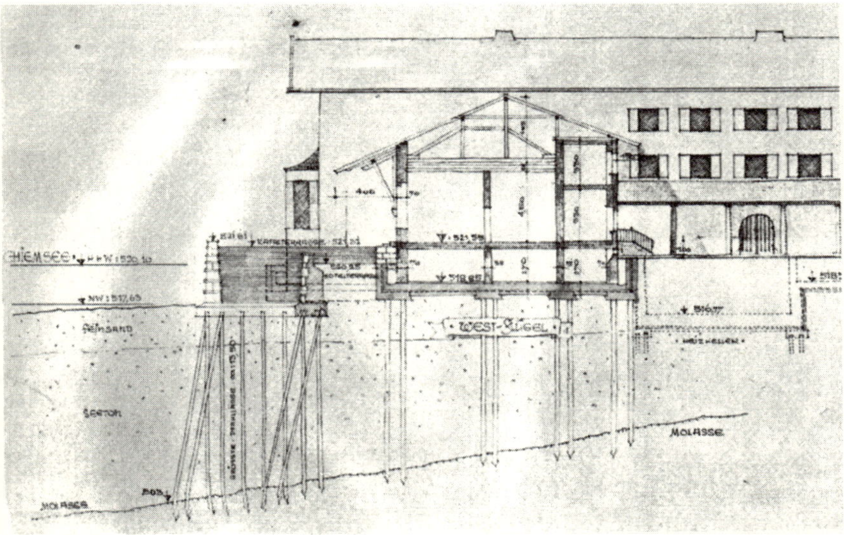

Abb. 61: Skizze der komplizierten Pfahlgründung des Rasthausgebäudes in dem aus Feinsand, Seeton und erst in gut zehn Metern Tiefe aus Molasse bestehenden Baugrund am Chiemseeufer.

»Volkstypen«* in Öl an den Wänden ist für 350, das Speise- und Frühstückszimmer für 90, das »Bierstüberl« immerhin für 80 Gäste ausgelegt. Ähnlich großzügig ist auch die Badeanstalt dimensioniert, »gleichzeitig können zusammen etwa 1450 Personen baden«, rechnet Paul Hafen in seiner Beschreibung des Rasthauses vor.[283] In der Tat scheint dieser hohe Besucherandrang auch stattgefunden zu haben, schreibt Hafen doch von der zeitweiligen Schließung der Anlage wegen Überfüllung im Sommer 1939.[284]

Bescheiden wirkt demgegenüber die Zahl der Übernachtungsplätze. 70 Betten bietet der Hoteltrakt, 15 einfache Fremdenzimmer (wohl für Lkw-Fahrer) befinden sich in Gebäuden auf der Tankstellenseite, wo neben einem »Gemeinschaftsraum mit Kino«[285] auch die 160 Betten für die einfachen Angestellten der Anlage bereit stehen. Gäste dieser mittels Spezialbeton- und anderen Effekten an den Molassefelsen gekrallten Ausflugssiedlung sind also, auch wenn sie zu Tausenden kommen, Gäste für ein paar Stunden. So lautet die schon am großflächigen Raumangebot abzulesende Rollenbeschreibung der Anlage, die sich bis in die funktionale Mikro-Gestalt des Baus fortsetzt. Dem Rasthaus Chiemsee ist die räumliche Botschaft eingeschrieben, gleichzeitig und gleichermaßen glaubwürdig als Zielort wie auch als Durchgangsstation zu funktionieren. Je mehr man auf die baulich-technische Funktionslogik der Raststätte selbst hört, auf ihre gleichermaßen von handwerklicher wie ingenieurtechnischer Aktivität gebildete Gestalt, desto besser versteht man den doppelten Auftrag der Rastanlage: zum einen um Tausende von Menschen kurz zu beherbergen und die Gäste in stetigem Strom durch die Anlage hindurchzuschleusen, zum anderen um diesen Personen mit geringer spezifischer Verweildauer einen äußerst stabil und intensiv wirkenden Ort zu bieten.

Hinter den stabilen Pfeilern aus Muschelkalk und Säulen aus »Ruhpoldinger Marmor«[286], hinter den handgeschmiedeten Treppengeländern, den nagellos verzapften Umkleidekabinen, den Decken »auf schwerem gedübelten Unterzug in Fichte geschrubbt«[287], den »Balken, die nur halb so stark zu sein bräuchten«[288], den mit Lärche und Rüster

* Hier hängen 16 Bilder von Heinrich Bickl aus Garmisch, die »Volkstypen des bayerischen Oberlandes – wie Flößer aus Tölz, Jäger aus der Jachenau, Geigenbauer aus Mittenwald, Fischer vom Chiemsee und ähnliches – zeigen«. Hafen (1939), S. 20.

vertäfelten Wänden, also hinter all dieser handwerklichen Stabilität waltet eine den flüssigen Durchgang mehrerer Medien autobahngeschwind regelnde Haustechnik. Der in einem Jahr buchstäblich in den Boden gerammte und doch auf Anhieb als altehrwürdig fester Ort funktionierende Bau ist von oben bis unten mehrfach verkabelt, auf insgesamt 26 km Länge verrohrt[289] und wird so von allerlei heißen und kalten Medien unauffällig als Strecke durchflossen. In den Fensternischen sind hinter altertümlichen Fensterläden und Vorhängen moderne Heizkörper versteckt, hinter jedem Ornament im Deckenbereich, ob im »Stuckprofil« oder »im Gesims in Zirbelkiefer«,[290] befindet sich möglicherweise ein Zuluftschacht, in jedes Zimmer mit Blick nach Herrenchiemsee ragt ein Fernsprechkabel bis neben das Bett, hinter fast jeder Messingleuchte in der Wand sitzt ein für Radiodurchsagen und Musik nutzbarer Lautsprecher: Das ganze Haus also ist in seinen funktionalen Details solide auf Durchzug eingestellt.

Beim Rasthaus am Chiemsee, der exponierten Vorzeigeimmobilie der Reichsautobahn an der exponierten Vorzeigestrecke ins ›Gebirg‹, hat diese Mixtur aus gleichermaßen funktional wie architektonisch zu verstehender, gleichzeitiger Stabilität und Flüchtigkeit einen unmittelbar einsichtigen Grund, wie eine immerhin informative Bemerkung von Max Schoen verrät:

> [Todts] Wunsch war es, hier ein Werk zu schaffen, das auch den zahllosen Besuchern aus aller Welt, die nur wenige Tage für Deutschland Zeit haben und es sonst nur auf dem Umweg über die Großstadt kennenlernen, einen Begriff vom handwerklichen Können unseres Landes und der noch ausgesprochen landschaftlich gebundenen Kultur unseres Volkes zu geben.[291]

Wie ein Messepavillon, aber ohne als solcher zu wirken, soll das Rasthaus Chiemsee also selbst flüchtigen Besuchern direkt an der Autobahn – die Max Schoen in seiner Ortsbeschreibung schon mal mit einem »stillen Strandweg«* verwechselt – ein angeblich typisches Bild vom solide nationalsozialistischen Bauen in urtümlich deutscher Landschaft vermitteln.

---

* »Gegen Osten wird die Badewiese in einen stillen Strandweg auslaufen«, schreibt er. Vgl. ebd.

Abb. 62: »Lautsprecher und Radio geben dem Architekten noch selten geknackte Nüsse auf.« Hier hat er die Lautsprechergitter aus Messing geradezu luziferisch mit der Lichtquelle gekoppelt.

Doch auch die weniger explizit als nationalsozialistische Schaufenster gedachten Rastanlagen ohne »Führersuite« und mit weniger opulentem Raum- und Erholungsangebot lassen sich baulich wie funktional als stabile Orte des Durchgangs beschreiben, als Zentren für ein paar Stunden.

Alle funktionieren zunächst als eine Art kleine »Dorfsiedlung«[292] für einige Dutzend Angestellte und darauf aufbauend als mit reichlich örtlichen bis fast städtischen Funktionen ausstaffierte, technisch funktionale Transitquartiere. Man findet zusätzlich zu den Gaststätten und Wartungsbereichen mit Tankstelle und Lkw-Waage umfangreiche Fahrzeugstellplätze (bei Hermsdorf für 100 Lkw, bei Magdeburg für 120 Lkw und 60 Pkw), Einzel- und Doppelzimmer für die Fahrer, (bei Magdeburg 100, bei Hermsdorf knapp 70 Betten), dazu Notunterkünfte unter dem Dach (bei Magdeburg 100, bei Hermsdorf 50 Plätze).[293] Darüber hinaus gibt es am Rasthof Post- und Telefonstationen (bei Magdeburg kann sogar vom Duschraum aus telefoniert werden![294]), Bürobereiche, in denen etwa Ostwald seinen telefonisch eingefädelten Geschäften nachgehen kann, sowie in einem erklärten Fall, nämlich bei Hermsdorf, wo der Rasthof neben dem Verkehrsknoten Hermsdorfer Kreuz liegt, sogar einen für 200 Personen ausgestatteten Luftschutzbunker.[295]

Zweierlei ist also an den Rastanlagen der Reichsautobahn abzulesen: Zum einen erhält der totale Strömungsraum der Autobahn hier in der Tat neuartige, überraschend effektive »Ortschaften«, die, kitschige Wappen hin oder her, mit zum Teil äußerst mächtigen und stabilen Insignien bzw. Funktionselementen – man denke nur an den Luftschutzbunker unter der Fernfahrerkneipe bei Hermsdorf oder das Führernachmittagsquartier zwischen Dampfersteg und Badewiese – als neue Formen von Zentren ausgewiesen sind.

Zum anderen wirken diese neuartigen Zentren in all ihrer baulichen Stabilität eigenartig mobil. Am Rastplatz wird nicht etwa der geschwinde Autobahnraum durch ruhende Pole verlangsamt, vielmehr werden hier offenbar die letzten, nicht rollend linearen Punkte der Autobahninfrastruktur vom Durchgang ihrer flüchtigen Klientel angesteckt und als multifunktionale, bis in die Grundmauern hinein hochtechnisierte Rastmaschinen in Bewegung versetzt.

Damit ergibt sich bei beiden für den Autobahnraum als symptomatisch vorgestellten Gebilden, bei der Kreuzung und dem Rasthof, der überwiegende Eindruck eines durchgängig mobilisierten Raumes. In diesem Dauerstrom treten die vom traditionellen Stadt-Land-Kontrast herrührenden und bis hin zur Eisenbahn mit ihren festen Haltstationen klar getrennten Begriffe des Ortes und der Strecke, des Zentrums und der Peripherie immer weniger voneinander geschieden auf. Jeder Punkt kann als eine Mischung aus beidem erscheinen.

Irgendein sumpfiges Seeufer nimmt einen Sonntagnachmittag lang unzweifelhaft eine zentrale gesellschaftliche Rolle als Vergnügungs- und womöglich Konferenzort ein, um danach wieder für eine verregnete Woche im verkehrstechnischen Dornröschenschlaf zu schlummern. Kaum weniger paradox kann ein verkehrstechnisch wichtiger Knotenpunkt wie bei Hermsdorf im Normalfall als in jede Richtung freie Strecke fungieren, um sich im kriegerischen Ernstfall in einen ausgesprochenen Zielpunkt mit am Rastplatz direkt daneben befindlichem Betonbunker zu verwandeln.

Diese Anlagerung von gleichermaßen stabilen wie flüchtigen, von zentralen wie peripheren Motiven an einzelne Raumpunkte muss dabei nicht zwangsläufig als generelle Auflösung der Begriffe von Zentrum und Peripherie beschrieben werden, zugunsten einer praktisch wie theoretisch unklaren Raum-Mixtur im Sinne McLuhans »endloser Stadt« des frühen Automobils. Vielmehr scheint hier etwas stattzufinden, was viel genauer als das Hin- und Hergleiten von Zentrum und Peripherie im Raum beschrieben werden sollte, als Wandern dieser Kontrastbegriffe von einem Ort zum anderen, ohne dass sie für eine momentane Raumsituation mit einem jeweiligen Zentrum und einer jeweiligen Peripherie an Aussagekraft verloren hätten. So gesehen wirkt der Raum der Autobahn flächendeckend durch automobilgeschwinde Rollenwechsel der einzelnen Bestandteile geprägt. Fast jeder Punkt kann sich für eine gewisse Zeitspanne von einem wirklich peripheren Streckenabschnitt in einen wirklich zentralen Ort und wieder zurück verwandeln, nach einem Jahr Bauzeit, nach der Badesaison, nach Kriegsbeginn, nach Einbruch der Dämmerung.

Reichs-Rast-Kreuz-Gelände Nürnberg

Eine Stelle gibt es im Netz der Reichsautobahn, wo die bisher vorgestellten, ohnehin im verkehrshistorischen Spannungsfeld zwischen Konzentration und Dezentralisierung schon als Modelle ausgewählten Phänomene der Kreuzung und der Rastanlage noch einmal verdichtet in Augenschein genommen werden können, weil sie hier in jeweils besonderer Ausprägung genau übereinander liegen: ein riesiges, ›bündelnd zerstreuendes‹ Autobahnkreuz, ein gigantischer, mobil konzentrierender Rastplatz und beides in ihrer Rollenverteilung auf den Punkt gesteuert nach dem striktesten Zeitplan. Die Rede ist von dem nicht nur Walter Ostwald »wohlbekannten«, in der »eigenartig schönen Waldlandschaft«,[296] des Lorenzer Reichswaldes im Südosten der Lebkuchen-, Bratwurst- und Rassegesetzestadt Nürnberg gelegenen »Reichsparteitagsgelände«.

Hier – jedenfalls in der dieser Untersuchung zugrunde liegenden, bekanntlich nicht ganz ausgeführten Planung für das Projekt – konzentrieren sich die für den Autobahnraum als charakteristisch ausgewählten Einzelmotive wie von selbst zu einem zugespitzten Modellbild seines möglichen Funktionierens, lässt sich der praktisch wie begrifflich so mobile und biegsame Raum der Autobahn von einem markanten Geländepunkt aus mit seinen Paradoxien noch einmal schärfer umreißen.

> Die ganze Anlage des Parteitagsgeländes mit seinen Bauten ist die sinnvolle Lösung der schwierigen Verkehrsaufgabe des Massenaufmarsches der Nation[297],

hatte Fritz Todt 1937 in der »Strasse« verlautbart, und einer seiner Mitarbeiter, der für allerlei Fragen der Verkehrszählung, Netzplanung und Raumordnung zuständige Rudolf Hoffmann, führt in einem mit Skizzen, Karten und Bildern illustrierten Artikel – »Die Verkehrsbedienung des Reichsparteitagsgeländes durch Reichsautobahnen und Kraftverkehr«[298] – ein Jahr später aus, wie diese »schwierige Verkehrsaufgabe« autobahntechnisch fast mühelos zu lösen sei.

Drei in ihrer Größe vergleichbare Gebilde dominieren Hoffmanns Karte: das klassische Ballungsgebiet Nürnberg-Fürth, das diesem Ballungsraum an Fläche fast ebenbürtige Reichsparteitagsgelände mit all seinen Übernachtungslagern, sowie die wiederum ähnlich ausgedehnte Autobahninfrastruktur mit ihren Kleeblättern, Schleifen, Zubringer-

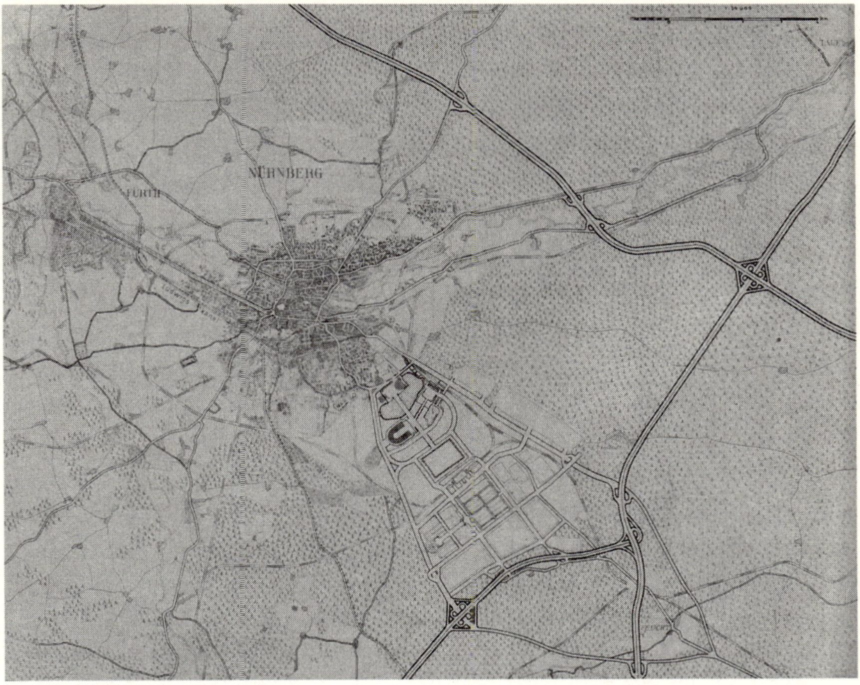

Abb. 63: Der Großraum Nürnberg mit dem Reichsparteitagsgelände und den geplanten Zufahrtsstrecken. Erkennbar das helle Rechteck des Märzfeldes und die von dort in Richtung Innenstadt führende so genannte »Große Straße«. Zwischen dem Märzfeld und der Autobahn erstrecken sich die weitläufigen Übernachtungslager.

straßen und Sonderspuren. Wie auf dem Präsentierteller bzw. Seziertisch ist das Zentrum bzw. Herz des nationalsozialistischen Autobahnraumes auf dieser Karte ausgebreitet, das Kontrastmittel »erster deutscher Eisenbahnraum Nürnberg-Fürth« inklusive.

Die gesamte Anlage des Reichsparteitagsgeländes, neben dem Kreuzungspunkt dreier Autobahnlinien* aus dem Kiefernwald herausgerodet, wirkt hier wie ein auf rund 24 km² aufgeblasener Rastplatz[299], als »Tempelstadt der Bewegung«[300], wo nicht nur wie auf den 15 Hektar am Chiemsee das südliche Oberbayern an diversen Sonntagnachmitta-

---

* Fertig ist 1938 bereits die Linie München-Berlin, als weitere Kreuzungsteilnehmer geplant sind die Linien Köln-Wien sowie Mannheim-Nürnberg.

gen eine Art temporäres Zentrum und Schaufenster für Übersee erhält, sondern wo das ganze nationalsozialistische Reich genau einmal im Jahr für ein paar Stunden bis Tage zur totalitären Innen- und Außenschau verdichtet wird.

Verkehrstechnisch wären wohl auch andere Knotenpunkte im deutschen Reich derart geeignet, doch da in einem hindernislos verknoteten Netz jeder Knoten so gleichviel wert ist wie an einer hindernislosen Straße jeder Punkt, kann man sich die auf- und abzuwertenden Punkte nach reichlich verkehrsfremden Kriterien aussuchen und nimmt hier den moorigen, aber gerade deswegen urtümlichen Chiemseestrand, dort das kaiserburggeschmückte Nürnberg mit seiner reichhaltig indienstzunehmenden Geschichte, um vorübergehende Zentren zu zaubern. So stellt sich das wie so vieles andere von Albert Speer geplante, zum Teil auch

Abb. 64: Hoffmanns Schema der geplanten Autobahninfrastruktur im Lorenzer Reichswald mit zusätzlichen Abfahrten und dritten Zusatzspuren von Wien und Frankfurt/Eisenach.

ausgeführte und mehrere Male ausgiebig bespielte Reichsparteitagsgelände ganz im Gegensatz zu den nationalsozialistischen Bauvorhaben in Berlin, München oder auch Linz als neuartiges Transitzentrum dar. Während die Entwürfe für die »Reichshauptstadt«, die »Hauptstadt der Bewegung« oder die »Jugendstadt des Führers«[301] – obgleich ebenso überdimensioniert – funktional wie architektonisch doch an klassischen Vorstellungen vom Zentrum orientiert bleiben, wird hier mit teils sehr stabiler, zum Teil sehr ephemerer Kulisse aus Natursteinfassaden einerseits und den bekannten Fahnenwäldern bzw. Lichtdomen[302] andererseits ein mehrfach transitorisches Zentrum erstellt. Überall herrscht hier Konzentration als konzentrierter Durchfluss enormer Massen, als elektrischer Strom durch lichtdomerzeugende Flakscheinwerfer, als Panzer- oder Fliegerzug über den Truppenaufmarschplatz »Märzfeld«, als in Reih und Glied über granitene Aufmarschrouten gelenkte Menschenmasse. Dementsprechend ist die Anlage konzipiert und dementsprechend sitzen am Nürnberger Dutzendteich nicht 1300 kaffeetrinkend müßige Personen auf der Terrasse, während nebenan noch 1450 Personen ebenso müßig baden und schon die nächsten Sommerfrischler heranbrausen. Hier sollen nach Plan Hunderttausende von Personen durch die Militärübungen, Appelle und durch andere Kultveranstaltungen der Nationalsozialistischen Bewegung geschleust werden. Danach wird die Menschenmasse von »Zeppelinwiese«, »Märzfeld«, »Deutschem Stadion« und »Kongresshalle« aus wieder hinter die Kulissen gelenkt, entweder in die im Endausbau 500.000 Personen fassenden SA-, HJ-, RAD-, SS-, NSKK-, und PL-Übernachtungslager,[303] oder gleich wieder an all die Ausgangspunkte zurückbeordert, von denen aus man erst vor ein paar Stunden aufgebrochen war, jedenfalls so Hofmann, wenn man per Pkw oder Omnibus zum Einsatzort unterwegs war. Die Anschlussstelle der Reichsautobahn, diese ungeheure Schleusenanlage mit ihren mehrfachen Kleeblättern, Schleifen, Zubringer- und dritten Zusatzspuren, die sich über das ganze Aufmarschgelände wie auch weit in den Reichswald hinein erstreckt, saugt diese Massen ebenso kunstfertig und geschwind, wie sie sie vor und für ein paar Stunden ausgespuckt hatte, auch wieder ab. Den ebenfalls auf dem Plan befindlichen Bahnhof gleich neben dem Märzfeld kann Hoffmann bei seinen Überlegungen getrost ignorieren, ist doch bei für mehr als 400.000 Besucher geplanten Stadien[304] ein Verkehrsträger zu vernachlässigen, der sogar in seiner nicht nur zeitgenössisch effektivsten Variante – als Berliner Olympia-S-Bahn nämlich – trotz vieler Sonderbahnsteige bei (vermutlich bereits maßlos übertriebenen) 48.000 im Nahverkehr abgefertigten Personen pro Stunde seine Transportobergrenze erreicht,* vom Fernverkehr und den hier völlig utopischen Zugabfahrten im Minutentakt ganz zu schweigen. Der Autobahnanschluss und das daran geknüpfte Reichsautobahngesamtnetz mit seiner enormen »Leistungsreserve«[305] sind nach Hoffmanns Berechnungen und Planskizzen den Aufgaben sowieso auch allein gewachsen. Die An- und Abfahrt über die Autobahn kann je nach Ausbauzustand der Anschlussanlagen im Lorenzer Reichswald von 135 – 200.000 motorisierten Spektakelbesuchern pro Stunde[306] angetreten werden, wenn

> jede zur Verfügung stehende Fahrspur bis an die normale Grenze ihrer Dauerleistung, das heißt mit rund 1000 Fahrzeugen je Stunde und Spur belastet wird, eine Annahme, die bei der besonderen kreuzungsfreien Anlage der Autobahnen, der Art ihrer Verknotungen und Auf- und Abfahrtsstellen sicherlich gerechtfertigt ist[307].

Eine Reisezeitgraphik mit dem hellen Zentrum Nürnberg und den pro zusätzlicher Reisestunde immer dunkler werdenden Peripherien à la München, Wien oder Berlin illustriert schließlich, wie kurz diese massenhaft individuellen An- und Abfahrten von und nach egal wohin einmal sein werden. Fast das ganze Reichsgebiet ist auf »Tagespendel«-Entfernung** an das Parteitagsgelände herangerückt und diesem so infrastrukturell gleichsam einverleibt, wenn das Netz der Autobahn einmal fertig ist:

> Dank den besonderen Eigenschaften der Reichsautobahnen [wird] ein derartiger Tagespendelverkehr nicht nur auf kürzere oder mittlere Entfernungen sondern nahezu vom ganzen Reichsgebiet her nach Nürnberg möglich sein.[308]

---

* Vgl. Rainer Preuß, Berlin auf Schienen erleben, München 2002, S. 107. Diese Angaben erscheinen alles andere als seriös, da im gleichen Atemzug behauptet wird, an einem Tag hätten 2 Millionen Personen den Olympiabahnhof passiert, wofür der Tag aber fast 42 Stunden dauern müsste. In anderen S-Bahn-Büchern, etwa bei Bernhard Strowitzki, S-Bahn Berlin, 2002, finden sich die realistischeren Angaben von 100.000 ausgestiegenen Personen pro Tag, 2 Mill. Fahrgäste auf der Sonderlinie während der gesamten Olympischen Spiele.

** Was so viel bedeutet, dass fast jeder Ort des Reiches am Morgen des Tages der Veranstaltung verlassen und am Abend desselben Tages noch erreicht werden kann.

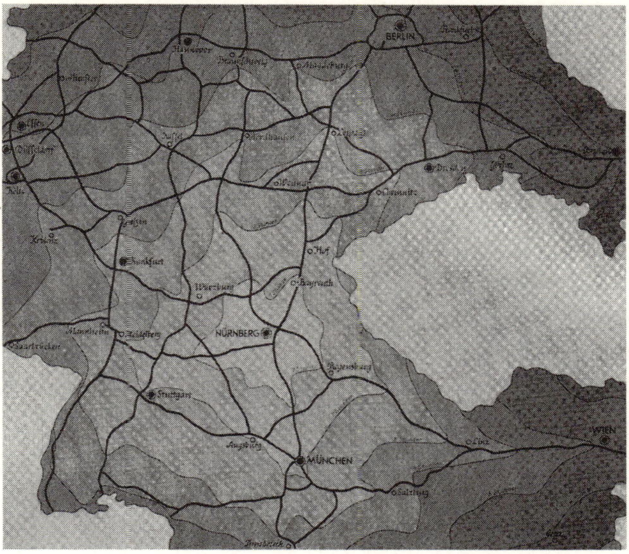

Abb. 65: Übersichtskarte der Fahrtzeiten zum Reichsparteitagsgelände. Der Großraum Nürnberg erscheint im fertig vorgestellten Netz als erhellte Zone. Das von der Erreichbarkeit dieses vorübergehenden Zentrums gleichsam angestrahlte Reichsgebiet wird mit jeder zusätzlichen Fahrtstunde immer dunkler.

Abb. 66: Albert Speers bekannter Reichsparteitags-Lichtdom als Illustration zu Rudolf Hoffmanns Text von 1938.

Der Autobahnraum als System variabler Intensitätszonen

Auch wenn die Parteitagsanlagen im Lorenzer Reichswald bekanntlich nicht mehr in all ihrer Monstrosität fertig gestellt und genutzt wurden, und die dortigen Autobahnkreuze erst nach und nach, dann aber in noch größerem Ausmaß als auf Hoffmanns Karte als Bundesautobahnkreuze dem Verkehr übergeben werden sollten, illustriert das Verkehrsprojekt »Reichsparteitagsgelände« als in der Nutzung exakt so zwar nicht eingetretenes, autobahntechnisch deswegen aber nicht weniger plausibles Szenario eine Art oberer Grenze der Effekte im Raum, die mit der Autobahn verbunden sind. Von dieser zumindest zeitgenössisch extremsten Vorstellung eines Autobahnzentrums her lässt sich der neue Raum und seine Ordnung folgendermaßen beschreiben und begrifflich fassen:

Unter Autobahnbedingungen ist es sowohl möglich, lokale Zentren nach Art einer kleinen Raststadt an landschaftlich oder anderweitig reizvollen oder wichtigen Stellen aus dem Nichts hervorzuzaubern, als auch Menschenmassen, die andernorts eine ganze Metropole bevölkern könnten, an nahezu beliebigen Punkten des Netzes zu konzentrieren, im Maximalfall einen Kiefernwald in eine mobile Millionenstadt zu verwandeln.

Diese enormen Verdichtungen sind im Vergleich zu herkömmlichen, etwa von der Eisenbahn und öffentlichem Schnellbahnverkehr formatierten Metropolen womöglich nicht extraordinär, wohl aber die Geschwindigkeit ihrer Zusammenführung und erneuten Zerstreuung. Innerhalb weniger Stunden können hoch motorisierte Massen von Menschen hin- und herbeordert werden, so dass sich »echte« Metropolen zeitweilig im peripheren Abseits befinden und demgegenüber für 360 Tage im Jahr völlig ungenutzte Kulissen einem ganzen Land als vorübergehendes Zentrum dienen.

Das Reichsparteitagsgelände in Nürnberg mit seinem einerseits auf das ganze Reich ausgeweiteten Einzugsgebiet und der andererseits auf wenige Tage im Jahr begrenzten Nutzung macht deutlich, wie der Begriff des Zentrums hier zwar weiterhin funktioniert, in all seiner Zuspitzung aber auch einer besonderen Veränderung, nämlich einer Verzeitlichung, unterliegt. Anwendbar scheint er auf den Lorenzer Reichswald als Rastplatz der Bewegung nur noch, wenn er für einen geschwinden Momenteindruck gebraucht wird, eingedenk der Tatsache, dass das eben noch konstatierte Zentrum des nationalsozialistischen Reiches auf der Zeppelinwiese wenig später schon in Auflösung und Rückverwandlung in ein nur peripher vom Verkehr gestreiftes Waldgelände begriffen sein kann.

Orte, und seien es die zentralsten, fungieren im vom Reichsparteitagsgelände aus überschaubaren Raum noch deutlicher als schon vom Autobahnkreuz und vom Rastplatz aus zu sehen war, nirgendwo mehr als zwangsläufig ruhende Größen, die statisch je nach dem, was und wie viel sich dort dauerhaft befindet, als Zentren charakterisiert werden können, sondern sie müssen stets nach der dynamischen Frage sortiert werden, was wie schnell an diesen Punkt gebracht werden kann, um die wofür auch immer geeignete Kulisse zu füllen.

Ermöglicht wird diese dynamische Füllung und Leerung des Raumes, das Hin- und Herwechseln der verdichteten und der ausgedünnten Gebiete per Automobil, das Gleiten also des nationalsozialistischen Zentrums etwa von der Aufmarschpiste aus Granit auf die Abfahrtspiste aus Beton nicht nur durch die hohe Verkehrsgeschwindigkeit des gegenüber der Eisenbahn spezifisch stärker motorisierten Automobils. Entscheidend scheint vielmehr, dass durch die »kreuzungsfreie Anlage der Autobahn«, durch die »besondere Art ihrer Verknotungen«,[309] wie Hoffmann sich ausdrückt, zwischen allen jeweiligen Abfahrtsorten und dem Zielort lauter durchgängige, selbst an Einmündungen und Abzweigen ununterbrochen hindernislose und nahezu gleichmäßig schnelle Strecken ihren Dienst verrichten.

So schließlich, bei den auf Hoffmanns Entfernungsgraphik mit der bereits fertig vorgestellten Autobahn von überall her nach überall hin freigeschalteten Linien, ist nicht nur schnell aus dem dunklen Reich ins helle Nürnberg zu fahren – fast jeder Ort am Netz könnte dann seinerseits als Zentralpunkt für auf ihn zurasende, zahllos ungebremste Linienbündel mit all ihren individuellen Verästelungen verstanden und genutzt werden, als helle Mittelzone eines nach außen hin immer dunkler werdenden Fahrzeitdiagramms.

Die spezifischen Zentren also einer fertig gestellten Autobahn sind damit offenbar nicht nur in einigen aus Lärchenschindeln und Telefonkabeln errichteten Ausflugsanlagen oder in einer gigantischen, aber doch singulären Aufmarschmaschine aus Granitplatten und Speerschem

Flakscheinwerferlicht zu suchen, die verkehrstechnische Beliebigkeit des Netzpunktes »Nürnberg« in Hoffmanns Fahrstundentabelle macht das ganz deutlich. Indem transitorische Zentren bis hin zu diesen Ausmaßen – jedenfalls was die realistisch einplanbare transitorische Bevölkerung anlangt – fast überall im Netz vorstellbar und realisierbar sind, erscheint der ganze von der Infrastruktur der Autobahn erfasste Raum als zentraler wie peripherer Möglichkeitenraum. Er erscheint sowohl als Anfahrtsgebiet, wie auch als potenzieller Standort eines mobilen Zentrums, als insgesamt – so der hier gewählte Begriff für dieses räumliche Gebilde der De/Zentralisierung – »zentrale Zone«.

Dass und wie sich dieses Raumkonzept flüchtiger und potenzieller Verdichtung vom Eisenbahnraum mit seinen auf Jahrzehnte hinaus mehr oder weniger statischen Kristallisationszentren unterscheidet, ist wohl klar. Doch auch von der »endlosen Stadt« des Automobils, die McLuhan »entlang der Landstraßen«[310] in Nordamerika wachsen sieht, von diesem konturlosen, die klassischen Größen »Stadt« und »Landschaft« aus Gelände und Karte nivellierenden Gebilde, ist der Raum der Autobahn, verstanden als »zentrale Zone«, abzugrenzen.

Die Autobahn nivelliert den Unterschied von Stadt und Land immerhin nicht nur auf ein gleichmäßig niedriges Niveau allenfalls suburbaner Dichte. In der variablen Zonenlandschaft der Autobahn wird Raum durchaus scharf kontrastiert, wenn auch nicht mehr wie in Räumen klassischer Zentren auf Dauer, sondern flüchtig. Der Raum der Autobahn besteht aus Gebieten reichlich niedriger momentaner Intensität – der Lorenzer Reichswald, als Walter Ostwald ihn durchfährt – sowie aus Gebieten reichlich hoher momentaner Intensität – der Lorenzer Reichswald wie ihn Rudolf Hoffmanns Planungen vorsehen bzw. etwas aktueller, ungeplanter und doch ganz auf dieser Linie, der Lorenzer Reichswald, in dem Hunderttausende zu diversen ostdeutschen Ferienanfängen in den 1990er Jahren unfreiwillig einen Eindruck von der schließlich nur noch schleppend mobilen bundesdeutschen Metropole auf der Autobahn gewinnen konnten, als sich dort bis zu 100 Kilometer lange Staus gebildet hatten.[311]

Zur Präzisierung der »zentralen Zone«: Autobahn und Radio

Dieses zonale Raumkonzept der Autobahn, in einem von einem schnellen Medium gleichmäßig erschlossenen Raum nahezu überall Gebiete mit hoher potenzieller Dichte und zentraler Bedeutung zu erzeugen, soll im Folgenden noch ausdifferenziert werden, indem den Querverbindungen zu einer ähnlich raumprägenden, zeitgenössischen Technik nachgegangen wird.

Eine seltsame Verwandtschaft besteht nämlich zwischen dem Raum der Autobahn und dem Raum des Radios. Wenn die einzelne Autobahnlinie als fliegerisch gefilmt erschien, so kann der Raum der Autobahn in Anlehnung an das nationalsozialistische Lieblingsmedium als gleichsam durchfunkt beschrieben werden. Aufschlussreiche Verknüpfungspunkte zwischen beiden Netzwerken ergeben sich in ganz unterschiedlicher Qualität auf ganz unterschiedlicher Ebene, was im Folgenden anhand einiger Beispiele erläutert wird.

Schon assoziativ hängen Volkswagen und Volksempfänger als kompakte Propagandageräte zusammen, doch auch darüber hinaus agieren Radio und Autobahn in ihrer Raumwirkung oft parallel, ganz in der Tradition der nachrichtenverkehrstechnischen Erfolgsduos Chaussee/Postkutsche oder Eisenbahn/Telegraph, nur eben sehr viel individueller. Der groß in Szene gesetzte, zweite »erste« Spatenstich,* mit dem am 21.3.1934 die so genannte »Arbeitsschlacht« eröffnet wird, der gleichzeitige Baubeginn an 22 Autobahnbaustellen, ist untrennbar sowohl ein Autobahn- als auch ein Radioereignis besonderer Prägnanz. »Fanget an!«[312], so ruft hier weder Walther von Stolzing noch gar »der Lenz«, und im Gegensatz zur Referenzstelle in Wagners Meistersingern ruft Adolf Hitler auch nur vordergründig bei Unterhaching sein Zitat direkt »in den Wald, dass laut es ihn durchhallt«. In von Wagner noch ungewussten, »fern'ren Wellen, der Hall von dannen flieht«, per Radiowelle nämlich, und von den anderen 21 derart ferngesteuert eröffneten Baustellen erhält Hitler auch gleich funkischen Widerhall. »Von weither naht ein Schwellen, das mächtig näher zieht. Es schwillt und schallt, es tönt der Wald«, »von holder Stimmen Gemenge« und »des Jubels

---

* Genau genommen ist es nach dem allerersten Spatenstich am 23.9.1933 bei Frankfurt und dem winterlichen Baubeginn in Ostpreußen schon der dritte »erste« Spatenstich.

Gedränge«. Eine gestellte Sendung lang jedenfalls, und dass danach bis auf weiteres an den meisten Eröffnungsorten nur sehr vereinzelt echte Bautrupps zu hören gewesen sein dürften, spielt am Radiogerät keine Rolle. Einige tausend Kubikmeter Flüssigbaustoff später – »wie wächst der Schwall« –, so viel steht am Radio fest, wird »der Wald« dem Ruf antworten, »der neu ihm Leben schuf«, doch nicht mehr in »süßen Lenzesliedern«, sondern im von keiner Tag- und Nachtgleiche mehr abhängigen Surren der Autobahnmaschine.

Hitlers Wagnerzitat, das Versprechen der Autobahn, Unterhaching und all die anderen nicht wenig exotischen Namen der auf einmal magisch wichtigen Baustellenorte, das alles »schwillt und schallt« nach überall an jenem 21.3. und rieselt herein in die an den Funk angeschlossenen Wohnhäuser bzw. Gemeinschaftshörräume.*

Der Raum des Reichs, den die Autobahn einmal konkret fassen soll, ist damit im virtuellen Sende-Raum des Radios bereits abgesteckt. Bemerkenswerterweise ist im dazugehörigen, mit einer Deutschlandkarte illustrierten Artikel in der »Autobahn« der Standort des Hauptredners völlig unzutreffend, nämlich direkt an der österreichischen Grenze, eingetragen[313]. Damit sind auch alle eingezeichneten Sendepfeile, die von dort aus nach Peine, Groß-Stoboy, Gifhorn etc. reichen, verfälscht, jedenfalls in streng kartographischem Sinne. Dem Autobahn-Radio-Ereignis wirkt dieses falsche Strahlenbündel allerdings unfreiwillig wie auf den flüchtigen Leib geschneidert. In mehrfacher Hinsicht ist nämlich nicht sicher, was denn nun genau stattgefunden hat an diesem angeblichen Frühlingsanfang für Reichsautobahnfahrer, und am wenigsten, wo genau das »Ereignis« präzise zu verorten wäre. Sicher ist jedoch, dass kartographisch korrekt zentrierte Sendepfeile die falschesten gewesen wären. An längst nicht allen wohl im Stile der weitaus bekannteren Soldaten-Weihnacht von 1942 angefunkten Baustellen – ... »Achtung, Achtung, ich rufe noch einmal den Katzbach-Abstieg ... Hier ist der Katzbach-Abstieg« ... – setzt die »Arbeitsschlacht« nämlich unmittelbar

---

* Vgl. zu diesem Ereignis, Baustellen 21.3.34, in: Die Autobahn 1934/5, S. 168f. Die Örtlichkeiten, in deren Nähe der »Spatenstich« stattfindet sind im Einzelnen: Unterhaching, Innbrücke, Echterdingen, Mannheim, Heidelberg, Frankfurt/M., Schleebusch, Buer, Recklinghausen, Kaiserberg, Bremen, Oytener Berg, Wandsbeck, Bad Oldesloe, Finowfurt, Groß-Stoboy, Katzbach-Abstieg, Chemnitz, Halle, Peine, Braunschweig-Land, Gifhorn.

mit dem Sendeereignis ein. Entweder wurde schon früher, nämlich wie allgemein üblich im Winter, mit Rodungen begonnen, oder es gibt auf absehbare Zeit gar kein Bauereignis, auf das ein wie auch immer korrekter Pfeil hätte verweisen können.[314] Bleibt das mediale, das Funkereignis, das aber seinerseits mit korrekt geraden Pfeilen von Unterhaching nach Schleebusch, Echterdingen, Wandsbek etc. auch nichts zu tun hat. Viel eher müssten hier mehr oder weniger krumme Pfeile in die Landkarte eingetragen werden, die teils durch den Äther, meist aber im Kabel den Weg des »Fanget an!« von Unterhaching zu den anderen Baustellen sowie zu den einzelnen Radiogeräten der Hörer abbilden. Zunächst wäre den Funksignalen von unverkabelten »Baustellen« ins Kabelnetz zu folgen, dann dem Zirkulieren der Daten zwischen den Sendeorten à la Ismaning, Heilsberg, Langenberg, Gleiwitz etc., und schließlich der Funkstrecke zwischen lokalem Sender und individuellem Radiogerät, sofern nicht gleich vom Deutschlandsender in Königswusterhausen aus drahtlos gefunkt wird.* Das Ergebnis wäre ein nach Signal-Intensitäten geordnetes Abbild des 22-fachen Spatenstichs, das mit seinen verkabelten Datenautobahnen zwischen den Sendern mit Verstärkern und Nebensendern sowie den letzten Funkmeilen zum Radiogerät einige graphisch strukturelle Ähnlichkeit hätte mit Hoffmanns Nürnberger Entfernungsgraphik und ihren hell-geschwinden Zungen, die entlang der Autobahn bis zur letzten Abfahrt in dunkles Landstraßengelände hineinreichen.

In diesem Fall wirkt der Raum des Radios wie die nachrichtentechnische Vorwegnahme der noch nicht existenten Autobahnzone. Doch auch umgekehrt färbt der betonierte Netzraum der Autobahn auf den Raum der Nachrichtentechnik ab. Die Autobahn füllt das nicht zuletzt vom Radio formulierte Versprechen eines einheitlichen Nationalraumes nicht nur – jedenfalls potenziell – mit wirklichem Verkehr, überdies führt der Autobahnbau auch zu weiterem nachrichtentechnischen Stoff. Autobahnsondersendungen wie der von Hans-Günter Marek 1937 unternommene »Versuch einer funkischen Gestaltung dieses gewaltigen Werkes«[315] mit Beiträgen zu Autobahnbauthemen aus allen

* Erst ab 1939 pulst der Deutschlandsender mit seinen 191 kHz – nomen est omen – von Herzberg aus.
Vgl. zum Gang der Radiosignale die Beilage »Rundfunktechnik«, in: Meyers Lexikon (1924ff.), Bd. 10, Sp. 688ff.

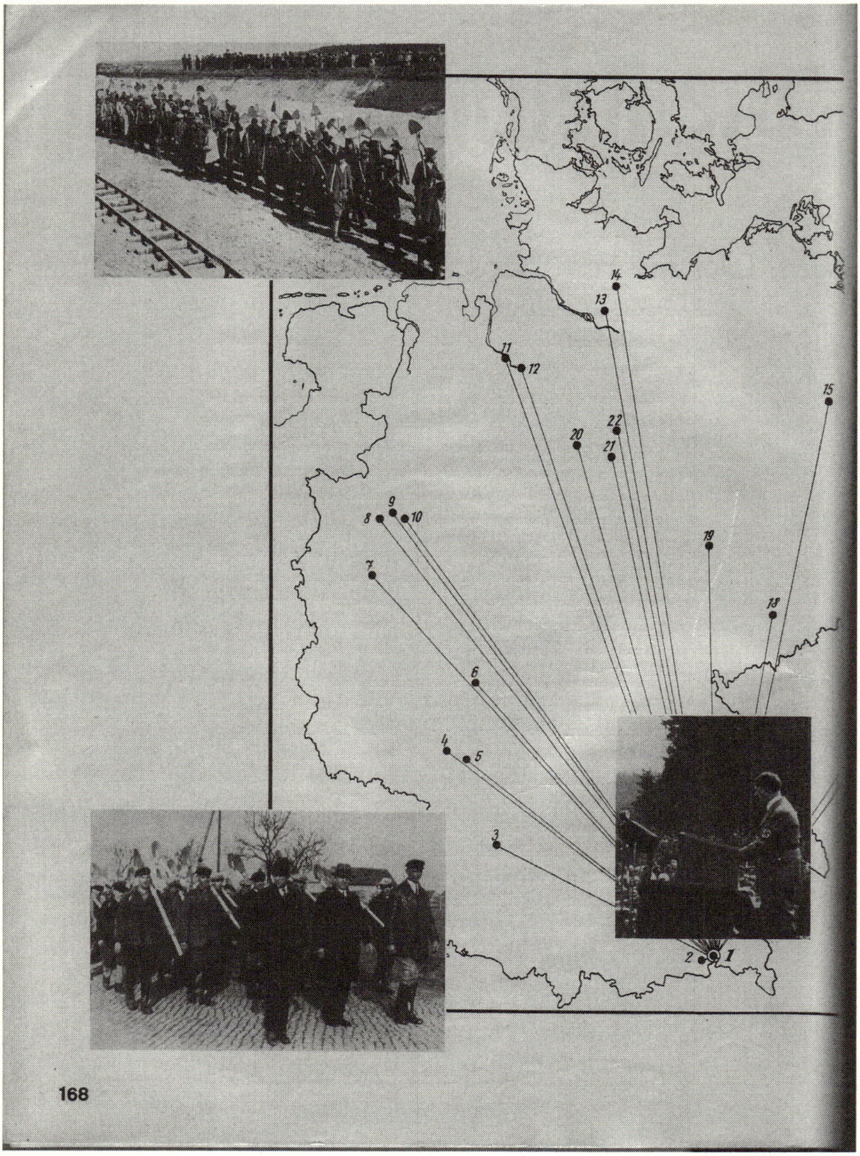

Abb. 67: Falsche Sendepfeile aus einem imaginären Unterhaching direkt an der österreichischen Grenze beim »Beginn« der »Arbeitsschlacht« am 21.3.1934.

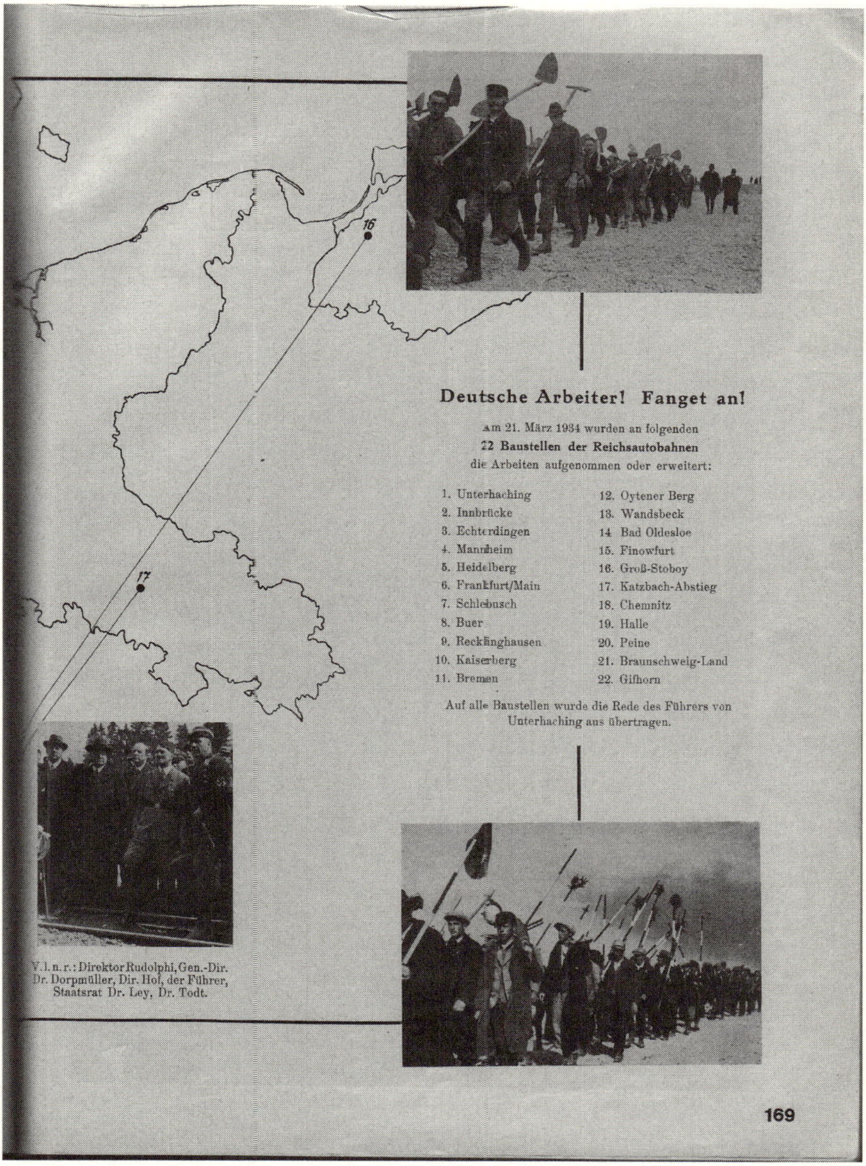

Deutsche Arbeiter! Fanget an!

Am 21. März 1934 wurden an folgenden
22 Baustellen der Reichsautobahnen
die Arbeiten aufgenommen oder erweitert:

1. Unterhaching
2. Innbrücke
3. Echterdingen
4. Mannheim
5. Heidelberg
6. Frankfurt/Main
7. Schlebusch
8. Buer
9. Recklinghausen
10. Kaiserberg
11. Bremen
12. Oytener Berg
13. Wandsbeck
14. Bad Oldesloe
15. Finowfurt
16. Groß-Stoboy
17. Katzbach-Abstieg
18. Chemnitz
19. Halle
20. Peine
21. Braunschweig-Land
22. Gifhorn

Auf alle Baustellen wurde die Rede des Führers von Unterhaching aus übertragen.

V. l. n. r.: Direktor Rudolphi, Gen.-Dir. Dr. Dorpmüller, Dir. Hof, der Führer, Staatsrat Dr. Ley, Dr. Todt.

169

Ecken des Reiches – Bodenfunde bei Kassel, Fernfahrerbetreuung am Chiemsee, Gärtnerische Gestaltung bei Beuthen, Kraftstoffversorgung bei Ludwigshafen etc. – und Berichte von diversen Streckeneröffnungen füllen das Programm. Daneben hilft die Autobahn auch mit, das Nachrichtennetz in seiner Materialität enger zu knüpfen. Reichsautobahnen werden nämlich nicht nur als Automobil-, sondern auch als Datenstrecken konzipiert und mit Stark- und Schwachstrom verkabelt[316]. Sinnvoll und notwendig sind diese Kabel schon für den Betrieb der Strecken – bei Winterdiensteinsätzen etwa[317] –, doch lässt sich das einmal verlegte Netz selbstverständlich auch anderweitig nutzen. Autobahnintern lassen sich so die Telefonanschlüsse der Raststätten und die seit 1938 mit dem Fertigwerden der ersten Fernstrecken eingerichtete »Benachrichtigung der Verkehrsteilnehmer auf den Reichsautobahnen«[318] bewerkstelligen – das Autotelefonsystem also, das Walter Ostwald mittels beleuchtbarer Auto(Ruf)nummer bei Ziesar an den Hörer beordern sollte –, daneben sind die Kabel wie jede Fernsprechleitung auch für alles andere nutzbar und nicht zuletzt auch als Kabelstrecke im Radionetz.

Noch bevor also ein spezieller Verkehrsfunk Autobahn und Radio explizit miteinander verschaltet, noch bevor die bereits erhältlichen, autotauglichen, d.h. gegenüber der Zündkerze etc. abgeschirmten und entstörten Radiogeräte* auch Autofahrerprogramme ausstrahlen, d.h. spezielle Verkehrs- bzw. Wetternachrichten sowie nachts rhythmisch den Kreislauf stützenden Ermüdungsschutz,[319] formen beide Netzwerke also geradezu gemeinschaftlich einen ineinander übergehenden Raum, gern und oft als technisch geeinter »Volksraum« beschrieben, von Walter Ostwald und anderen:

> Der Funk wurde – großer und kleiner Volksempfänger! – wirklich Volksgut und dadurch, ähnlich den Reichsautobahnen, zum Einiger des Volkes.[320]

---

* Dazu etwa eine PHILIPS-Werbung von 1939, in: Die Strasse 1939/5.

> »Können sie mir heute noch den Auto-Empfänger einbauen?« – »Natürlich, es ist doch ein PHILIPS! Ja, wenn ich überall so leichte Arbeit hätte! PHILIPS Autosuper mit ihrer Einbolzenbefestigung kann ich im Handumdrehen in jedem Wagen anbringen.« – »Ist aber auch die Zündkerzenentstörung so einfach?« – »Ach, das war einmal! PHILIPS hat durchweg eingebaute Entstörungsfilter. In ein paar Stunden schon können Sie ihren Wagen wieder abholen.«

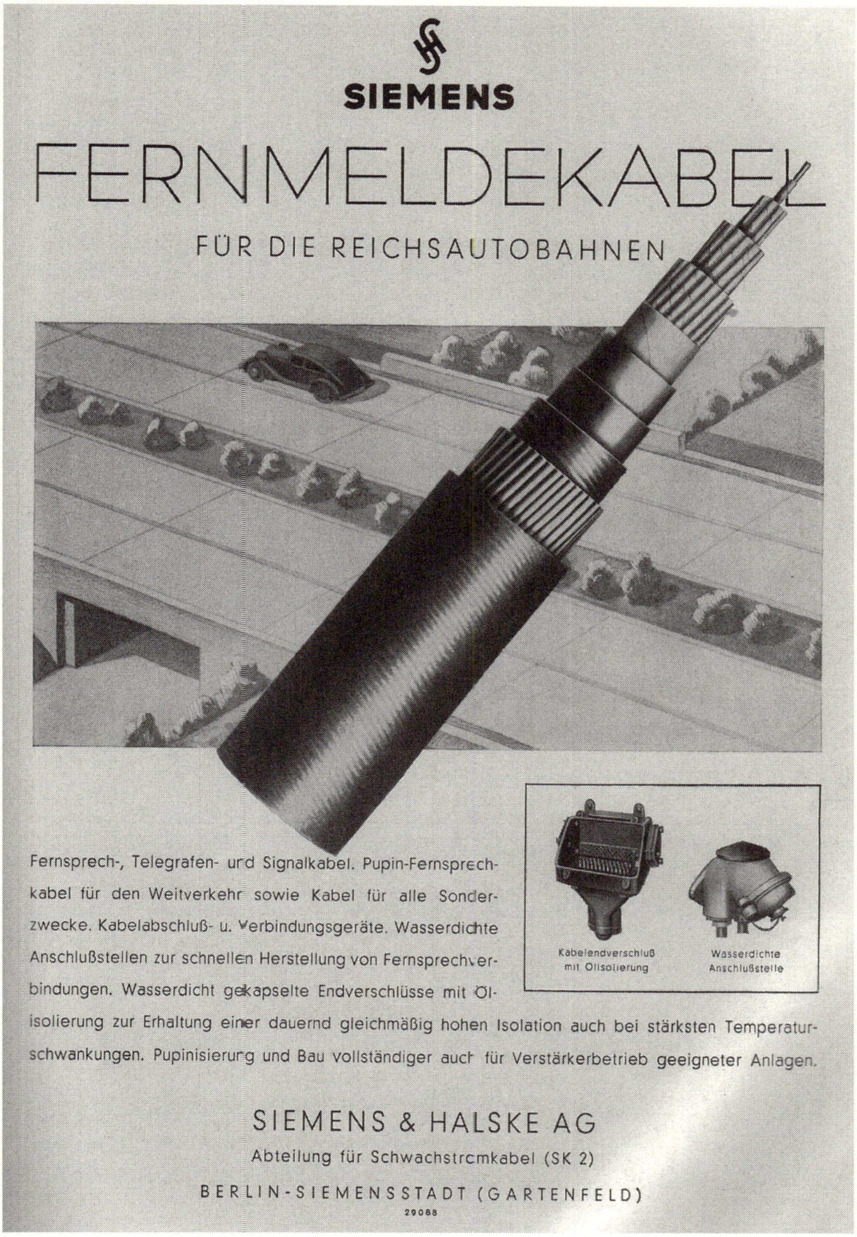

Abb. 69: Im Zuge von Autobahnen zirkulieren auch Daten. Siemens-Werbung von 1936.

Abb. 68: Werbung der Kabel- und Metallwerke Neumeyer von 1936.

Dieser Raum ist bei Radio und Autobahn gleichermaßen von einem zunächst unhierarchischen Netz überzogen, ohne dass dies aber zu einem wirklich unhierarchischen Raum führen würde. Beim Radio, dem nationalsozialistischen Leitmedium schlechthin, liegt schon von vornherein nahe, dass das elektromagnetisch eigentlich hin- und hersendende Netzwerk ausschließlich in eine Richtung besprochen wird: von mobilen Mikrofonstandorten aus, vom omnipräsenten, nach überall hin sendenden Führer, Propagandaminister etc. Doch auch die auf den ersten Blick unhierarchisch in der Landschaft hin- und herführende Reichsautobahn, deren potenzielle Zentren zumal in einem erst im Entstehen begriffenen Netz wenig konkret wirken, erscheint an der Seite des Radios – als eine Art in Beton gegossenes Spiegelbild seiner ätherischen Gestalt – als räumliches Broadcastmedium, in dem sich überall und unabhängig vom Verlauf der Netzlinien »die Führung«[321] als Zentrale im Raum artikuliert.

Einerlei, ob man sich auf einer Autobahn befindet, die laut Kilometrierung auf »echte« Verkehrszentren wie München, Hamburg oder Dresden ausgerichtet ist, ob die Kilometersteine auf einen namenlosen Abzweig zwischen »Sand und Kiefern«[322] am Berliner Ring, auf eine Ausfahrt bei Regensburg oder auf einen »Abzweig bei Bamberg« hin gepolt sind,[323] ob dieses Ziel der Straße noch weit oder nicht ist, man ist überall im Netz unmissverständlich im standardisiert nationalen Einheitsraum, auf den weiß-blau beschilderten »Straßen des Führers«, wie man sich auch im gleichgeschalteten Radioraum befindet, egal ob die Unterhaltungs- oder sonstigen Parolen direkt aus Berlin oder Berchtesgaden kommen oder aus Mühlacker, Heilsberg und anderen Sendestationen.

Dass das Radio seinen sowieso schon erstaunlichen Effekt, den Raum zentraler und doch individueller Angesprochenheit bis in die letzte und unzugänglichste Ecke hinein auszudehnen, bekanntermaßen am erstaunlichsten in Szene setzt, wenn es in Bewegung empfangen wird, passt ins Bild. Und dass dieser bewegend-bewegte Empfang überdies fernab von störenden Siedlungen am eindrucksvollsten funktioniert, was für zivile Funkhörer, die nicht wie ihre militärischen Kollegen in UKW-gesteuerten Panzern querfeldein rollen, so viel heißt wie auf der Autobahn, passt ebenso gut – »die Empfangsverhältnisse liegen bei der

* Angeblich, d.h. laut ihm selbst, waren diese Farben Alwin Seiferts Idee, und zwar seine bajuwarisch inspirierte. Mit der Schrift, die ebenfalls seither gleich blieb, will er allerdings nichts zu tun haben. Vgl. Seifert (1962), S. 60.

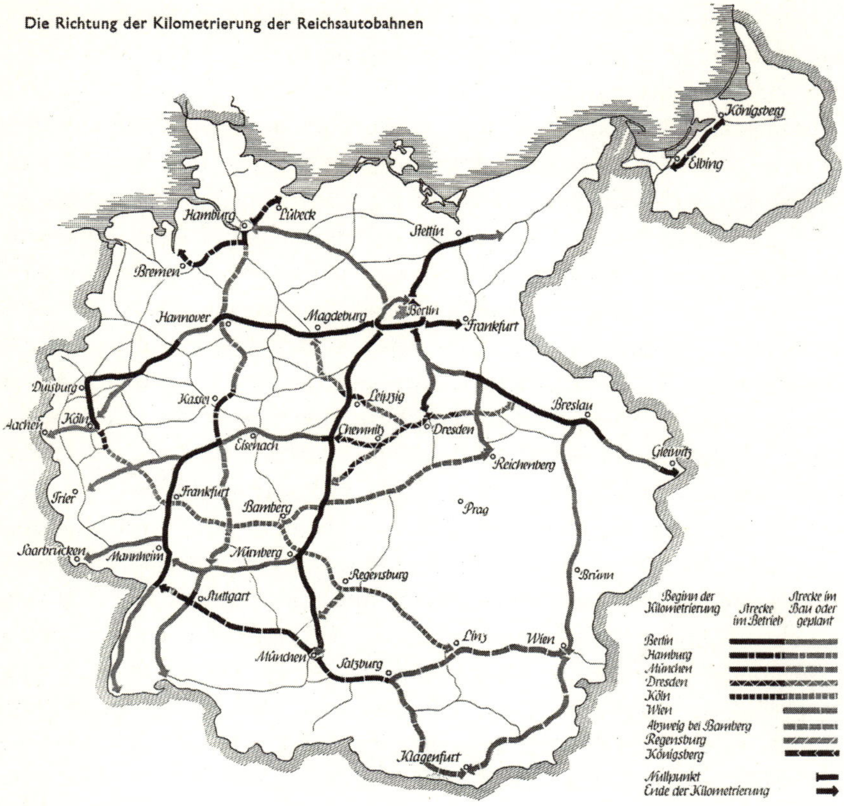

Abb. 70: Die 1939 geplanten Kilometrierungspfeile im polyzentralen Netz der Reichsautobahnen. Als Ausgangspunkt der Verkehrslinien funktionieren Großstädte wie München und Wien ebenso gut wie Un-Orte à la »Abzweig bei Bamberg«.

Vermeidung geschlossener Ortschaften recht günstig«, heißt es etwa in Hans-Arnold Königs Text »Rundfunk im Kraftwagen«.[324]

Welchen Raum das gröbere und das feinere Medium also formulieren, ist klar. Sowohl die Autobahn mit ihren standardisierten Betonbändern und Reichsschildern in ländlichem Gebiet, das die längste Zeit abgelegen war, als auch das Radio mit seinen Funkwellen, vor denen schlecht wegzufahren ist, bilden den diktatorisch gepolten Raum der »Technik der Führung«, den Walter Ostwald als mühelos von zivilem in militärischen Modus umschaltbar beschreibt:

> Schreibmaschine, Vervielfältigungsapparat, Druckerpresse gehören zu den Verständigungsmitteln der Führung nicht weniger als Eisenbahn, Autobahn, Flugzeug [...]. Besonders anschauliche Beispiele solcher Mittel einer »Technik der Führung« sind die verschiedenen Arten des Rundspruchs, wie wir sie im Bereich der Reichsautobahn kennen und wie sie in Gruppen von Panzern oder Flugzeugen sich militärisch auswirken.[325]

Dass nicht nur die Reichsautobahn, sondern offenbar ganz ähnlich auch das Radio den Raum als zentrale Zone erscheinen lässt, ist bei diesem ubiquitär autoritären Medium par excellence vielleicht nicht überraschend. Dass sich der Verkehrs- und Nachrichtenmedienraum aber so reibungslos übereinanderschieben lassen, und dass beide dabei nicht nur ideologisch, sondern auch in ihrer Netzgestalt so gut aufeinander passen, ist für den hier entwickelten Begriff der »Zone« als eines gewissermaßen virtuellen Raumes aus potenziell überall an der Autobahn entstehenden Zentren durchaus interessant.

Die beiden Netzwerke wirken in ihrer ganz ähnlichen Konstitution einer national zentrierten »Zone« mit dem Namen »Deutsches Reich« nicht nur einander verwandt, sondern geradezu ineinander überführbar, was für den Begriff der »Zone« bedeutet, dass er sich nicht nur über den buchstäblich »erfahrbaren« Raum des Autobahnnetzes erstreckt, sondern zeitlich wie räumlich auch in den noch viel feiner und weiter gestreuten Raum des Radios hineinzureichen scheint. Der Raum der Autobahn mit seinen irgendwann einmal möglichen Verdichtungen wirkt bereits ganz präsent, als noch nicht viel mehr davon vorhanden ist, als ein von 22 Baugrundstücken aus ins Radiohörerohr übertragener Spatenstich. Umgekehrt wird der national gebündelte Raum des Radios mit dem – jedenfalls unterhalb des Flugzeugs – am besten passenden Verkehrsmittel, der Autobahn, erst so richtig »erfahrbar«, auch wenn es sich vielleicht nur um eine Fahrt über die ersten standardisierten Netzbrocken handelt, etwa über einen halb erdachten, halb erfahrenen Deutschlandring. Beide Male gleicht das jeweils andere Medium die Unzulänglichkeiten des einen aus, das Radio die noch nicht gebauten reichsweit geschwinden Straßen, das nächstgelegene fertige oder unfertige Autobahnteilstück im Gelände den Mangel an Konkretheit der im Radio nur hörbaren neunationalen Infrastruktur.

Abb. 72: DKW-Werbung von 1938.

Ob wirklich bereits Millionen im Kraftwagen über schnelle Kreuzungsknoten nach Nürnberg fahren, oder ob die Millionen, die Hoffmann schon verplant, über kaum weniger wirkliche Kabel – die vielleicht entlang einer Autobahn verlegt wurden – an die mobile Zentrale angeschlossen sind, ob Walter Ostwald sich seinen »Deutschlandring« nur vorstellt oder »selber fährt«[326] und dann »wirklich« unterwegs ist im »leeren Land« – »dabei ist doch das Gegenteil wahr« – zwischen teils nur »geahnten« bzw. »gespürten« Städten, zwischen von der Karte oder der Erinnerung her vertrauten bzw. blau-weiß am Straßenrand ausgeschilderten Industriekomplexen, vorbei an der Metropole, von der »gar nichts zu merken« ist, bis sie sich schließlich bei Ziesar zunächst als seine eigene Autonummer im Mittelstreifen und dann am Fernsprecher in Bild und Ton bemerkbar macht: Autobahnfahrten sind in dieser flirrenden »Zone« aus echten und simulierten Möglichkeiten der Verdichtung immer auch Fahrten durch den medialen Raum. Das »wirkliche« Verkehrsgeschehen wird durch das mediale Netz, wenn schon nicht explizit ferngesteuert, so doch bestens in seiner Raumwirkung unterstützt.

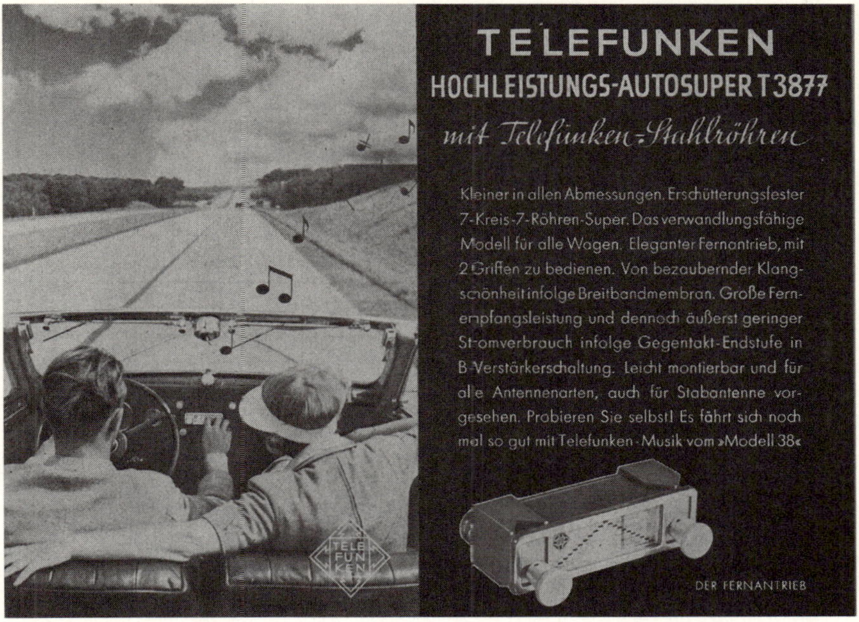

Abb. 71: Beschwingtes Radiohören auf der Autobahn mit dem Hochleistungs-Autosuper T3877 in einer Telefunken-Werbung von 1938.

Kompressor

Um diesen funkischen Aspekt der »Zone« noch in das Bild zu integrieren, das bisher den Raum der Reichsautobahn emblematisch repräsentiert – das Reichsparteitagsgelände im Lorenzer Reichswald –, und dabei diese monströse Ikone des mobilen Zentrums noch weiter zu verdichten, bietet sich eine Szene aus den letzten Wochen des Zweiten Weltkriegs an.

In der Nacht vom 18. auf den 19. März 1945, just an seinem 40. Geburtstag, fährt der Architekt der Nürnberger Kulissenstadt, Albert Speer, von Berlin über die Autobahn in die Nähe von Frankfurt am Main. Der Mann ist mittlerweile nicht nur ein Synonym für monströse Bauprojekte, die Ruinenwerttheorie und zweckentfremdete Flakscheinwerfer, er ist seit Februar 1942 auch Nachfolger des bei einem Flugzeugabsturz ums Leben gekommenen Rüstungsministers und Generalinspektors für den deutschen Straßenbau, Fritz Todt. In dieser Funktion ist Speer der große Organisator der gesamten deutschen Rüstungsmaschinerie.

> Speer ist gewissermaßen heute für Deutschland wichtiger als Hitler, Himmler, Göring, Goebbels oder die Generale. Sie alle sind irgendwie nichts als Mitwirkende dieses Mannes geworden, der tatsächlich die riesige Kraftmaschine führt und aus der er ein Maximum an Leistung herausholt[327],

hatte der britische Observer 1944 über den »Manager«[328] geschrieben und weiter ausgeführt:

> Er ist, auf ausgeprägte Weise, der erfolgreiche Durchschnittsmensch [...]. Viel weniger als irgendeiner der anderen deutschen Führer gleicht er irgend etwas typisch Deutschem oder typisch Nationalsozialistischem. Speer symbolisiert [...] einen Typus, der in steigendem Maße in allen kriegführenden Staaten wichtig wird: den reinen Techniker, den klassenlosen, glänzenden Mann ohne Herkommen, der kein anderes Ziel kennt, als seinen Weg in der Welt zu machen, nur mittels seiner technischen und organisatorischen Fähigkeiten. Gerade das Fehlen von psychologischem und seelischem Ballast und die Ungezwungenheit, mit welcher er die erschreckende technische und organisatorische Maschinerie unseres Zeitalters handhabt, läßt diesen unbedeutenden Typ heutzutage äußerst weit gehen. Dies ist ihre Zeit. Die Hitlers und die Himmlers mögen wir loswerden, aber die Speers, was auch immer diesem einzelnen Mann [...] geschehen wird, werden lange mit uns sein.

In der Person Albert Speers bündelt sich also so einiges, was mit der Autobahn und ihrem variabel verdichtenden Raum in Zusammenhang gebracht werden kann, und wenn dieser Mann sich wenige Wochen vor Kriegsende auf die Betonpiste begibt, so kann man sein Fahrzeug getrost als mobil gewesenes, nationalsozialistisches Zentrum begreifen, dessen Rückverwandlung in belanglose Peripherie schon fast abgeschlossen ist.

Der Raum, den diese kompakte Zentrale auf ihrem Höllenritt zum Hauptquartier des Oberbefehlshabers West bei Nauheim durchquert, ist dabei nicht nur die garantiert verkehrsfreie und garantiert zuverlässige Betonfahrbahn mit ihren garantiert geschwinden Verknotungen, sondern darüber hinaus und vor allem der Radioraum in seiner ganzen über die Fahrbahn hinaus reichenden Weite. Dem Radiogerät und der Landkarte, den Begleitern also eines jeden informierten Autobahnpiloten, gilt hier die höchste Aufmerksamkeit, weil sich am längst verlorenen Himmel über der trotz Funk und Beton auch am Boden schon reichlich

Abb. 73: »Shell führt durch den Motor Nr. 1«. Erstes Bild einer sechsteiligen Shell-Werbekampagne von 1938, also zu einem Zeitpunkt, als derartige Reklame gerade noch nicht zwangsläufig als menschenverachtend gelten musste.

zusammengeschrumpften deutschen »Zone« die alliierte Kriegsmaschine tummelt, und jeder Punkt der Strecke genau der potenzielle Kreuzungspunkt von Flugbahn und Fahrbahn ist, an dem den deutschen Rüstungsmanager mit seinen angeblichen Sorgen um den Wiederaufbau in Hitlers Mercedes sein zentrales Schicksal ereilen könnte:

> Ich war erleichtert, als ich in der frischen Nachtluft am Steuer meines Autos saß, neben mir Hitlers Fahrer und auf dem Rücksitz mein Verbindungsoffizier zum Generalstab, Oberstleutnant von Poser. Mit Kempka hatte ich schnell verabredet, daß wir uns im Fahren abwechseln wollten. Es war unterdessen etwa halb zwei Uhr morgens geworden, und wenn wir die 500 Kilometer Autobahn bis zum Hauptquartier des Oberbefehlshabers West bei Nauheim noch vor Tage und damit vor dem Auftauchen der Tiefflieger zurücklegen wollten, war Eile notwendig. Das Radio, auf den Sender für unsere Nachtjäger eingestellt, das Quadratnetz auf den Knien: »Nachtjäger in Quadrat...mehrere Moskitos in Quadrat... Nachtjäger in Quadrat...«, verfolgten wir den genauen Stand der gegnerischen Einflüge. Wenn sich uns ein Verband näherte, mußten wir auf Standlicht abblenden und uns langsam am Rande der Straße entlangbewegen. Sobald jedoch unser Quadrat feindfrei war, wurden die großen Zeiss-Scheinwerfer, die zwei Nebellampen sowie der Suchscheinwerfer voll aufgeblendet, und mit heulendem Kompressor jagten wir über die Autobahn.[329]

Eine noch kompaktere »zentrale Zone« als letzte Metapher für den Autobahnraum, gebildet aus einer Art Funk und Verkehrsstrom zum Zweck blitzartiger Verdichtung wäre wohl nur noch, wenn überhaupt, an einem Ort anzutreffen: im heulenden Motor der Maschine selbst.

Hochverdichtet umhernebelnder Treibstoff, der durch elektrische Funken gezündet explodiert – Bewegungsenergie, die dem raffinierten Kraftstoff direkt und gleichsam individuell entzogen wird, ohne eisenbahnbürokratische Vermittlung über Wärme und Wasserdampf –, der Raum der Reichsautobahn mit seinen spontanen Zentren als nach außen gestülpter Hubraum des Verbrennungsmotors: keine angenehme Vorstellung, aber angesichts mittels funkischer Blitzkriegsführung verbrannter Erde und in transitorisch konzentrierenden Tötungsmetropolen »völlig verbrannter«* Völker auch keine, die aus dem Rahmen fällt.

* Vgl. die Etymologie von »Holocaust«, griech.: ὁλοκαυτεῖν – völlig verbrennen, ein Brandopfer darbringen.

Abb. 74: »Shell führt durch den Motor Nr. 2.«

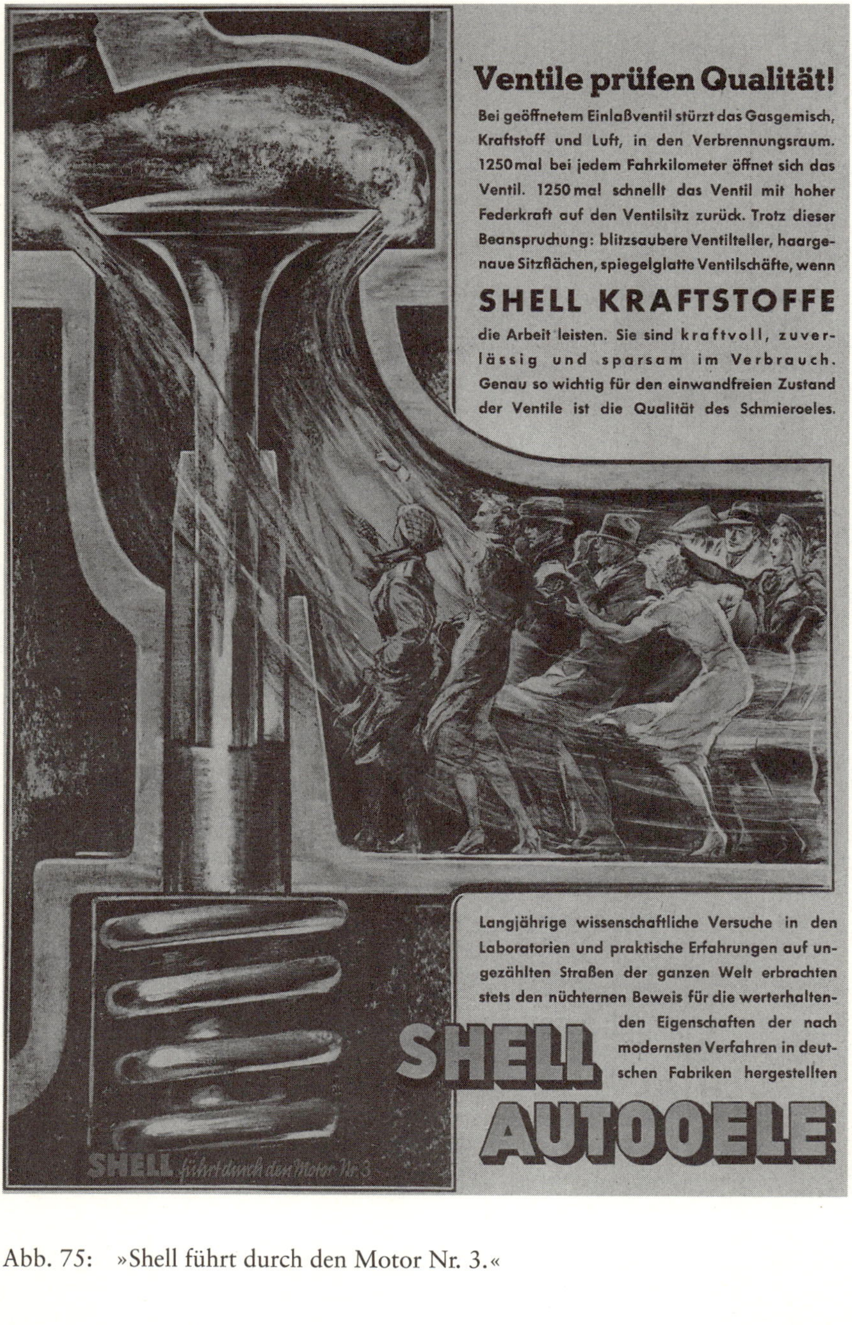

Abb. 75: »Shell führt durch den Motor Nr. 3.«

Ostwalds lose Rundreise, die erste hier vorgestellte Momentaufnahme des Autobahnraums, die dann zwischen Auto- bzw. Bahnbegriffen – Verdichtung und Auflockerung – eingespannt wurde, erst auf zwei und dann auf eine dafür emblematische Sehenswürdigkeit am Rande der Strecke komprimiert wurde, um schließlich in die Fahrt eines »Durchschnittsmenschen« durch den Äther zu münden, dieser »Deutschlandring« ist mit diesem wirklich allerletzten, nachgeschobenen Schritt wieder am Ausgangspunkt zurück: in Walter Ostwalds chemischer Welt der Treibstoffe und Motoren, der offenen und zu Benzolringen geschlossenen Kohlenstoffketten, beim Berater von Landmaschinen-Lanz und I.G. Farben, beim Erfinder des ersten Superkraftstoffs der Welt: B.V.-ARAL (Aral = Aromate [Benzol] + Aliphate [Benzin]).[330]

The zone remains the same – Die Autobahn geht weiter

In seinem Text »Die Mitarbeit der lebendigen Natur beim technischen Werk«[331] blickt Hans Lorenz aus dem Jahr 1941 in die Zukunft. Selbstverständlich hat Deutschland den Krieg gewonnen und in- und ausländische Ingenieure sind an einem »schönen Sommertag des Jahres 1966« unterwegs, um die Landschaft um die Autobahn herum zu begutachten.

Alles Mögliche wird in seiner Gelungenheit besichtigt und den ausländischen Gästen gezeigt: die standortgemäße Begrünung von Felshängen, Brachen und Böschungen in freier Aussaat – »Wie anders hätten wir die großen Strecken im Osten bewältigen sollen?« –, das frohe Treiben mit Motorbooten und Personendampfern an einer auch zur Erholung geeigneten Kreuzung von Autobahn und Großwasserstraße – »Güter werden umgeschlagen, aber nicht an öden, staubigen Lagerplätzen, sondern zwischen Rasenflächen und unter schattigen Bäumen« –, ein Straßenvermessungstrupp mit Kleinflugzeug, Reitpferden und in Omnibusse eingebauten Auswertungsgeräten berichtet von seiner Arbeit, und zur Mittagszeit wird selbstverständlich die »ureigenste Anlage des Kraftfahrers« angefahren, ein Rasthof:

> Eine kurze Allee hatte uns vom Parkplatz zum Rasthaus geführt. Durch die Empfangshalle hindurch traten wir auf die Terrasse. Einige Stufen tiefer war eine weitere Terrasse vorgelagert. Dort spielte über einer Brunnenschüssel ein

> zarter Wasserstrahl im flimmernden Licht, eine geordnete Fülle von Sommerblumen duftete und leuchtete, ein Anblick, wie man ihn im täglichen Leben selten antrifft. Darüber hin schweifte unser Blick ins Land hinaus, während wir den Hang hinunter Obsthaine und Gemüseland, mit Blumenbändern durchwirkt, sich dehnen sahen. Zwischen den Beeten der Gärtnerei arbeiteten braungebrannt die jungen Gärtnerinnen. Eine von ihnen kam mit einem großen Korb frisch geernteten Salats soeben den Hang heraufgeschritten, um ihre Last in der Küche abzuliefern. Wird es zum Nachtisch auch noch von den großen roten Erdbeeren geben, die dort so verlockend unter dem dunklen Laub hervorleuchten? Wo könnte man frischeres und schmackhafteres Essen bekommen, als hier in der ureigensten Anlage des Kraftfahrers, im Rasthof?

Die reinste Urlaubsstimmung herrscht hier also direkt neben der Autobahn, eine Art sich selbst versorgender Bauernhof, mit Milchvieh und Gemüsegärten, »einem in die hohen Werte gehenden« Obst- und Holzertrag – »Waldbirne, Feldahorn, Pfaffenhütchen« – und alles im Dienste gut gelaunt gebräunter Angestellter und zufriedener Gäste.

Von Gästescharen ist in Hans Lorenz' Vision der 60er allerdings wenig zu spüren, jedenfalls nicht der von Ostwald schon 1939 beschriebene »Betrieb, der an – Berlin erinnern könnte«[332], und der sich nach Ostwalds Prognose in einem Nachkriegsdeutschland noch erheblich steigern dürfte:

> Durch den KdF-Wagen und die allgemeine deutsche Motorisierung wird nach dem Kriege auf den von Dr.Todt so wunderschön gebauten und auf den noch kommenden Reichsautobahnen ein wesentlicher Teil des deutschen Lebens sich abspielen.[333]

In der Tat hat sich der Raum der Autobahn im Nachkriegsdeutschland eher nach Walter Ostwalds Motorisierungsprognose, als nach Hans Lorenz' idyllischer Szenerie entfaltet. Einige skizzenhafte Bemerkungen zu seiner von heute aus übersehbaren Gestalt, zur Fortentwicklung der hier vorgestellten Konzepte und Plätze mögen diesen Eindruck illustrieren.

Dass und wie das deutsche Autobahnnetz als Netz von Bundesautobahnen als aus immer festeren Fäden immer dichter geknüpfter Teppich das Land bedeckt, zeigt jeder Blick auf die Landkarte. Legt man überdies einen Maßstab an, nach dem schon in halber, d.h. einbahniger Ausführung etwa in Schlesien, Ostpreußen oder Thüringen ausgeführte Strecken als veritable Reichsautobahnen galten, so gibt es in Deutschland – mindestens im ehemaligen Westen – kaum einen Flecken, der über alle Straßenbauwellen hinweg – Wirtschaftswunder, Leberplan,* Zonenrandförderung etc. – nicht mittelbar von autobahnähnlicher Infrastruktur, ob mit schwarz-gelben oder weiß-blauen Schildern, erfasst worden wäre. Die »Wellenbewegung der Technik«[334], die sich im Raum als Wellenbewegung zwischen Verdichtung zu Zentren, Ausgleich in der Fläche und erneuter Verdichtung abzeichnet, hat so die mobile Konzentriertheit der Reichsautobahnbauten und -pläne in der Fläche verteilt und noch verstärkt. In den Städten wurden mit den Bombentrümmern auch die Pläne für Gauforen, Nord-Südachsen etc. noch von ihren eigenen Planern beiseite geschafft und dafür autogerechte Schneisen durch jede mittlere Großstadt gelegt.[335] Auf dem Land, das heißt in Kleinstädten der Größenordnung Memmingen, Kaufbeuren, Neu-Ulm oder Kempten, trugen die Nachfolgebetriebe der hochmodernen, zentral auf dem Land dezentral versteckten Zuliefererbetriebe z.B. der Flugzeugindustrie nicht unwesentlich zum wirtschaftlichen Aufschwung Deutschlands bei.[336] Diese nach irgendwohin verlagerte Industrie, die man dort oft noch nicht mal wie bei den aufs Land verlegten Großindustriewerken wie Salzgitter oder Wolfsburg (Stahlwerke Hermann Göring, Stadt der KdF-Wagen bei Ostwald) »ahnen« würde, machte aus Deutschland einen großen Gewerbepark, mit auf die Autobahn verlagerten, rollenden Stapelflächen und zunehmend gleich an die Autobahn verlegten Verkaufszentren. Der führende Staffelstab mobiler Zentren, den die Reichsautobahn für sehr kurze Zeit in sehr merkwürdiger Prägnanz innehatte, ist in dieser von 0–24h pulsierenden, von Stau und Massenkarambolagen bedrohten und deswegen von Staumeldern für das Rundspruchmedium und Ex-»Heeresgerät«[337] Radio wie von Rettungsteams im Hubschrauber überflogenen, längst europäischen Autobahnzone, in der alte Städte und beschauliche Gegenden wie bewohnte Kulturdenkmäler auf Verkehrsinseln wirken, schon länger weitergegeben an den großen, noch öldurstigeren Bruder des Automobils: den Flugverkehr und seine Infrastruktur.

---

* Nach dem Bundesverkehrsminister Georg Leber (SPD) (1966–72) benannte Autobahnbauoffensive.

> Der Flughafen wird zur neuen Stadt, die Transitstadt mit ihren zehn Millionen »pro Passagierjahr« wird zur letzten Stadt. Flächenmäßig steht sie in nichts hinter den größten Metropolen zurück (der Flughafen von Dallas hat die gleiche Grundfläche wie die Stadt Paris)[338],

hatte Paul Virilio in seinem Text »Fahren, Fahren, Fahren ...« Ende der 70er Jahre den, bis zur wirklichen Einlösung der Versprechen von Weltraum- bzw. Cyberstädten, vorläufigen Fluchtpunkt des Kurses beschrieben, der in nationalsozialistischen Transitstädten wie Chiemsee und Nürnberg – um bei den nicht sofort tödlichen Orten der Massenkonzentration zu bleiben – schon ausgegeben war. Extra Suiten für Despoten sind dabei vermutlich noch nicht einmal an heutigen Großflughäfen anzutreffen, warum auch, man ist, wenn schon nicht mit der gepanzerten Limousine, so mit dem Hubschrauber sowieso in ein paar Minuten von der Suite aus im Flieger. Despotisch und aggressiv sind die Transitstädte heutiger europäischer Prägung deswegen kaum weniger, am wenigsten in der Durchsetzung ihrer selbst. Neben mehreren Großflughäfen mit dem Flächenverbrauch etlicher Innenstadtquartiere nennt etwa Paris seit den 90er Jahren eine weitere Spezies von marktbefohlenen Transitwesen sein eigen: das europäische Disneyland, etwa so groß wie der Flughafen Charles de Gaulle.* Und in Berlin fordert 1998 der despotische Spekulant in Gestalt der Daimler-Chrysler-Tochter »Debis«, das sowieso schon als eine Art Vorstadtraumschiff in der so genannten Innenstadt – Ex-Stadtrand, Ex-Regierungsviertel, Ex-Sektorengrenze – gelandete Suiten- und Vergnügungsareal Potsdamer Platz mit einem Asphalt-Link ins Umland nachträglich zur Autobahnraststätte zu befördern.[339]

Bleiben die Protagonisten des hier vorgestellten Autobahnraums: Schkeuditz, Chiemsee und Nürnberg. Am wenigsten spektakulär ist dabei die konkrete Karriere des ersteren, schon wegen der in der DDR einigermaßen gedämpft einsetzenden Motorisierungswut und der ohnehin eher unauffälligen Rolle des Kreuzes im Transitraum. Weder haben sich hier also wie an der in deutsch-deutscher »Zusammenarbeit« wiederaufgebauten Saalebrücke bei Hirschberg bauhistorische Possen

---

* Vgl. Jürgen Hasse, Heimat und Landschaft, Über Gartenzwerge, Center Parcs und andere Ästhetisierungen, Wien 1993, S. 48f. »Euro-Disney [...] ist kein Raum, der eine interaktive Dimension, der anthropologisch-geographische Bezugspunkte hätte.«

Abb. 76: Lageplan von Nürnberg-Langwasser. Der Bahnhof in der Bildmitte entspricht dem Bahnhof Märzfeld in Abb. 64. Am oberen Bildrand ist noch ein Teil der so genannten »Großen Straße« zu erkennen.

auf Weltniveau abgespielt,* noch ist eine ganze Stadt wie um das Autobahn-Bayer-Kreuz Leverkusen herum in Sicht, und auch mit einer so prominenten Rolle im Radioraum, wie sie das Kamener, das Biebelrieder, das Westhofener oder das Kreuz Dortmund-Unna innehaben, kann vorläufig nicht gedient werden. Immerhin gibt es am ersten von mittlerweile Dutzenden deutschen Autobahnkreuzen bei Schkeuditz bald den »Interkontinentalflughafen für Mitteldeutschland« samt europäischem DHL-Paket-Drehkreuz und bereits jetzt diverse Gewerbeareale.

Durchaus mehr ist im Lorenzer Reichswald passiert. Das verkehrsmäßig voll bis halb erschlossene ehemalige Reichsparteitagsgelände mit seinen umfangreichen Übernachtungslagerflächen wurde nach dem Krieg, d.h. nach 1957, vom gigantischen Nationalrastplatz in eine fast normale bundesdeutsche Trabantenstadt mit Autobahnanschluss rück- bzw. weiterentwickelt: in den »60 ha großen Stadtteil mit durchmischter Bebauung und großer Gewerbezone« Nürnberg-Langwasser.[340] Neben 32.000 Bewohnern findet man zwischen den etwa nach Gleiwitz, Beuthen, Breslau oder Bertolt Brecht benannten Straßen so statisch mobile Einrichtungen wie ein Werk des Elektronikkonzerns Grundig, den U-Bahn-Betriebshof, ein Briefzentrum, eine Durchgangsstelle für Aussiedler, die erste Gesamtschule Bayerns (mit eigenem Fernsehstudio), das Messegelände der Stadt Nürnberg und das mehrfach umgebaute Frankenstadion (u.a. zur WM 2006). Speers Bauten wurden zum Teil gesprengt, zum Teil als Ruinen weiterverwendet. Die Freifläche »Zeppelinfeld« dient als Schauplatz für Rockkonzerte (1978 sehen/hören 80.000 Menschen dort Bob Dylan, der sich der Brisanz der Location wohl bewusst ist – es gibt dort »Rock im Park« bzw. »Monsters of Rock«-Konzerte, ohne »Led Zeppelin« allerdings, die spielten mehrmals in den Messehallen einige Straßenecken weiter) sowie für Autorennen wie die »200 Meilen von Nürnberg« auf dem »nach Monte Carlo berühmtesten Innenstadtkurs der Welt«,[341] dem »Norisring« (Ziel vor der Zeppelinfeldhaupttribüne). Die dekonstruktivistisch überarbeitete Bauruine der so genannten Kongresshalle beherbergt seit 2001 das Dokumentationszentrum Reichsparteitagsgelände.

---

* Vgl. zur Kulturgeschichte der Autobahnen in der DDR insgesamt und zur Saalebrücke im Speziellen, Axel Doßmann, Begrenzte Mobilität, Essen 2003, sowie den Film von Axel Doßmann und Gerd Kroske, Autobahn Ost. Eine Produktion der Leykauf Film im Verleih von Real Fiction, 2004.

Abb. 77: Die »200 Meilen von Nürnberg« auf dem Norisring, dem laut aktuellen Websites »nach Monte Carlo berühmteste Innenstadtkurs der Welt« vor der ehemaligen Zeppelinfeldhaupttribüne im Jahr 1985.

Abb. 78: Bob-Dylan-Konzert 1978 auf dem ehemaligen Zeppelinfeld (vgl. Abb. 66).

Auf ganz andere Weise erstaunlich ist die Karriere des Rasthauses Chiemsee. Nach nur 13 Monaten Bauzeit am 27.8.1938 dem Verkehr übergeben, wurde die Anlage nach nur 20 Monaten zivilen Durchgangsverkehrs am 28.4.1940 in ein Genesungsheim der Wehrmacht umgewandelt.[342] Diese Rolle spielt das falsche Märchenschloss bis zum Ende des Krieges weiter, ohne etwa wie das echte Schloss Steinach bei Straubing, das auch als Raststätte – an der Autobahn Regensburg-Passau – vorgesehen war und das als Lagerstätte für Reichsautobahnakten genutzt wurde, bombardiert zu werden.[343] So verbrannten keine Todt'schen Akten am Chiemsee und auch sonst blieb bei Kriegsende einiges intakt zwischen Ruhpoldinger Marmor, bajuwarischem Neptun und geschrubbter Fichtendecke. Die US-amerikanischen Truppen übernahmen mit der Hardware der Anlage auch gleich das Nutzungskonzept und führten das Rasthaus Chiemsee als Erholungsheim für Militärangehörige einfach unter eigener Regie weiter. Am 6.2.1974 wurde das Gelände schließlich unter Denkmalschutz gestellt[344] und 1995 der letzte Umbau des »Chiemsee Recreation Center« – bestehend aus »Park Hotel« und »Lake Hotel« mit insgesamt 156 Zimmern[345] – vorgenommen, wobei offenbar noch einmal alles getan wurde, den Charakter der Anlage als Musterbeispiel für »old European charme and history«[346] beizubehalten. So blickten etwa Bickls »Volkstypen des bayerischen Oberlandes«[347] in der großen Gaststube noch bis zum 2. September 2003, dem wehmütig und mit großem Feuerwerk gefeierten Ende der US-Karriere der Anlage auf die amerikanischen GIs mit ihren Familien herunter, wie sie zuvor schon auf den deutschen GI, den Generalinspektor Todt, auf Seifert, Hitler, (von) Braun etc. heruntergeblickt hatten. So grüßt Neptun wohl bis auf den heutigen Tag von seiner steinernen Gedenktafel zur Einweihung des Rasthauses ins zivil verwaltete Leere, sitzt dieselbe bronzen »Schauende« von Fritz Klimtsch wohl noch immer an der Ufermauer.*

---

* Vgl. zu den beiden Artefakten http://www.thirdreichruins.com/usarmyposts2.htm; zur Schließung des AFRC-Chiemsee http://209.157.64.200/focus/f-news/976135/posts; zum Feuerwerk http://www.karmabum.com/_disc7/00000189.htm. »The final party was fabulous, as only a Chiemsee party could be«, heißt es dort, und: »During the last weekends of the resort, fireworks were let off each Saturday night for the guests. (On the last official guest evening, the fireworks spelled out AFRC CHIEMSEE 1945–2003, HOO-AH!) On the last night for the employees, fireworks were let off in a not so formal fashion, but fun nonetheless.«

Abb. 79: Die große Gaststube im Rasthaus am Chiemsee mit geschrubbter Fichtendecke, Säulen aus Ruhpoldinger Marmor und Bildern von »Volkstypen aus dem bayerischen Oberland«, Zustand 1938.

Abb. 80: »Visitors at the Armed Forces Recreation Center in Chiemsee, Germany, enjoy dinner in the hotel dining room« im Februar 1998.

Geboten wurde den GIs, die sich vor der fatalen und letztlich für die vorzeitige Schließung verantwortlichen Urlauberflaute im Zuge von Iraqi Freedom[348] zur »First Class Vacation« am Chiemsee entschlossen hatten, wie auch im zweiten »AFRC« (Armed Forces Recreation Center) in Deutschland – dem ehemaligen Olympia-Hotel in Garmisch –, eine angenehme Hotelatmosphäre zu einem günstigen Preis – »Armed Forces Network television, on site restaurant and lounge facilities, state of the art fitness equipment, and facilities for the handicapped«.[349] Daneben gab es am Chiemsee (und gibt es wohl noch heute am neu errichteten AFRC in Garmisch, dem am 7. Mai 2002 begonnenen und im September 2004 eröffneten HQ Edelweiss Lodge and Resort)[350], das volle Programm mit insgesamt 32 Aktivitäten. Neben allerlei Sportlichem vor Ort wie Paragliding, Tauchen, Surfen, Segeln, Mountainbike- oder auch Langlauftouren – »in the winter, Garmisch and Chiemsee are transformed into winter wonderlands«[351] –, standen Ausflüge in die nähere bis weitere Umgebung auf dem Programm. Angeboten wurden Fahrten zur ersten Riege bayerischer Märchenschlösser – Herrenchiemsee, Neuschwanstein, Linderhof –, es ging in die Berge zum Skifahren, Wandern, Radfahren etc. – »You can hike Almbach Klamm, a canyon with 50 waterfalls and cascades [...]. It's a very nice way to spend an afternoon«[352] –, oder man fuhr nach Wien, Salzburg, »Munich City / Dachau« bzw. Berchtesgaden – »featuring the Salt Mines, Bunkers, and Hitler's Eagle's Nest«[353].

Die seltsam perfide Strategie der Erbauer des Rasthauses Chiemsee, mit diesem künstlichsten aller alteingesessenen Gasthöfe und Märchenschlösser am Ufer des ›bayerischen Meeres‹ eine Art oberbayerisch nationalsozialistisches Disneyland avant la lettre zu errichten, um ausländischen Besuchern Pars pro Toto »Deutschland« ins Photoalbum zu diktieren, ist auf eigenartige Weise aufgegangen, der entwendete Brief hatte – wie immer – seinen Empfänger erreicht. Das »Chiemsee Recreation Center« konnte offenbar mühelos einem Vergleich mit dem »echten« Disneyland in Florida, inmitten dessen sich – wie auch in Seoul und auf Hawaii – ebenfalls ein »AFRC«-Resort befindet, standhalten.

> AFRC-Europe Garmisch and Chiemsee [...] the best backdrops to every picture you'll ever take! Being a part of these resorts is a must if you are ever stationed in Europe[354],

hieß es auf einschlägigen Websites, die Angehörigen der amerikanischen Streitkräfte den Urlaub wenige Meter neben der Bundesautobahn A 8 (E 52) ans Herz legten und weiter:

»Home Away from Home […]«[355] – »Our prized possession […]« – »[…[the HOTTEST resort around […]«[356].

Soviel Wertschätzung für eine Anlage der Reichsautobahn seinen ausländischen Besuchern aus der Zukunft anzudichten, hätte sich wohl noch nicht mal Hans Lorenz getraut.

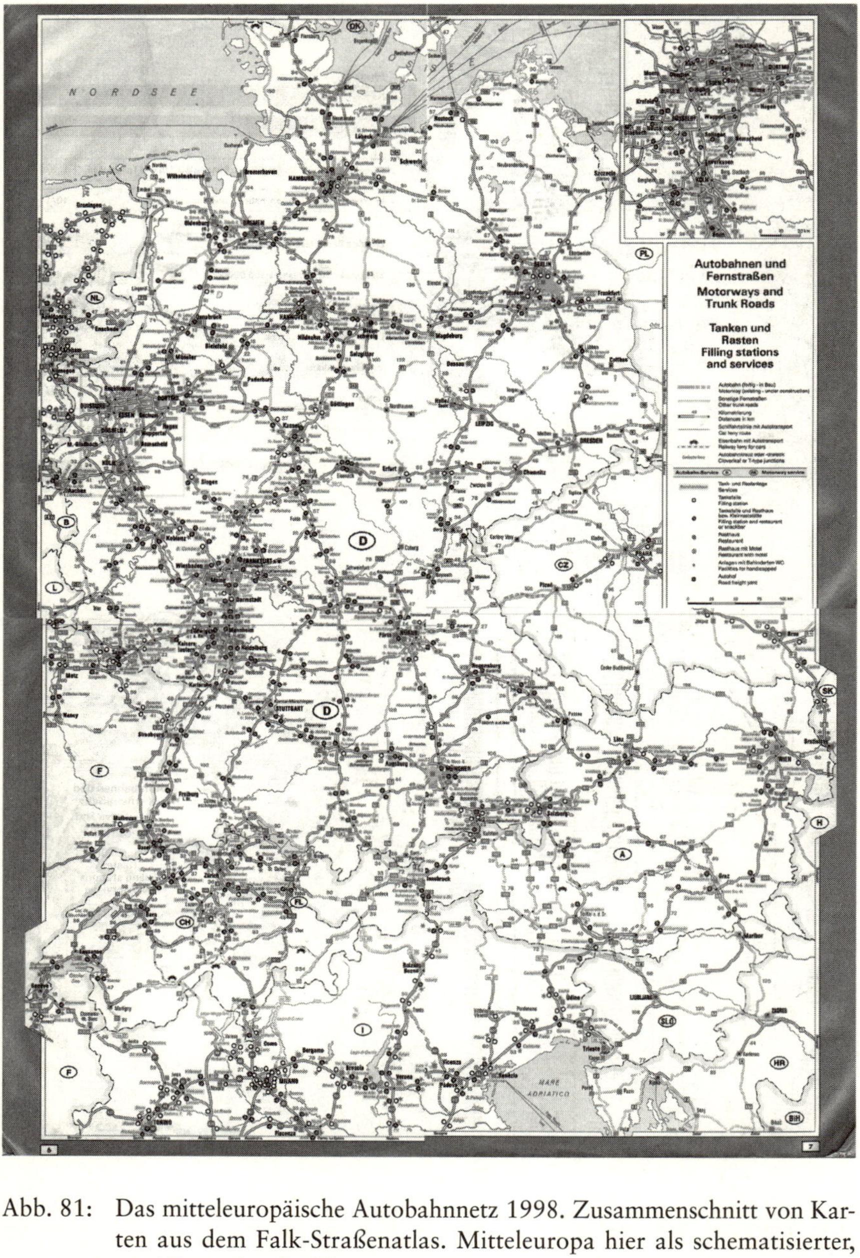

Abb. 81: Das mitteleuropäische Autobahnnetz 1998. Zusammenschnitt von Karten aus dem Falk-Straßenatlas. Mitteleuropa hier als schematisierter, zweidimensionaler Netzraum.

4. Finis Terrae – Katalyse

Hydrodynamik, Aerodynamik, diese gegenseitige Durchdringung bis dahin vollständig unterschiedlicher Elemente wird eine letzte Vermischung des Lebendigen mit dem Unbelebten verwirklichen: die aerostatische Architektur.[357]
Paul Virilio über ein anderes Betonbauwerk, den Bunker

Ein Katalysator ist jeder Stoff, der ohne im Endprodukt einer chemischen Reaktion zu erscheinen, ihre Geschwindigkeit verändert.[358]
Wilhelm Ostwald über einen anderen Beschleuniger, den Katalysator

Das Bild, das diese drei Detailstudien zur Reichsautobahn – über die Betonplatte, die Geometrie der Plattenkette und den durch diese Ketten aufgespannten Raum – zusammengenommen ergeben, ist wohl am besten als eine Art dreidimensionales Panorama zu bezeichnen. In drei ganz unterschiedlichen, von der Reichsautobahn aus einsehbaren, technisch kulturhistorischen Blickrichtungen wurde dem jeweiligen Hin- und Her der größeren und kleineren für die materielle Gestalt der Reichsautobahn prägenden Motive nachgespürt und ein entsprechend mehrschichtiges und bewegliches Bild des Verkehrsbauwerks gezeichnet. Doch es ist nicht nur der in verschiedene Richtungen schweifende Blick des Betrachters, der zum panoramatisch hin- und herchangierenden Eindruck von der Reichsautobahn als einem seltsam in Bewegung befindlichen Bauwerk beigetragen hat. Schon die einzelnen Kapitel hatten in ihrem jeweils fokussierten Gebiet mit reichlich dynamisch angesteckten Gegenständen zu tun, mit Materialien, die in mehrfacher Hinsicht nicht stillhalten konnten.

Die Fahrbahn – zunächst als statisches Gegenstück zum dynamischen Fahrzeug beschrieben – erwies sich immer weniger als statisch stabil und fest im Gelände verankert, je genauer der Baukörper in seiner Aufgabe und Umgebung erfasst wurde. Die Kunststraße aus dem hydraulischen Kunststein Beton wurde immer mehr als insgesamt hydraulisches Bauwerk verständlich, als Resultat der technischen Auseinandersetzung mit witterungsbedingten Größen wie Bodenfeuchtigkeit, Frost und Materialausdehnung. Wirkliche, d.h. zuverlässig nutzbare Stabilität schien bei einer Straße wie der Reichsautobahn nur zu erreichen, wenn der technische Gegenstand Fahrbahn seiner mikrodynamischen landschaftlichen Umgebung als »doppelter Korridor« gleichsam mimetisch eingepasst wird. Das Ergebnis dieser – jedenfalls in Deutschland gut am Autobahnbau abzulesenden – Bändigung durch Annäherung ist die konkret in sich und in ihrer Umgebung innerhalb kalkulierbarer Grenzen bewegliche Fahrbahn, ein ebenfalls in Bewegung geratener Stabilitätsbegriff und eine deutliche Grenzverschiebung des technischer Gestaltung zugänglichen Gebiets.

Vielfältig dynamisiert und unruhig wirkt auch die Linienführung der Reichsautobahn. Unterschiedliche ästhetisch wie technisch ent- und beschleunigende Motive können aus dem erklärtermaßen kurvigen Grundriss der Reichsautobahn herausgelesen werden. Was zunächst als Einbeziehung tendenziell langsamer und untechnischer Faktoren wie »Heimat« oder »selbständige Persönlichkeit« in die Form und Funktion des technisches Bauwerks wirkt, als angeblich nationalsozialistisch ästhetische Versöhnung von Mensch, Natur und Technik, verliert diesen verlangsamenden Anschein, wenn nicht nur das technische Feindbild – die zwangsläufige Eisenbahn –, sondern auch das technische Leitbild – das der Erde enthobene Flugzeug – in die genauere Untersuchung der Kurven miteinbezogen wird. So kann der zunehmend »lebendige« Kurvenfluss – im Detail die Ablösung der Kreis-Geraden-Geometrie durch eine Klothoiden-Geometrie – auch als rein technischer, von Heimat wie Personen fast unabhängiger Ausdruck geodätischer Beschleunigung beschrieben werden: Die »zwangläufige Rechenmaschine« Automobil schreibt ihre flugähnliche Ideallinie selbständig der Landschaft ein, »selbständige Persönlichkeiten« sind vor allem vonnöten, um diesen Akt einer gleichsam innertechnischen Rückkopplung zwischen »Flugzeug« und »Fahrzeug« richtig zu deuten und in Tafelwerke bzw. Nachkriegsautobahnen umzusetzen.

Dass ein aus derart automobilen, also sich buchstäblich mehrfach selbst bewegenden Linien formulierter Raum alles andere als statisch begreifbar sein würde, war also zu erwarten. In der Tat wirkt »Raum« von der Reichsautobahn aus in mindestens zweifacher Hinsicht mobilisiert. Zum einen scheint das aus geschwinden Knoten durchgängig hindernislos geknüpfte Netz den herkömmlichen (Eisenbahn-)Raum im individuell motorisierten Verkehr gleichsam aufzulösen und in ein orientierungsloses Strömungsgebiet zu verwandeln. Zum anderen lädt gerade diese ungerichtet unhierarchische Struktur als Voraussetzung dazu ein, den Raum auf ganz neue Art und Weise in transitorischen Zentren zu bündeln und auf wandernde Bezugspunkte hin auszurichten. Mobilisierung findet damit einmal als Auflösung in Bewegung und darauf aufbauend als Ausrichtung dieser Bewegung statt. Der Begriff des Zentrums wird so nicht nur destruktiv attackiert, sondern in einen neu mobilen Zustand überführt, mit dem Ergebnis, dass Raum als durchgängig zentrale »Zone« – als überall potenziell dichter Bedeutungsraum – begriffen werden kann, als gleichermaßen imaginär wie real aus Landkarten, Äther und Beton zusammengestricktes, dynamisches Möglichkeitenzentrum.

Wohin man also auch blickt im hier aufgebauten Panorama der Reichsautobahn, von feststehenden Größen kann in diesem Zusammenhang kaum irgendwo die Rede sein. Begriffe wie »Stabilität«, »Landvermessung« oder »Zentrum« können allenfalls als Ausgangspunkte dienen, um den konkret wie abstrakt so beweglichen Aspekten des Verkehrsbauwerks nachzuspüren. Immer wieder muss in einem erstaunlich entgrenzten Terrain – gleichsam unter der Hand entpuppt sich der so stabile Beton als Wasser- und Wärmethema, Straßengeometrie wird zur vom Flugzeug aus betriebenen, luftigen Photogrammetrie und der Verkehrsraum scheint in Anlehnung an halbätherische Funknetze organisiert – die Richtung geändert werden und die verfolgten Begriffe den in Bewegung bzw. auf Abwege geratenen Gegenständen angepasst werden.

Den Metamorphosen und Wanderungen des Materials angemessen flexibel zu begegnen, ist die Rolle der hier aus diesen Dynamiken heraus entwickelten Begriffe des »Korridors« und der »Zone«, sowie der Strategie, die Linie der Fahrbahn wirklich mit ihrem luftigen Widerpart, der Fluglinie, zusammenzudenken. Ob genau diese, hier immerhin für schlüssig befundenen Begrifflichkeiten und Querverbindungen den einzelnen Gegenständen in ihrer Komplexität in jeglicher Hinsicht gerecht werden, ist für das entworfene Gesamtbild der Reichsautobahn vielleicht gar nicht unbedingt entscheidend. Auch wenn sich womöglich noch anschmiegsamere und evidentere Begriffe finden lassen, so ist bereits durch

»Korridor«, »Flugbahn« und »Zone« hindurch klar zu sehen, dass sich die Reichsautobahn insgesamt – wenn überhaupt – offenbar nur mit dynamisch elastischen Netzen begrifflich einfangen lässt. In diesem Nachweis einer erheblichen Widerspenstigkeit des Verkehrsbauwerks gegenüber vergleichsweise einfachen, weil mehr oder weniger statischen Begriffen wie »Stabilität«, »Landvermessung« oder »Zentrum« liegt der Wert der hier vorgeschlagenen Mischbegriffe. Über die jeweils in einem Begriff bis zu einem gewissen Vollständigkeitsgrad hin beschriebene Einzeldynamik hinaus illustriert das Zusammenspiel der anscheinend notwendig flexiblen Interpretationsgeräte den merkwürdig dynamisierten Charakter des raumprägenden Bauwerks Reichsautobahn bzw. der Autobahn im Allgemeinen. Indem hier gezeigt wurde, wie schwierig es sein kann, das Betonplattennetz begrifflich fest zu verorten, weil es einem – so still und starr es auch dazuliegen scheint – ständig gleichsam aus der Hand rutscht, ließ sich insgesamt auch zeigen, dass und wie verkehrstechnische Beschleunigung nicht nur die Beschleunigung der unmittelbar mobilen Gegenstände – also der immer schneller werdenden Fahrzeuge – umfasst, sondern dass ein weiter Umkreis um das Fahrzeug herum im Grunde genommen mobil begriffen und bebaut wird.

Die dynamische Welt des Autobahnverkehrs kann buchstäblich bis hinunter zum tragfähigen Grund von ausgebaggerten, weggesprengten oder auf Stelzen überbrückten Mooren verfolgt werden, wie auch hinauf zu Dokumentations- bzw. Planungsflugzeugen mit ihren Kameras. Sie kann an kleinen Einheiten abgelesen werden wie an großen, an der plötzlich wichtigen 0,02 mm Korngröße bei frostgefährlichem Ton, an 5–6 mm Betonausdehnung auf 10 Metern, an auf einmal angestrebten Kurven- bzw. Klothoidenradien von mehreren tausend Metern, an plötzlich möglichen 200.000 pro Stunde von Rudolf Hoffmann ins ganze Reichsgebiet geschickten Parteitagsbesuchern bzw. heute tagtäglich das Frankfurter Kreuz passierenden 320.000 Fahrzeugen. Autobahnmäßig vom Verkehr erfasst wirken harte Materialien wie normierte Kiesel- und Zementsorten, elastische wie Fugenvergussmasse, flüssige wie lenkradkurvig schwarzes Schmieröl auf hellem Beton und gar nicht mehr sicht- oder greifbare Gegenstände wie Radiowellen gleichermaßen.

Das Panorama »Reichsautobahn« handelt so insgesamt von einer in viele Bereiche der technischen Erfassung und Gestaltung von Raum hineinreichenden Auflösung bzw. Umdefinierung dessen, was gemeinhin begrifflich, räumlich oder stofflich als »fest« bezeichnet wird. Nicht etwa, dass der automobile Verkehr mit seiner Infrastruktur einen ganzen Aggregatzustand abgeschafft hätte, das Prinzip des »Festen« ist aber doch in allen drei hier von der Reichsautobahn aus einsehbaren »Dimensionen« konkret wie abstrakt auf dem Rückzug, wenn nicht sogar unmittelbar in Auflösung begriffen.

Die speziell nationalsozialistische Fixierung auf die deutsche Scholle, gerade auch im Umfeld der Reichsautobahn, kann nicht darüber hinwegtäuschen, dass »Erde« – verstanden als elementares Prinzip des Festen und Statischen – bei diesem hydraulischen, aus der Luft vermessenen, fast blitzartig transitorische Zentren produzierenden Bauwerk nirgendwo mehr eigenständig wahrzunehmen ist, und mit Hilfe daran orientierter, statischer Denkfiguren kaum etwas im Umkreis der Autobahn erschlossen werden kann. Neue, dynamisierte Formen des gerade im Wechsel Stabilen übernehmen hier weithin die Funktion von dauerhaft in sich ruhenden Bezugspunkten. An die Stelle des festen, zuverlässig statischen Elements tritt das zuverlässige, altmodischer Elementegrenzen längst enthobene Prozessieren des individualmotorisierten Verkehrsstroms, ermöglicht durch post-statische Materialien, Linien, Netze: finis terrae.

Diese bautechnische »Auflösung« des elementar Statischen noch in ein kompaktes Bild zu fassen und mit der Gesamtfunktion des dynamischen Verkehrsbauwerks Reichsautobahn zusammenzudenken, soll zum Schluss dieser Untersuchung wenigstens noch ansatzweise versucht werden.

Eine Möglichkeit zur Zusammenstellung dieser Motive in einer Art metaphorischem Schlussbild bietet sich, wenn man nach dem mehrdimensional untersuchten Aufbau der Raum-Maschine Reichsautobahn noch einen genaueren Blick auf ihre Produkte wirft. Schon das Kapitel über den Autobahnraum hatte eigentlich nur noch zur Hälfte mit dem Aufbau der Maschine – dem geschwinden Netz – zu tun, die andere Hälfte war bereits einer produzierten, bzw. gerade in Produktion begriffenen Größe gewidmet, dem neuen Zonen-Raum. Dieser neue Raum ist dabei genau genommen keine eigenständige, sondern eine abgeleitete Größe, die sich erst aus einem anderen Produkt des Verkehrssystems ergibt, nämlich aus der neuartigen, gleichmäßig hohen Geschwindigkeit, die das Verkehrsnetz durch seine bauliche Struktur von Netzpunkt zu Netzpunkt automobilen Individuen ermöglicht. Erst von diesem primären Produkt, von der konstant hohen, kalkulierbaren Geschwindigkeit aus, dieser 1933/34 bei den beiden »2000 km durch Deutschland« – Rennen schwierig bis gar nicht und Ende 1938 bei von Stackelberg und Walter Ostwalds Fahrten mühelos erreichbaren Größe, werden geschrumpfte Fahrtzeiten und Räume erst möglich.

Die Effekte der gleichmäßig hindernislosen Autobahn und der primär darauf erzeugten gleichmäßigen Fahrgeschwindigkeit lassen sich aber auch untersuchen, ohne sofort auf den neuen Raum abzuzielen. Eine Reihe von Artikeln in der »Strasse«, meist aus der Feder von Walter Ostwald, sowie das ganze, ebenfalls von Ostwald herausgegebene Heft 10 der »Schriftenreihe der Strasse« von 1938 handeln von Testfahrten über Reichsstraßen- bzw. Reichsautobahnabschnitte, die die vielfältigen Auswirkungen der neuen Straßen ingenieurtechnisch erfassen sollen.[359] Alle erdenklichen Parameter werden an den Messfahrzeugen – unterschiedliche Pkw wie auch Lkw – aufgenommen und zu einem Gesamtleistungsbild der Reichsautobahn zusammengestellt. Die Messteams – darunter häufig auch Walter Ostwalds Söhne Fritz und vor allem Karl-Wilhelm – protokollieren mit ihren Geräten peinlichst genau nicht nur so nahe liegende Größen wie »Fahrtzeit«, »Reisegeschwindigkeit«, und »Treibstoffverbrauch«, sondern auch vermeintliche Kleinigkeiten wie die Anzahl der »Bremsvorgänge«, »Schaltvorgänge«, »Kuppelvorgänge«, »Kupplungsarbeit«, »Steuerradweg«, »Federweg«, »Betätigungen des Gaspedals« etc. sowie, um einen Eindruck von der psychotechnischen Belastung des Fahrers durch die Strecke zu gewinnen, »überholte Fahrzeuge«, »von Fahrzeugen überholt worden«, »Begegnungen mit Fahrzeugen«.[360]

Die Ergebnisse sind wie zu erwarten eindeutig, in allen nahe und fern liegenden Belangen ist die Autobahn der Reichsstraße turmhoch überlegen: Es gibt keinen anstrengenden Gegenverkehr, man muss viel weniger lenken, kaum schalten, kuppeln oder bremsen, komplett abbremsen und danach wieder auf Reisegeschwindigkeit beschleunigen schon gar nicht. So beschreibt die glatte Autobahn auch glatt und fast ohne reichsstraßentypische Zacken das Wachspapier der Kienzle-Tachographen. Und diesem Zeichen für konstante Geschwindigkeit entsprechend, beschert die Autobahn nicht nur eine schnellere und für das Fahrzeug und den Fahrer weniger belastende Fahrt, was immerhin auch ohne aufwändiges Messprogramm zu erwarten war. Über all diese im

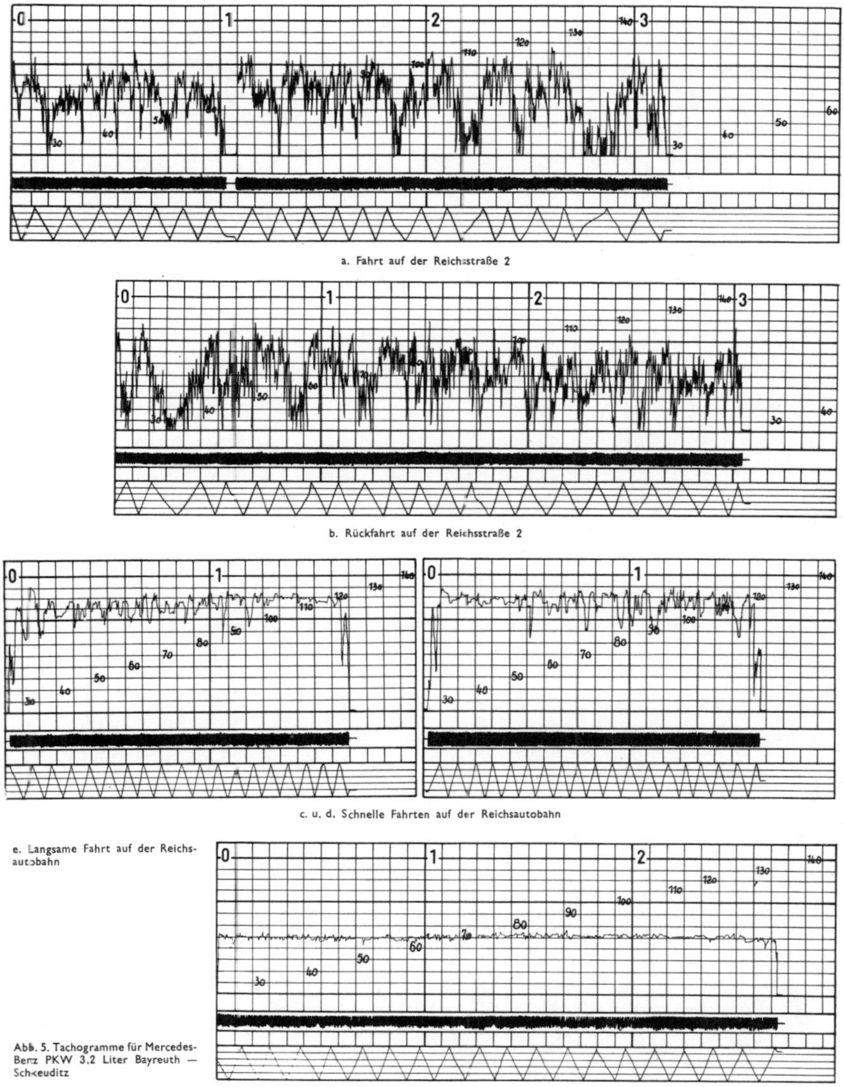

Abb. 82: Fahrdiagramme der Ostwald'schen Testfahrten. Die glatte, Zeit wie Energie einsparende Autobahn ist am deutlich ruhigeren, bei langsamer Fahrt fast ausgeglichenen Fahrtzackenbild ablesbar.

Grunde genommen absehbaren Vorteile hinaus verringert die Autobahn, wenn nicht durchgängig mit Höchstgeschwindigkeit gefahren wird und keine besonders steigungsreiche Autobahnstrecke mit einer besonders günstigen Reichsstraße verglichen wird, erstaunlicherweise auch noch den Kraftstoffverbrauch, wie Walter Ostwald 1941 die umfangreichen Testfahrten in aller Kürze zusammenfasst:

> »Es ist überhaupt interessant, dass die Reichsautobahn jedem Kraftfahrzeug nicht nur eine höhere Reisegeschwindigkeit verleiht, sondern gleichzeitig auch einen niedrigeren Verbrauch.[...] Bei gleichem Reisetempo auf Reichsautobahn und Straße fährt man auf der Reichsautobahn erheblich – 30 bis 40 v.H. – kraftstoffsparsamer als auf der Reichsstraße. Die Erklärung dafür ist der Wegfall der Fahrbahndiagrammzacken.[361]

Das in die Landschaft gelegte Betonnetz hat damit einen durchaus beachtlichen und für die Interpretation der ganzen Anlage interessanten Gesamteffekt. Durch seine bloße Gestalt und Lage ohne kleine und große »Zacken«, durch die glatte, flexibel-stabile Fahrbahn, durch die horizontal wie vertikal weitläufig stetig glatten Linien sowie durch die speziell geschwinden Verknotungen der getrennten Fahrspuren produziert das Verkehrsbauwerk also einen regelrecht in Zeit und Energie quantifizierbaren Mehrwert. Ohne zusätzliche Energie zu verbrauchen, ja sogar indem Energie eingespart wird – sieht man mal von der aufwändigen Anlage des Netzes ab – liefert die Raum-Maschine Autobahn dem Gesamtverkehrssystem zusätzliche Geschwindigkeit, so die Quintessenz von Ostwalds Diagnose.

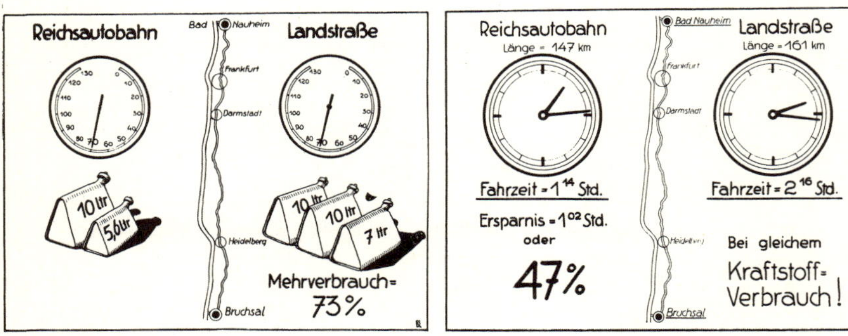

Abb. 83: Rätselhafterweise spart die Autobahn spart sowohl Zeit als auch Kraftstoff. Quintessenz der Ostwald'schen Testfahrten 1938.

Merkwürdigerweise spricht der Chemiker Walter Ostwald nicht selbst aus, woran diese Konstellation in gewissem Sinn »erinnern könnte«. Ein Gegenstand, der in einem Gesamtgefüge durch seine bloße materielle Beschaffenheit Geschwindigkeit gleichsam produziert, ohne selbst als Treibstoff verbraucht zu werden, hat immerhin in der Chemie und darüber hinaus im übertragenen Wortgebrauch einen Namen: Man nennt ihn Katalysator.

Im Grunde genommen könnte fast jedes Verkehrsnetz auf diese Weise als räumlicher Katalysator beschrieben werden, könnte man die Beschleunigung und Umgestaltung des Raumes, die ein jedes Verkehrsnetz mit sich bringt, als eine Art katalytischer Umformatierung des Raumes begreifen. Wenn aber ausgerechnet der Treibstoffchemiker Walter Ostwald die Reichsautobahn als zeit- wie energiesparende Struktur beschreibt, bietet es sich doch besonders an, der Parallele zwischen einem Verkehrsbauwerk und dem Katalysator gerade hier nachzuspüren und dafür auch etwas auszuholen, stammt doch die Grundlage einer möglichen Parallele, die Definition nämlich des chemischen Katalysators als eines Beschleunigers, ebenfalls von einem gewissen Herrn Ostwald, dem Leipziger Professor für physikalische Chemie Wilhelm Ostwald, Walter Ostwalds Vater.

> Hiernach versteht man unter Katalyse, [...] die *Beschleunigung* einer an sich möglichen Reaktion durch die Gegenwart eines fremden Körpers; ein Katalysator aber ist danach ein Stoff, der einen Vorgang beschleunigt, ohne durch diesen Vorgang selbst wesentlich geändert oder verbraucht zu werden.[362]

Mit dieser Definition hatte Wilhelm Ostwald im Jahr 1894 den 1835 von Berzelius geprägten Begriff der Katalyse erstmals in einen explizit kinetischen Zusammenhang gestellt und mit seiner bis heute gültigen Fassung des Katalysators als eines am Produkt der Reaktion unbeteiligten Beschleunigers eine für die chemische Wissenschaft und Industrie neue Ära eingeläutet. Auf Ostwalds kinetischer Definition der Katalyse und des Katalysators ist nahezu die gesamte moderne chemische Industrie aufgebaut, wie schon in der Laudatio zum Ostwald 1909 für eben diese Leistungen zur Katalyse verliehenen Nobelpreis für Chemie bemerkt wird.[363]

So eminent wichtig für die chemische Industrie ist Ostwalds Definition, weil erst ein prinzipiell als messbarer Beschleuniger und nicht mehr als »vis occulta«[364] erkannter Stoff auch gezielt zur beschleunigten Produktion von Kunststoffen aller Art verwendet werden kann.

> A reaction which otherwise proceeds at a slow rate, taking perhaps years before equilibrium is attained, can be accelerated by catalysts to such an extent that it is complete in a comparatively short time, in certain cases within one or a few minutes, or even in fractions of a minute, and conversely[365],

heißt es in der Nobelpreislaudatio. Das Ergebnis ist eine in den folgenden Jahrzehnten stattfindende, durch den Ersten Weltkrieg und seine Rüstungsmaschinerie nur noch weiter angekurbelte industrielle Beschleunigung des Stofflichen. Man muss nicht mehr darauf warten, bis Stoffe quasi von selbst miteinander reagiert haben und ist auch nicht mehr zwangsläufig auf selbständig an irgendeinem Punkt der Welt entstandene Materialien angewiesen. Ob es um Ammoniak oder Salpeter oder irgendeinen anderen Stoff geht, der etwa wie diese beiden für weltkriegswichtige Güter wie Kunstdünger oder Sprengstoff oder irgendetwas sonst verwendet werden soll; die während des Krieges schlagartig zum dominanten deutschen Industriezweig aufgestiegene Chemieindustrie mit Protagonisten wie Fritz Haber, Carl Bosch und neuartigen Konzernen wie allen voran die BASF, Bayer oder später die I.G. Farben sind fortan in der Lage, diese Stoffe mit Hilfe von Katalysatoren schnell zu synthetisieren.

Eine der ersten Industrieanwendungen eines Katalysators noch vor diesem Kriegschemieboom ist gleichzeitig ein schönes Beispiel für die seltsam metaphorische bis praktische Nähe des Katalysators zum Verkehrsnetz: das von Wilhelm Ostwald selbst um die Jahrhundertwende entwickelte Verfahren zur Salpetersäuregewinnung, das Ostwald- bzw. Ostwald-Brauer-Verfahren. Ab 1906 wird in Zusammenarbeit mit der Zeche Lothringen und der Köln-Rottweiler Sprengstoff-Gesellschaft in Gehrte/Westfalen Ammoniak – wie Teer ein Abfallprodukt der Kohlevergasung – in mehreren Schritten zu Salpetersäure weiterverarbeitet.* In den von Wilhelm Ostwalds engstem Mitarbeiter Eberhard Brauer*

---

* Vgl. dazu Margit Szöllösi-Janze, Losing the war, but gaining ground: The German chemical industry during World War I, in: John E. Lesch, The German Chemical Industry in the Twentieth Century, Dordrecht 2002, S. 98f, sowie E. Gal., Geschichten vom Finden, in: Schattenlinien, Nr. 4/5, Berlin 1991, S. 7ff., besonders S. 17; und zur patriotischen Begründung für das ganze Vorhaben, Deutschland nämlich von der blockadeanfälligen Einfuhr von Chile-Salpeter unabhängig zu machen, Wilhelm Ostwalds Aufsatz aus dem Schwäbischen Merkur von 1903:
Wilhelm Ostwald, Stickstoff, eine Lebensfrage, in: ders., Abhandlungen und Vorträge allgemeinen Inhaltes (1887–1903), Leipzig 1904, S. 326–336.

und unter der Mithilfe von Walter Ostwald eingerichteten Reaktionstanks wird Ammoniak (NH_3) erst zu Stickstoffmonoxid (NO), dieses dann zu Stickstoffdioxid (NO_2) oxidiert und daraus schließlich Salpetersäure (HNO_3) gewonnen.** Möglich ist das alles nur, weil man das Ammoniak und den Sauerstoff der ersten Reaktion wie über ein neues, beschleunigendes Verkehrssystem über ein katalytisches Netz aus Platin hinwegströmen lässt. Allein der Umstand, dass genau dieses Material in einer ganz bestimmten Netz-Form im Reaktionstank vorhanden ist, bewirkt, dass sich die beiden anderen Stoffe in einer absehbaren Geschwindigkeit zu etwas Neuem verbinden.

In beiden Fällen, bei der chemisch-kinetischen Produktion von Salpeter und beim zackenlos über Diagramme wie über Hügelketten hinwegströmenden Autobahnverkehr, geschieht also etwas fast im Detail Vergleichbares: Eine räumlich materielle Netzstruktur – im einen Fall aus Platin, im anderen aus Beton – stellt als eine Art Zeitmaschine Geschwindigkeit zur Verfügung und sorgt für neuartige Zusammenhänge.

Betrachtet man auf diese Weise den materiellen Verkehrsdiskurs der Autobahn und den materiellen Produktionsdiskurs der Chemiefabrik als soweit vergleichbar, dass nicht nur die chemische Reaktion mit kinetischen Verkehrsmetaphern fassbar ist, sondern dass auch umgekehrt der Verkehrsvorgang als eine Art chemischer Akt der Entstehung eines stofflich wie räumlich neuen Zusammenhangs begriffen werden kann, so lässt sich die verkehrstechnische Gesamtfunktion des Bauwerks in einem Bild zusammenfassen und mit den Ergebnissen dieser Untersuchung, der weitläufigen Dynamisierung des Statischen bzw. Festen in einem Begriff gebündelt zusammendenken.

Als räumlicher Katalysator aus Beton kann die Raum-Maschine Reichsautobahn als der eigenartige dritte Akteur begriffen werden, der kinetisch-katalytisch vormals statisch voneinander getrennte Größen in einen neuartigen Kontakt treten lässt und miteinander zu etwas poststatisch Neuem verbindet.

---

* Eberhard Brauer ist der spätere Schwiegersohn Wilhelm Ostwalds und der Vater von Peter Brauer, dem Berechner der Walter Ostwald'schen Lenkrad-Kurve.

** Die drei chemischen Gleichungen lauten:
$4\ NH_3 + 5\ O_2 \rightarrow 4\ NO + 6\ H_2O$
$2\ NO + O_2 \rightarrow 2\ NO_2$
$3\ NO_2 + H_2O \rightarrow\rightarrow 2\ HNO_3 + NO$

Wie in der Chemiefabrik Ammoniak und Sauerstoff erst durch das Platinnetz zu einem zwar »naturidentischen«, aber doch zweifellos als dynamisierter Kunststoff funktionierenden Material verbunden werden, so kann man auch die hier in den einzelnen Kapiteln hergeleiteten Mischbegriffe »Korridor«, »Flugbahn« und »Zone« und die durch sie gefassten, unruhig beweglichen Sachverhalte als katalytische Verschmelzungen von vormals ganz anders strukturierten Größen auffassen. Sie erscheinen so als neuartige, räumlich technische Synthetik-Produkte, die im Umkreis der Autobahn offenbar beschleunigt entstehen konnten und die schließlich nicht mehr als statische »Stoffe« alten Typs verstanden werden können: die »Zone«, in der klar kontrastierte Größen wie Stadt und Land zu einem dichten, raumgreifenden Gebilde amalgamiert werden – die »Flugbahn«, in der Fliegen und Fahren zu einem neuartig hybriden Bewegungstyp verschmelzen –, der »Korridor«, in dem ehern steinerne ›Technik‹ der wässrig-labilen ›Natur‹ mimetisch angeschmiegt und eingepasst wird.

Die im Rahmen dieser Untersuchung festgestellte, post-statische Neuformatierung des Raumes im Umkreis der Autobahn, die Auflösung des Festen im Angesicht der Motorisierung, kann so als gleichsam makrochemische Reaktion begriffen werden, als eine Art großräumiger Wiederkehr dessen, was kleinräumig diese Umformatierung des Festen bewirkt hatte: die mikrochemisch-industrielle Produktion neuer Materialien, Treibstoffe, Motoren.

Die »Auflösung« des Festen fast mittels wörtlicher Übersetzung – »Katalyse« bedeutet ja wie auch »Analyse« nichts anderes als Auflösung – in einen wirklichen Produktionsvorgang umdeuten zu können, ist wohl der interessanteste Effekt, den diese Lesart der Raum-Maschine Reichsautobahn als ein räumlicher Großkatalysator hat. Daneben sind mit diesem Schlussbild auch noch andere Gesamtaspekte des Verkehrsbauwerks zu illustrieren.

Der Bau der Reichsautobahn – angesichts der geringen deutschen Motorisierung (1932 gibt es in Deutschland gerade mal 522.943 Pkw und 161.072 Lkw)[366] aus verkehrstechnischer Sicht 1933 ja keinesfalls zwingend notwendig – erscheint so als die geradezu chemiefabrikmäßig diktierte Verordnung zu flächendeckend erhöhter Individualgeschwindigkeit. Der Vergleich mit den Vereinigten Staaten zeigt diese Spezifität ganz deutlich. In den USA, wo schon Mitte der 1920er Jahre 20 Millionen Kraftwagen in Betrieb sind,[367] und wo breite Straßen schon länger üblich sind, kommt man bis zum Senatsbeschluss vom 9.2.1938 nicht auf die verschwenderische Idee, ganze Staaten mit einem durchgängig mehrspurigen und dementsprechend meist ungleichmäßig ausgelasteten Verkehrsnetz zu überziehen. Entlang der wirklichen Erfordernisse des Verkehrs wird der Ausbau von Straßen auf mehrere Spuren hier auf die Ausfallstraßen von großen Städten beschränkt.[368] Geradezu umgekehrt ist die Situation in Deutschland. Ohne entsprechendes Verkehrsaufkommen wird hier ein erst nach Jahrzehnten voll beanspruchbares Netz in die Landschaft gestellt. Der Verdacht drängt sich also auf, dass die Beziehung von Verkehr und Verkehrsnetz hier in der Tat umgekehrt zu internationalen Gepflogenheiten funktioniert, dass in Deutschland nicht der Verkehr ein entsprechendes Netz herausgefordert hat, sondern dass das Netz den Verkehr erst produzieren soll, und zwar nicht nur zwischen München und Berchtesgaden, sondern überall, ganz in der Logik von Adolf Hitlers diesbezüglichem Ausspruch: »Glauben Sie denn, dass da kein Verkehr ist, wenn wir erst die Autobahn fertig haben?«[369] Der wirkliche Nutzen des überdimensionierten Netzes ist dabei offenbar fast Nebensache und kann trotz der ostwaldisch nachgewiesenen Autobahneffekte angesichts vernachlässigter und entsprechend langsamer Zufahrtsstrecken zunächst auch insgesamt bezweifelt werden, wie etwa Max-Erich Feuchtinger nach dem Krieg bemerkt.[370] Derlei Volkswirtschaftliches scheint zunächst auch unwichtig, wenn nur die volkspsychologische Wirkung stimmt, und Hitler irgendwann seinem Leibphotographen Heinrich Hoffmann berichten kann: »Ich bin froh, dass es mir gelungen ist, die Autofeindlichkeit [...] im deutschen Volk zu beseitigen.«[371] Der Beton-Katalysator zur Produktion von massenhaften Autowünschen hat offenbar funktioniert, und umso besser für die motorenbegeisterte »Führung« – »unsere Führung [hat] die Waffe des Motors tiefer verstanden und [weiß sie] anders einzusetzen [...] als unsere Gegner«, so Walter Ostwald über die Niederlage Frankreichs 1940[372] –, wenn etwa den über 300.000 so motorenbegeisterten wie geprellten KdF-Wagen-Sparern das erwünschte Objekt erst gar nicht ausgeliefert werden muss, sondern gleich als Kübelwagen ins Kampfgebiet gefahren werden kann.[373]

Zuletzt ist die Raum- und Wunsch-Maschine Reichsautobahn mit dem chemischen Katalysator noch über die seltsame Illusion zu verknüpfen, die totale Mobilmachung des Statischen lasse sich wie Kunststoff durch einen Trick gleichsam kostenlos erzeugen.

Nicht nur die Messfahrten der Ingenieursfamilie Ostwald und der dabei erbrachte Nachweis einer »höheren Reisegeschwindigkeit« bei »gleichzeitig auch einem niedrigeren Verbrauch« handeln von der Vorstellung, man bekomme im Zusammenhang mit der Reichsautobahn etwas geschenkt. Das im fertigen Zustand so freigiebige Bauwerk wird schon in der Entstehung gern mit der Aura des Geschenks umgeben. So hatte etwa Hitlers Stellvertreter Rudolf Heß auf dem Internationalen Straßenbaukongress 1934 in München erklärt, man finanziere das Bauvorhaben nahezu kostenneutral, indem die Straßenbauarbeiten aus Mitteln der Reichsanstalt für Arbeitsvermittlung und Arbeitslosenversicherung bezahlt würden. So müsste nicht mehr ausgegeben werden, als für die dadurch eingesparte Arbeitslosenhilfe, wenn nicht noch weniger.[374] Dass hinter dieser Erklärung des Bauwerks zu einem mittels geschickt geführter Organisation aus dem Hut gezauberten Geschenk – auch der Baumeister Speer schreibt über »Hitler als Katalysator«, »Hitler, mein Katalysator«[375] – dennoch ein unspektakulär profaner Zahlungsvorgang steht, ist offensichtlich. Nicht nur hatten sich trotz Lohndumping die Baukosten gegenüber ersten Planungen mehr als verdreifacht,* auch »produktive Kreditschöpfung«[376] muss immerhin bezahlt werden, im Fall der Reichsautobahn durch Abschöpfung zwangsweise verbilligter Arbeitskraft und Umwidmung von eigentlich für die Arbeitslosenversicherung gedachten Lohnabgaben.

Von vermeintlicher Kostenlosigkeit, genauso imaginär, doch diesmal explizit unter dem Zeichen des Katalysators, war schließlich wieder in den 1980er Jahren die Rede, im Zusammenhang mit dem wundersamen neuen Gerät gleichen Namens: dem »Drei-Wege-Kat«. Die katalytische Funktion der Autobahn, mittels einer räumlich-materiellen Struktur alles zu mobilisieren – ob wirkliche Fahrzeuge, oder die Wünsche nach Fahrzeugen oder die landschaftliche Umgebung oder die Wünsche nach landschaftlicher Umgebung –, diese vieldimensionale statische Mobil-

* Für den Kilometer werden zunächst 300.000 RM veranschlagt, dann doch 500.000 RM, schließlich, als man 1940 die Kosten ausrechnet, ergeben sich 965.000 RM durchschnittlich. Vgl. Lärmer (1875), S. 42. Insgesamt soll die Reichsautobahn 6,5 Milliarden RM gekostet haben, wovon 60 % von der Reichsanstalt gestammt haben sollen. Vgl. Stommer (1982), S. 29.

machung ist damit im Fahrzeug als eigenes Gerät vorhanden, freilich in der Funktion, negative Folgen der Mobilisierung zu verflüchtigen. Mit Hilfe des Abgasreinigers Katalysator konnte auf einmal wieder – von negativen Gedanken kaum mehr angesäuert – befreit Gas gegeben werden, mit den nicht wirklich positiven Folgen einer weiterhin ungebremsten Lust am Automobil. Ludger Lütkehaus beschreibt 1989 ziemlich drastisch diese mit dem »Kat« verbundene Illusion der Kostenlosigkeit bei fortgeführter Dauerbeschleunigung:

> »Der Katalysator ist gleichsam zur durchlässigen Windel einer analen Lust geworden: Mit ihm kann man endlich sauber bleiben und doch weitermachen.[377]

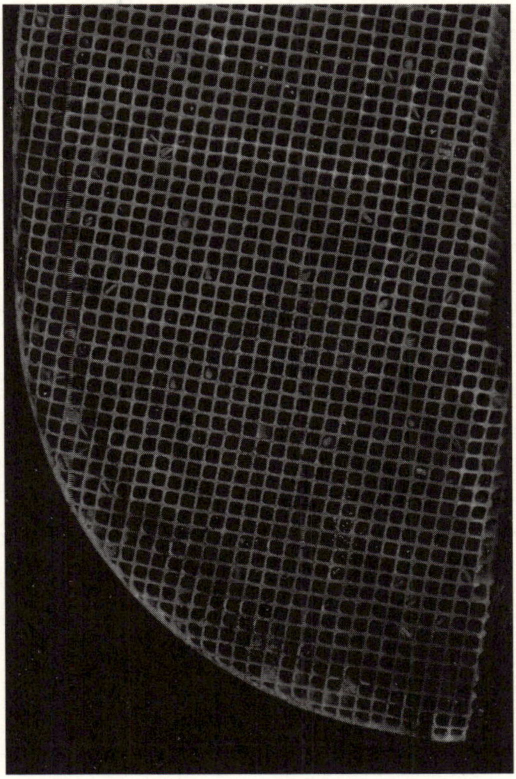

Abb. 84: Scannerblick in die vielhundertfache Röhre eines gebrauchten Kfz-Katalysators: Der grau mit Platin und Rhodium bedampfte, am rechten Bildrand erkennbar zerbrochene Keramikkörper als zweidimensionales Netz.

Wie schon die sparsame Autobahn, so bleibt auch diese saubere Autofahrt über dieselbe ein Konstrukt, das im Detail am besten bzw. überhaupt nur mit Ostwald zu fassen ist. Fröhlich weitergerast wird nämlich, weil die im Abgas enthaltenen Stickoxide, Kohlenmonoxide, Kohlenwasserstoffe etc. nachverbrannt werden, mit Hilfe eines auf eine poröse Keramikstruktur aufgedampften Katalysators aus Platin. Wilhelm Ostwalds Patentidee aus dem Jahr 1902, mit Hilfe von Platin in wirklich großem Umfang Salpetersäure, das heißt Stickstoffoxide, herzustellen, krankte am hohen Preis des Edelmetalls und konnte leicht von BASF-Patenten verdrängt werden.[378] »Platin als weltgeschichtlicher Faktor«, so der Titel eines Textes von Wilhelm Ostwald und Eberhard Brauer von 1931[379], konnte also lange Zeit übertrieben wirken. Heute jedoch ist bald jedes per Otto-Motor durch die Weltgeschichte brausende Automobil pflicht- und gesetzesgemäß mit dem platinbedampften Keramikfilter ausgestattet, um die im Motor erzeugten Stickstoffoxide in wirklich großem Umfang wieder zu zerlegen. Mit dem unscheinbaren Gebilde, zu dessen Entstehung mit seiner Patentschrift »Verfahren und Apparat zur Ausführung von Gasanalysen« von 1922 (DRP 348017) niemand anders als ein gewisser »Wa. Ostwald« entscheidend beigetragen hat – so jedenfalls die dem Thema »Katalysator« gewidmete Vitrine im Deutschen Museum in München – lassen sich Aufsätze mit Titeln wie »Platin als weltpsychologischer Faktor« ebenso rechtfertigen, wie Speerparodien »fast ohne schlechtes Gewissen und mit heulendem Katalysator jagen wir über die Autobahn«.

Ein Ende dieser im Schatten von Metaphern wie der »Datenautobahn« kaum mehr wahrgenommenen, konkreten Beschleunigung ist vorerst nicht abzusehen. Mit allen jeweils zur Verfügung stehenden, etwa telematischen Mitteln der Kunst, die sich auf mehr als projektilschnelle Satelliten wie auf die stabilsten Hebelpunkte stützen, wird die Beschleunigung auf der »echten« Autobahn – auch unter Zuhilfenahme von »Datenautobahnen« also – weiter vorangetrieben. So werden wohl noch einige Ölkrisen und -kriege, Technikrevolutionen und »weltgeschichtliche Faktoren« ins Land ziehen, bis das Auto und mit ihm die Autobahn, wie von Marshall McLuhan schon in den 1950er Jahren angekündigt, wie der »Spucknapf« ausgestorben sein wird,[380] bis die »paar Tage« vergangen sein werden, von denen Herbert Achternbusch, der – in den Worten Heiner Müllers – »Klassiker des antikolonialistischen Befreiungskampfes auf dem Territorium der BRD«[381], in seinem Text »Die Autobahn« von 1980–81 sprach, und dem ich mich in seinem durch nicht allzu viel gerechtfertigten Optimismus trotzdem anschließen will:

> »Aber wenn ein paar Tage vergangen sind und die Autos verrostet sind und die Wege wieder krumm sind, dann laufen wieder ein paar Menschen rum, die ganz nüchtern sind und nicht dieses von Angst besoffene Allerweltmenschenungeheuer.[382]

Abb. 85: Ende der Autobahn.

Anmerkungen

1 Anatole France, zitiert nach: Martin Krampen, Geschichte der Verkehrszeichen, Diachronische Analyse eines Zeichensystems, Tübingen 1988, S. 35.

2 Herrmann Knoflacher, Verkehrsnetze, in: Walter Pamminger/PRINZGAU/podgorschek/ Marc Ries, AutoBahn und Medien, Wien 1995, S. 14f.

3 Vgl. zur Verlegung des Würgauer Bergrennens, Amtliche Mitteilungen des ADAC, München 1933, Nr. 26, S. 7. Dies ist der einzige aufgefundene Hinweis auf das genaue Renndatum. Wenige Seiten vorher, unter der Rubrik »Sportereignisse im Juli«, ist von einer »2000-km-Fahrt« noch keine Rede, und auch in allen weiteren Hinweisen auf das Rennen fehlt das Datum.

4 A.a.O., Nr. 27, S. 4.

5 Siegeszug des Adler-Trumpf, in: Automobiltechnische Zeitschrift 1933/16, S. 421.

6 Automobiltechnische Zeitschrift 1933/15, S. 397 bzw. 398. Bei diesen Berechnungen finden sich auch die Fahrerzahlen.

7 Vgl. zu allen Angaben zur Fahrt, K.G. von Stackelberg, 1800 Kilometer zwischen Morgen und Abend, in: DDAC-Motorwelt, 1938/24, S. 932–933.

8 Automobiltechnische Zeitschrift 1933/15, S. 398.

9 Zitiert nach: Peter Rühmkorf, TABU 1, Reinbek 1995, S. 412.

10 Vgl. zu dieser häufig gebrauchten Formulierung beispielsweise das Geleitwort von Fritz Todt, in: Georg Fritz, Straßen und Bauten Adolf Hitlers, Berlin 1939, S. 5.

11 Kurt Kaftan, Der Kampf um die Autobahnen. Geschichte und Entwicklung des Autobahngedankens in Deutschland von 1907–1935 unter Berücksichtigung ähnlicher Pläne und Bestrebungen im übrigen Europa, Berlin 1955.

12 Karl Lärmer, Autobahnbau in Deutschland 1933–1945. Zu den Hintergründen, Berlin 1975.

13 Rainer Stommer (Hrsg.), Reichsautobahn. Pyramiden des Dritten Reichs, Marburg 1982.

14 Franz W. Seidler, Fritz Todt. Baumeister des Dritten Reiches, München/Berlin 1986.

15 Hartmut Bitomsky, Die Reichsautobahn, Fernsehfilm WDR 3, 26.6.1986. Vgl. zum Skript des Films, Jutta Pirschtat, Die Wirklichkeit der Bilder. Der Filmemacher Hartmut Bitomsky, Essen 1992.

16 Claudia Windisch-Hojnacki, Die Reichsautobahn. Konzeption und Bau der RAB, ihre ästhetischen Aspekte, sowie ihre Illustration in Malerei, Literatur, Fotografie und Plastik. Diss. Bonn 1989.

17 Martin Kornrumpf, HAFRABA e. V. Deutsche Autobahn-Planung 1926–1934, Bonn 1990.

18 Erhard Schütz/Eckhard Gruber, Mythos Reichsautobahn, Berlin 1996.

19 Thomas Zeller, Straße, Bahn, Panorama, München 2002.

20 Paul Virilio, Der negative Horizont, München/Wien 1989, S. 120.

21 Die Strasse, Herausgegeben vom Generalinspektor für das deutsche Straßenwesen, Berlin 1934–1943.

22 Agentur Bilwet, Die Autobahn im Rückspiegel, in: dies., Der Datendandy, Mannheim o.J., S. 168.

23 Paul Virilio, Fahren, Fahren, Fahren..., Berlin 1978, S. 23.

24 Die Bauzeitung 1926/2, S. 9.

25 Rudolf Semler/Hans E. Erb, Beton, Fundamente, Formen, Figuren, Düsseldorf 1960, S. 53.

[26] Albert Liese, Die Bedeutung der 2000 km durch Deutschland für die Reichsautobahnen, in: Verkehrstechnik, Zentralblatt für den Gesamten Landverkehr und Straßenbau, Berlin 1934, »Straßenbau und Straßenunterhaltung«, Straßenbaubeilage der »Verkehrstechnik«, 1934/1, S. 13. Die sonstigen Angaben in diesem Abschnitt stammen ebenfalls aus diesem Artikel.

[27] A.a.O., S. 16.

[28] Stackelberg (1938).

[29] Dionysos Lardner, zitiert nach: Wolfgang Schivelbusch, Die Geschichte der Eisenbahnreise, München/Wien 1977, S. 25.

[30] A.a.O., S. 26.

[31] Beide Zitate, Martin Heidegger, Sein und Zeit, Tübingen 1993, S. 107.

[32] Vgl. dazu Thomas H. Macho, Übersehen, in: Walter Pamminger/PRINZGAU/podgorschek/Marc Ries (1995), S. 7.

[33] Marschall Moritz von Sachsen, zitiert nach: Michel Foucault, Überwachen und Strafen, Frankfurt a.M. 1977, S. 178.

[34] Vgl. etwa Alfred Birk, Die Strasse, Karlsbad-Drahowitz 1934, S. 356ff.

[35] A.a.O., S. 429.

[36] Vgl. zu den Aktivitäten des »Dr. Goudrons«, a.a.O., S. 430.

[37] Maxwell G. Lay, Die Geschichte der Straße, Vom Trampelpfad zur Autobahn, Frankfurt a.M./New York 1994, S. 229.

[38] Birk, a.a.O.

[39] Fritz Todt, Fehlerquellen beim Bau von Landstraßendecken aus Teer und Asphalt, Halle/Saale 1931, S. 5.

[40] A.a.O., S. 6.

[41] Zu dieser Saugwirkung vgl. a.a.O., S. 7.

[42] A.a.O., S. 16.

[43] Vgl. Krampen (1988), S. 26.

[44] Lay (1994), S. 107.

[45] Vgl. Birk (1934), a.a.O. Leider gibt Birk hier keinerlei Datum für diese kanadische Anwendung von Teermakadam an, Maxwell G. Lay spricht etwa schon für die 40er Jahre des 19. Jahrhunderts von einem »Siegeszug« des Teers bzw. des Teermakadam in England. Vgl. Lay (1994), S. 229.

[46] Vgl. die Beilage »Straßenbau«, Meyers Lexikon, Siebente Auflage, Leipzig 1924ff., Bd. 11, Sp. 1008f.

[47] Fritz Todt, Das Straßenbauprogramm Adolf Hitlers und die deutschen Ingenieure, in: Deutsche Technik 1933/10, S. 53.

[48] Vgl. etwa, Birk (1934), S. 431.

[49] Todt (1931), S. 1.

[50] A.a.O., S. 4.

[51] Todt (1933), S. 53–54.

[52] Birk (1934), S. 432.

[53] Vgl. J.W. Gregory, The Story of the Road. From the Beginning to the Present Day, London 1936, S. 257.

[54] Vgl. zu diesem »Good Roads Crusade« Stephen B. Goddard, Getting There. The Epic Struggle between Road and Rail in the American Century, Chicago 1994, S. 43ff.

[55] Vgl. etwa zur Rolle des Fahrradpapstes Albert A. Popes im »Good Roads Movement«, Goddard (1994), S. 44.

[56] Birk (1934), S. 446.

[57] Vgl. dazu etwa, Bruce E. Seely, Der amerikanische Blick auf die deutschen Autobahnen, in: Axel Doßmann u.a., Netzwerk Autobahn, Hamburg 1998, S. 13

[58] Vgl. als ein Beispiel dieser Anlehnung an das amerikanische Vorbild etwa, Wilbur Simonson./R.E. Royall, Landschaftsgestaltung an der Strasse, Roadside Improvement, Gekürzte Wiedergabe einer Veröffentlichung des US Department of Agriculture Bureau of Public Roads, Schriftenreihe der Strasse, Heft 2, Berlin 1935.

59 Birk (1934), S. 446f.

60 Vgl. http://www.tfhrc.gov/pubrds/julaug98/concrete.htm, sowie speziell zu Breslau, Schnell, Betonstraßenbau in Deutschland, in: Die Bauzeitung, 1926/37.

61 The history of concrete, auf: http://www.olemiss.edu/courses/engr313/engr314/hist.html.

62 Birk (1934), S. 447.

63 Vgl. dazu das ganze Kapitel »Über Puteolanerde«, in: Vitruv, Zehn Bücher über Architektur, Darmstadt 1964, S. 94–100.

64 Vgl. zu dieser Idee des Vulkans als einer Art übermenschlichen Brennofens, a.a.O.

65 Vgl. dazu Tom F. Peters, Die Anfänge der Stahlbetonbauweise, in: Eisenarchitektur. Die Rolle des Eisens in der historischen Architektur der ersten Hälfte des 20. Jahrhunderts, Mainz 1985, S. 15–18.

66 Vgl. zum enormen Zementverbrauch im amerikanischen Straßenbau E. Probst, Die Entwicklung des Beton- und Eisenbetonbaues in den Vereinigten Staaten von Nordamerika seit 1913, in: Die Bauzeitung 1926/22/23, S. 177–179. Vgl. zum Panamakanal etwa O. Franzius, (Marine-Hafenbaumeister) »Mehr Wasser«. Etwas über Beton am Panamakanal und bei uns, in: Zeitschrift des Verbandes Deutscher Architekten- und Ingenieurvereine 1912, S. 33–35.

67 Feuchtinger/Neumann, Bericht über eine Studienreise in den Vereinigten Staaten von Nordamerika, Charlottenburg 1925, S. 68. Dieser Feuchtinger ist nicht identisch mit dem oben zitierten Max-Erich. Vermutlich ist er sein Vater.

68 Reichsautobahn im Dachauer Moos, in: Die Strasse 1937/16, S. 476

69 Leo Casagrande/T.A. Wheeler, Sprengen, ein einfaches Hilfsmittel zur raschen Stabilisierung von Straßendämmen, in: Die Strasse 1934/6, S. 184–188, vgl. hier auch generell zur Moorsprengung.

70 Leo Casagrande, Das Moorsprengverfahren, in: Die Strasse, 1939/1, S. 21.

71 Vgl. Todt, Fritz (1931), S. 33.

72 Vgl. Franz Kögler/Alfred Scheidig/Hans Leuffink, Beiträge zur Frostfrage im Straßenbau, in: Leo Casagrande, Bodenmechanik und neuzeitlicher Straßenbau, Schriftenreihe der »Strasse«, Heft 16, Berlin 1939, S. 32.

73 Todt (1931), S. 32

74 Kögler/Scheidig/Leuffink/, a.a.O.

75 Vgl. dazu etwa Peter Siedek, Bodenkundlicher Schulungskurs, in: Die Strasse 1934/4, S. 115.

76 Gunnar Beskow, Om jordarternas kapillaritet, Stockholm 1930.

77 Gunnar Beskow, Schwedische Erfahrungen mit dem Einbau von Isolierschichten gegen Frostaufbrüche und Hebungen, in: Die Strasse 1934/5, S. 148.

78 Vgl. a.a.O., S. 116.

79 Vgl. Dittrich (1953), S. 35.

80 Todt (1931), S. 27.

81 Vgl. zu dieser Zahl, Die Strasse 1939/1, S. 32.

82 Vgl. Lärmer (1975), S. 58.

83 Todt (1931), S. 11.

84 Vgl. zur Erforschung ausländischer Straßenprojekte, Lärmer (1975), S. 46.

85 Vgl. Birk (1934), S. 447.

86 Vgl. Semler/Erb (1960), a.a.O.

87 Todt (1931), S. 36.

88 Wilhelm Eitel, Neue Probleme des Betonstraßenbaus, in: Die Strasse 1934/2, S. 58.

89 Otto Graf, Betonstraßenbau und Materialprüfung, in: Die Strasse 1936/2, S. 56.

90 Vgl. Karl Schaechterle/Fritz Leonhardt, Die konstruktive Gestaltung der Betonfahrbahndecken auf der Reichsautobahn, in: Die Strasse 1936/5, S. 145.

91 Vgl. Dittrich (1936a), S. 9.

92 Todt (1931), S. 46f.

[93] Vgl. in: Dittrich (1936a), Gustav Haegermann/Hans Ernst Schwiete, Zemente für den Straßenbau, S. 12–16, Otto Graf, Betonstraßenbau und Materialprüfung, S. 16–21, Kurt Stöcke, Mineraltechnisches der Zuschlagstoff des Straßenbetons, S. 21–23, Richard Grün, Einfluß der Oberflächenbeschaffenheit der Zuschlagstoffe auf die Betonzugfestigkeit, S. 23, Alfred Hummel, Von der stetigen und unstetigen Kornabstufung der Straßenbetonzuschläge, S. 24-26, Kurt Walz, Die Eignungsprüfung bei Straßenbeton, S. 26–30.

[94] Vgl. Dittrich (1936a), S. 9.

[95] Dies ist jedenfalls der Vorschlag von Schaechterle/Leonhardt. Vgl. Schaechterle/Leonhardt (1936) S. 146.

[96] Vgl. zu diesen Angaben zu Fugen insgesamt, a.a.O., S. 145ff.

[97] Auf die im Gegensatz zu »Dübeln« etwas anders gestalteten »Anker« wird hier nicht eingegangen. Vgl. Dittrich (1953), S. 39.

[98] Leo Casagrande, Warum und wie sollen Fugen in Betondecken verdübelt werden?, in: Die Strasse 1935/2, S. 53.

[99] Vgl. a.a.O., S. 57.

[100] Schaechterle/Leonhardt (1936), S. 144.

[101] Vgl. Dittrich, (1936) S. 11.

[102] Vgl. Werner Schönberg, Die Herstellung der Betonfahrbahndecken auf der Rennstrecke der Reichsautobahn bei Dessau, in: Die Strasse 1938/16, S. 510–512.

[103] Vgl. Rudolf Dittrich, Zur Ebenmäßigkeit von Betonfahrbahndecken, in: ders. (1936) S. 66f.

[104] Stackelberg (1938), S. 932.

[105] Vgl. zur Ähnlichkeit von Pflaster und Beton Sehl (1934), S. 120, sowie die Abb. 17 und 18.

[106] Vgl. zu den später auf 2,25 m verbreiterten Seitenstreifen, Robert Meffert, Regelquerschnitte der Reichsautobahnen, in: Die Strasse 1939/8, S. 260–262.

[107] Todt (1931), S. 6.

[108] Paul Scheerbart, Glasarchitektur, München 1971, LVIII »Schwimmende Architektur«, S. 83.

[109] Vgl. dazu Kathleen James, »Organisch!« Einstein, Finlay-Freundlich, Mendelsohn und der Einsteinturm in Potsdam«, in: Regina Stephan (Hrsg.), Erich Mendelsohn. Gebaute Welten, Ostfildern-Ruit 1998, S. 30–43.

[110] Erich Mendelsohn, Die drei Dimensionen der Architektur, in: Ita Heinze-Greenberg/Regina Stephan, Erich Mendelsohn. Gedankenwelten, Ostfildern-Ruit 2000, S. 65–79.

[111] A.a.O., S. 65.

[112] A.a.O., S. 77.

[113] A.a.O., S. 78.

[114] A.a.O., S. 79.

[115] Die größte Längenänderung beträgt hier so viele mm wie die Schiene m lang ist. Vgl. Robert Hanker, Eisenbahnoberbau, Wien 1952, S. 16.

[116] Peter Berz, 08/15. Ein Standard des 20. Jahrhunderts, München 2001.

[117] Georg Schlesinger, Die Passungen im Maschinenbau, in: Mitteilungen über Forschungsarbeiten auf dem Gebiet des Ingenieurwesens insbesondere aus den Laboratorien der technischen Hochschulen, Heft 18, Berlin 1904.

[118] Berz (2001), S. 50.

[119] A.a.O., S. 52.

[120] Fritz Todt, Abschließende Stellungnahme zu den verschiedenen Erörterungen über die Gefahren einer Versteppung Deutschlands, in: Deutsche Technik 1938/2, S. 74.

[121] Mendelsohn (2000), S. 79.

[122] Siedek(1934), S. 115.

[123] Zitiert nach: a.a.O., S. 112f.

[124] Vgl. dazu Lärmer (1975), S. 86.

[125] Karl Terzaghi, Erdbaumechanik auf bodenphysikalischer Grundlage, Leipzig/Wien 1925.

126 Karl Terzaghi/Ralph B. Peck, Die Bodenmechanik in der Baupraxis, Berlin/Göttingen 1961, S. III.
127 Klaus Theweleit, Männerphantasien 1+2, München Zürich 2000, Bd. 1, S. 7.
128 Mendelsohn (2000), S. 79.
129 Vgl. dazu etwa das Kapitel »Damm und Fluß – das Ritual der Massenaufmärsche«, in: Theweleit, Klaus (2000), Bd. 1, S. 447ff. und das Kapitel »Weißer Terror als Selbstbegrenzung/Selbsterhaltung«, in: a.a.O., Bd. 2, S. 268ff.
130 Walter Ostwald, Reichsautobahn und zukünftige Entwicklung der Kraftfahrt, in: Die Strasse 1937/21, S. 633.
131 A.a.O. S. 631.
132 Paul Bonatz, Die Gestaltung der Brücken im Zuge der Reichsautobahnen, in: Die Strasse 1934/2, S. 54
133 Walter Ostwald, Reichsautobahnfahrt im ersten Deutschlandring, in: Die Strasse, 1939/1, S. 6.
134 Peter Berz, in: Die Zukunft der Kulturwissenschaft, Radiogespräch von Peter Berz und Benjamin Steininger, Sendung vom 12.3.2004 auf reboot.fm.
135 Arno Schmidt, Kühe in Halbtrauer, Frankfurt a.M. 1985, S. 7.
136 Emil Maier-Dorn, Die kulturelle Bedeutung der Reichsautobahn, in: Die Strasse, 1938/23, S. 737.
137 Zitiert nach: Helmuth Schneider, Einführung in die antike Technikgeschichte, Darmstadt 1992, S. 177.
138 Vgl. zur Etymologie »Straße«, in: Der Duden, Etymologie, Mannheim/Wien/Zürich 1989. S. 717.
139 Zitiert nach: Schivelbusch (1977), S. 165.
140 A.a.O., S. 158.
141 A.a.O., S. 163.
142 A.a.O., S. 161.
143 A.a.O., S. 158.
144 A.a.O., S. 27.
145 A.a.O., S. 15.
146 Sigfried Giedion, Raum, Zeit, Architektur, Zürich/München 1976, S. 451.
147 »Robinson«, zitiert nach: a.a.O., S. 453.
148 Vgl. Schneider (1992), S. 187.
149 Alle drei Zitate Marshall McLuhan, Die magischen Kanäle, Dresden/Basel 1995, S. 157.
150 Gilles Deleuze/Felix Guattari, Tausend Plateaus, Berlin 1992, S. 288.
151 Maier-Dorn (1938), S. 736.
152 Fritz Todt, zitiert nach: Lärmer (1975), S. 120.
153 Fritz Todt, zitiert nach: Alwin Seifert: Ein Leben für die Landschaft, Düsseldorf 1962, S. 43.
154 Vgl. Roberto Bosco, Die italienischen Autobahnen, in: Die Strasse 1939/14, S. 455.
155 Vgl, Zeller (2002), S. 150.
156 Vgl. a.a.O., S. 56.
157 Zitiert nach: Zeller (2002), S. 144.
158 Klaus Kuhm, Das eilige Jahrhundert, Hamburg 1995, S. 149.
159 Lärmer (1975), S. 109.
160 Vgl. zu diesen rhetorischen Rangiermanövern mit der Eisenbahn Schütz/Gruber (1996), S. 141.
161 Adolf Hitler, zitiert nach: Eduard Schönleben, Die Reichsautobahn als Lösung des Verkehrsproblems einer neuen Zeit, in: Die Strasse 1939/8, S. 273.
162 Zitiert nach: Seifert (1962), S. 37f.
163 Zitiert nach: Zeller(2002), S. 81.
164 Vgl. dazu Zeller (2002), S. 207.
165 Alwin Seifert, Im Zeitalter des Lebendigen, Dresden/Planegg 1941.

166 Alwin Seifert, Die Heckenlandschaft, Goslar 1941.
167 Alwin Seifert, Lob der Brombeere, in: Die Strasse 1939/12 S. 400–401.
168 Alwin Seifert, Das alpenländische Baugesicht, in: ders. (1941a), S. 163–181.
169 Alwin Seifert, Mehrung der Wildrosen, in: Die Strasse 1940/ 13/14, S. 290–291.
170 Alwin Seifert, Baum und Strauch an der Reichsautobahn, in: Die Strasse 1934/1, S. 19.
171 Seifert (1941a), S. 116.
172 Seifert (1934), S. 22.
173 Alwin Seifert, Schlängelung?, in: Die Strasse 1936/8, S. 582–583, sowie in: ders. (1941a), S. 114–117.
174 A.a.O., S. 114.
175 A.a.O., S. 115.
176 Ebd.
177 Ebd.
178 Beide Zitate, Alwin Seifert, Gedanken zur Linienführung der Reichsautobahnen, in: Die Strasse 1941/ 7/8, S. 131.
179 A.a.O., S. 130.
180 Vgl. a.a.O, S. 155.
181 Hugo Koester, Erfahrungen beim Trassieren von Reichsautobahnen, in: Die Strasse 1940/ 15/16, S. 317–332, hier, S. 317.
182 Walter Ostwald, Fahrterlebnis und Straßenbau, in: Die Strasse 1937/19, S. 559.
183 Zitiert nach: Schütz/Gruber (1996), S. 116.
184 Vgl. Zeller (2002), S. 89.
185 Seifert (1941a), S. 116.
186 Vgl. Schivelbusch (1977), S. 51ff, besonders S. 59.
187 Seifert (1941b), S. 115.
188 Zeller (2002), S. 206.
189 Beide Zitate sowie die unmittelbar folgenden Schütz/Gruber (1996), S. 123f.
190 A.a.O., S. 127.
191 Alwin Seifert, Reichsautobahnen und deutsche Landschaft, in: Otto Reismann, Reichsautobahnen, Berlin u.a. 1935, o.S.
192 Seifert (1962), S. 27f.
193 Seifert (1934), S. 19.
194 Vgl. Erich Heinicke, Die Bedeutung der Straße im Luftschutz, in: Die Strasse 1935/11, S. 414–417.
195 Vgl. Karl Lärmer (1975), S. 141.
196 Schütz/Gruber (1996), S. 154.
197 Stackelberg (1938), S. 932.
198 Seifert (1941d), S. 131.
199 Herybert Menzel, Das Erlebnis der Reichautobahn, in: Die Strasse 1941/ 23/24, S. 373.
200 Rudolf Caracciola (1938), S. 481.
201 Alfons Paquet, Die Autobahn in der Landschaft und im Reich, in: Die Strasse 1939/8, S. 274.
202 Vgl. Virilio (1992b), S. 54.
203 Schütz/Gruber (1996), S. 155ff.
204 Seidler(1986), S. 18.
205 Zitiert nach: Hans Lorenz, Trassierung und Gestaltung von Straßen und Autobahnen, Wiesbaden/Berlin 1971, S. 406.
206 Zitiert nach: Seidler (1986), S. 113.
207 Zitiert nach: Zeller (2002), S. 155f.
208 Vgl. Leopold Oerley, Übergangsbogen bei Straßenkrümmungen, Berlin 1937, S. 10.
209 Oerley (1937)
210 A.a.O., S. 9.

211 Ebd.
212 A.a.O., S. 11.
213 A.a.O., S. 14, wobei: ρ = veränderlicher Radius, R_0 = Kreisradius, *l* = Bogenlänge, *C* = für die Kurve konstanter Parameter.
214 A.a.O., S. 11.
215 Paul Bonatz, zitiert nach: Seidler (1986), S. 113.
216 Vorläufige Anweisungen für die Durchführung der Bauarbeiten an den Reichsautobahnen, Nr. 8, in: Die Strasse 1937/16, S. 479–484.
217 Fritz Todt, zitiert nach: Zeller (2002), S. 155f.
218 Walter Ostwald, Die schwarze Spur, Automobiltechnische Zeitschrift 1938/15, S. 391.
219 Walter Ostwald, Vom Wesen der Reichsautobahn, in: Schriftenreihe der Zeitschrift Deutsche Technik, Heft 12, Berlin 1941, S. 8.
220 Peter Brauer, Über die Form des Übergangsbogens, in: Die Strasse 1940/ 15/16, S. 352–356.
221 Lorenz/Finger (1943).
222 Walter Ostwald, Wünsche des Kraftfahrers um die Trassierung der Reichsautobahnen, in: Lorenz/Finger (1943) S. 120.
223 Hugo Kasper, Welche Kurvenformen genügen als Trassierungselement?, in: Lorenz/Finger (1943), S. 52.
224 Vgl. Walther Schürba, Entwurf, Berechnung und Absteckung einer Klothoide als Straßenkrümmungsbogen mit Hilfe der Klothoiden-Abstecktafeln, in: Die Strasse 1942/5/6, S. 50–54.
225 Vgl. Leopold Oerley (1937), S. 14.
226 Lorenz (1943), S. 49.
227 Vgl. Oerley (1937), S. 11.
228 Hans Gläser, Schneespurmessungen auf der Autobahn, in: Die Strasse 1941/ 7/8, S. 133.
229 Vgl. Ostwald (1943b), S. 121.
230 Seifert (1941d), S. 132.
231 Ostwald (1943b), S. 120.
232 Vgl. Walter Ostwald, Die Nationalpreise für deutsche Kraftfahr- und Flugtechniker, in: Automobiltechnische Zeitschrift 1938/18, S. 479.
233 Schmidt (1985), S. 7.
234 Hans Lorenz, Fahrspurenkunde, in: Die Strasse, 1941/ 9/10, S. 177.
235 Vgl. Viktor von Ranke, Raumperspektive, in: Lorenz/Finger (1943), S. 81–98, sowie Lorenz (1971), S. 107ff.
236 Maier-Dorn (1938), S. 736.
237 Vgl. zum »Ruinengesetz«. Albert Speer, Erinnerungen, Frankfurt a.M./Berlin 1993, S. 69.
238 Hugo Kasper/Walter Schürba/Hans Lorenz, Die Klotoide als Trassierungselement, Bonn 1968. Vorherige Neuauflagen der Klothoiden-Abstecktafeln gab es 1954 und 1965.
239 A.a.O., S. 5.
240 Vgl. zur nahezu ohne Geraden, dafür mit reichlich klothoidischem Schwung geplanten Spessartautobahn, Lorenz (1971), S. 378 und S. 398ff.
241 Karl Valentin, zitiert nach: Pamminger/PRINZGAU/podgorschek/Ries (1995), S. 3.
242 Ostwald (1939).
243 Vgl. Ostwald (1938b).
244 Vgl. Fritz Todt, Benachrichtigung der Verkehrsteilnehmer auf den Reichsautobahnen, in: GI; 2233–65–A. 20. 48 v. 21.4.1938.
245 Heinrich Heine, zitiert nach: Virilio (1978), S. 27.
246 Vgl. dazu Leonardo Benevolo, Die Geschichte der Stadt, Frankfurt a.M. 1983, S. 781ff. oder auch Walter Kieß, Urbanismus im Industriezeitalter, Berlin 1991, S. 25.
247 Virilio (1978), S. 32

[248] Michael Haberlandt, Cultur im Alltag. Gesammelte Aufsätze, Wien 1900, S. 127f.
[249] Zitiert nach, Walter Scheiffele, bauhaus junkers sozialdemokratie, Berlin 2003, S. 93.
[250] Giedion (1976), S. 466.
[251] A.a.O., S. 104.
[252] Vgl. Heidrun Edelmann, Der Traum vom »Volkswagen«, in: Hans-Luidger Dieniel/Helmuth Trischler (Hrsg.), Geschichte der Zukunft des Verkehrs, Frankfurt a.M. 1997, S. 281.
[253] Vgl. beispielsweise Benevolo (1983), S. 884.
[254] McLuhan (1995), S. 342.
[255] Vgl. Wilhelm Arntz, Die Lage der Stadt zur Autobahn, in: Die Strasse 1935/21, S. 746–750.
[256] Beide Zitate in: Ostwald (1939).
[257] Beide Zitate in: Ostwald (1939), S. 9.
[258] Ebd.
[259] Todt (1933) S. 53–54.
[260] W. Blöcker, Kreislösung oder Linienlösung, in: Die Autobahn 1934/5, S. 175.
[261] E. Genzmer, Kreuzung zweier Hauptkraftwagenstraßen, in: Deutsche Bauzeitung 62 (1928), Heft 60, Beilage Stadt und Siedlung Heft 7 (1928), S. 100–101.
[262] Vgl. zur »Luftsicherheit« der Kreislösung Wilhelm Arntz, Zugänge und Knotenpunkte der Reichsautobahnen, Die Autobahn 1934/6, S. 230–232.
[263] Vgl. dazu Krampen (1988), S. 48.
[264] Blöcker (1934), a.a.O.
[265] Ostwald (1939), S. 9.
[266] Vgl. Freie Fahrt am Frankfurter Kreuz, Mannheimer Morgen, 20.12.2000.
[267] Virilio (1978), S. 32.
[268] Ostwald (1939), a.a.O.
[269] Vgl. zur Anlage bei Hermsdorf Friedrich Tamms, Rastanlage an der Reichsautobahn-Kreuzung bei Hermsdorf in Thüringen, in: Die Strasse 1938/7, S. 214–15; zum Rathaus in der Hallertau Georg Gsaenger, Das Rasthaus in der Holledau, in: Friedrich August Finger/Waldemar Wucher, Raststätten an der Reichsautobahn, Chiemsee, Magdeburger Börde und Holledau als Beispiele betrieblicher und architektonischer Gestaltung, Schriftenreihe der Strasse, Heft 13, Berlin 1939, S. 61–71; zum Rasthaus Chiemsee, Bruno Wehner, Rastanlagen an der Reichsautobahn, in: Die Strasse 1938/6, S. 171; zum Rasthof Magdeburger Börde, Karl Theodor Bauer, Der Rasthof Magdeburger Börde, in: Finger/Wucher (1939), S. 47–59.
[270] Vgl. zu den Wappen Paul Hafen, Das Rasthaus am Chiemsee, Verkehrslage und Bau, in: Finger/Wucher (1939) S. 17.
[271] Pirschtat (1992), S. 81.
[272] Fritz Todt, Mein Auftrag, in: Die Strasse 1938/15, S. 475.
[273] Vgl. Hafen (1939), S. 17f.
[274] Peter Sloterdijk, Eurotaoismus. Zur Kritik der politischen Kinetik, Frankfurt a.M. 1989, S. 43.
[275] Fritz Todt, zitiert nach, Zeller (2002), S. 161.
[276] Vgl. dazu Helmut Weihsmann, Bauen unterm Hakenkreuz, Wien 1998, S. 155.
[277] Beide, Hafen (1939), S. 19
[278] Max Schoen, Das Rasthaus am Chiemsee. Die Gestaltung des Rasthauses und seiner Innenräume, in: Finger/Wucher (1939), S. 22.
[279] Schoen (1939), S. 21.
[280] Vgl. zu diesen Zahlen und den folgenden Angaben zu baulichen Details, falls sie nicht anderweitig gekennzeichnet sind, Hafen (1939), S. 18ff.
[281] Vgl. Schoen (1939), S. 36f.
[282] A.a.O., S. 39.
[283] A.a.O., S. 19.
[284] A.a.O., S. 20.

[285] Schoen (1939), S. 22.
[286] A.a.O., S. 23.
[287] A.a.O., S. 35.
[288] A.a.O., S. 23.
[289] Vgl. Hafen (1939), S. 20.
[290] A.a.O., S. 36. bzw. 34.
[291] A.a.O., S. 22.
[292] Bauer (1939), S. 49.
[293] Vgl. zu diesen Zahlen, Friedrich Tamms (1938), S. 214–215, bzw. Bauer (1939), S. 48ff.
[294] Vgl. a.a.O., S. 59.
[295] Vgl. Tamms (1938), S. 214f.
[296] Ostwald (1939), S. 9.
[297] Zitiert nach: Werner Durth, Deutsche Architekten, München 1992, S. 158.
[298] Rudolf Hoffmann, Die Verkehrsbedienung des Reichsparteitagsgeländes durch Reichsautobahnen und Kraftverkehr, in: Die Strasse 1938/17, S. 548–553.
[299] Vgl. dazu CENTRUM Industriekultur Nürnberg (Hg.), Kulissen der Gewalt, München 1992, S. 50.
[300] Thomas Wunder, Das Reichsparteitagsgelände in Nürnberg, Nürnberg 1984, S. 31.
[301] Vgl. Weihsmann (1998) S. 944.
[302] Vgl. dazu CENTRUM Industriekultur (1992), S. 128f.
[303] Vgl. zu dieser Lagerlandschaft a.a.O., S. 6 bzw. 84.
[304] Vgl. a.a.O., S. 77.
[305] Hoffmann (1938), S. 551.
[306] A.a.O., S. 552.
[307] A.a.O., S. 551.
[308] Ebd.
[309] Ebd.
[310] McLuhan (1995), S. 342.
[311] Vgl. Berliner Kurier vom 30.6.1996.
[312] Schütz/Gruber (1996), S. 47. Alle weiteren Zitate in diesem Absatz stammen aus Richard Wagner, Die Meistersinger von Nürnberg, hrsg. von Attila Csampai und Dietmar Holland, Reinbek 1981, S. 60f.
[313] A.a.O.
[314] Vgl. zu diesem »Bluff« Schütz/Gruber (1996), S. 48f.
[315] Hans Günter Marek, Rundfunk und Reichsautobahn, in: Die Strasse 1937/4, S. 110–111.
[316] Vgl. A. Herrchen, Kabelverlegung im Zuge der Reichsautobahnen, in: Die Autobahn 1934/7, S. 276–277.
[317] Vgl. Hans Knorr, Erfahrungen bei der Winterwartung an der Reichsautobahnstrecke Schleiz-Lanzendorf, in: Die Strasse 1937/18, S. 537.
[318] Vgl. Todt (1938b).
[319] Zur Zukunftsmusik Bruno Wehner, Rundfunk und Fernkraftverkehr, in: Die Strasse 1939/4, S. 135.
[320] Walter Ostwald, NS-Technik, in: Deutsche Technik 1943/2, S. 51.
[321] Walter Ostwald, Führung und Technik, in: Die Strasse 1942/3/4, S. 28.
[322] Walter Ostwald (1939), S. 9.
[323] Vgl. zur Richtung der Autobahnen Rudolf Hoffmann, Die Kilometrierung der Reichsautobahnen, in: Die Strasse 1939/15, S. 486–488.
[324] Arnold König, Rundfunk und Kraftfahrt, in: Die Strasse 1936/3, S. 93
[325] Ostwald (1942) S. 28.
[326] Alle Zitate aus: Ostwald (1939).
[327] Observer vom 9.4.1944, zitiert nach: Durth (1992), S. 238f.
[328] Ebd.

[329] Speer (1993), S. 446.
[330] Vgl. zur Geschichte des Benzolverbands (B.V.) und seinem Ostwald'schen Super-Benzin http://www.aral.de
[331] Hans Lorenz, Die Mitarbeit der lebendigen Natur beim technischen Werk, in: Die Strasse 1941/ 17/18, S. 289–295. Die »Zitate« in diesem Abschnitt stammen aus diesem Artikel und sind dort so leicht aufzufinden, dass sie im Einzelnen nicht genauer ausgewiesen werden müssen.
[332] Ostwald (1939), S. 9.
[333] Ostwald (1941), S. 8.
[334] Ostwald (1937b), S. 631.
[335] Vgl. Durth (1992), S. 244.
[336] Vgl. Michael Geyer, Deutsche Rüstungspolitik 1860–1980, Frankfurt a.M. 1984, S. 165f.
[337] Vgl. Friedrich Kittler, Rockmusik, ein Mißbrauch von Heeresgerät, in: Theo Elm/Hans Hiebel (Hgg.), Medien und Maschinen, Freiburg 1991, S. 245ff.
[338] Virilio (1978), S. 32.
[339] Vgl. Berliner Stadtzeitung Scheinschlag, Ausgabe 19, 1998.
[340] CENTRUM Industriekultur (1992), S. 156ff., hier finden sich auch alle anderen erwähnten Details zu »Langwasser«.
[341] http://www.avenue-hotel.de/200.htm.
[342] Vgl. eine knappe Notiz in: Die Strasse 1940/9/10, S. 210.
[343] Seidler (1986), Vorwort.
[344] Vgl. Windisch-Hojnacki (1989), S. 99.
[345] Vgl. Weihsmann (1998), S. 155, sowie http://www.defenselink.mil/news/Feb1998/n02191998_9802191.html.
[346] http://members.tripod.com/~leehanj/recreation.htm.
[347] Hafen (1939), S. 20.
[348] http://www.globalsecurity.org/military/library/news/2003/04/mil-030401-army-afrceclosures.htm.
[349] http://www.afrceurope.com/inside/index.html.
[350] http://www.dod.gov/news/Jul2002/n07012002_200207015.html, bzw. http://www.afrceurope.com.
[351] http://members.tripod.com/~leehanj/recreation.htm.
[352] http://www.dtic.mil/afps/news/9808252.html.
[353] http://www.afrceurope.com/inside/index.html.
[354] http://members.tripod.com/~leehanj/recreation.htm.
[355] http://www.defenselink.mil/news/Feb1998/n02191998_9802191.html.
[356] Beide http://www.afrceurope.com/inside/index.html.
[357] Paul Virilio, Bunkerarchäologie, München/Wien 1992, S. 41f.
[358] Wilhelm Ostwald 1901, zitiert nach, Grete Ostwald, Wilhelm Ostwald, Mein Vater, Stuttgart 1953, S. 57.
[359] Ostwald (1938b).
[360] A.a.O., S. 19.
[361] Ostwald (1941), S. 3.
[362] Wilhelm Ostwald zitiert nach: Alwin Mittasch, Von der Chemie zur Philosophie, Ulm 1948, S. 107.
[363] Vgl. Nobel Lectures, Chemistry 1901–1921, Amsterdam/London/New York 1966, S. 148.
[364] Mittasch (1948), S. 106.
[365] Nobel Lectures (1966), S. 148.
[366] Angabe in: Kittler (1988), S. 150.
[367] Vgl. den Eintrag »Kraftwagen« in: Meyers Lexikon (1924ff.), Siebenter Band, Sp. 53.
[368] Vgl. Arthur Casagrande, Betrachtungen eines ausländischen Straßenbaufachmannes über die Reichsautobahnen, in: Die Strasse 1937/21, S. 642–643.

369 Zitiert nach: Pirschtat (1992), S. 81.
370 Vgl. Lärmer (1975), S. 94.
371 Adolf Hitler zitiert nach: Ulf Poschardt, Über Sportwagen, Berlin 2002, S. 88.
372 Walter Ostwald, Die Technik und die deutsche Zukunft, in: Die Strasse 1940/ 13/14, S. 287.
373 Vgl. zur Produktion von 50.000 Kübelwagen und 14.000 Amphibienfahrzeugen, Schütz/Gruber (1996), S. 145.
374 Vgl. zu Heß' Rede, Lärmer (1975), S. 41, zu den Lohnzahlungen unterhalb der Arbeitslosenhilfe, a.a.O., S. 63.
375 Speer (1993), S. 9. Inhaltsverzeichnis. Das Kapitel »Hitler als Katalysator« beginnt auf S. 45.
376 Ebd.
377 Ludger Lütkehaus zitiert nach: Agentur Bilwet, (o.J.), S. 167.
378 Vgl. Szöllösi-Janze (2002), S. 99.
379 Wilhelm Ostwald/Eberhard Brauer, Platin als weltgeschichtlicher Faktor, in: Festschrift der Platinschmelze G. Siebert, G.m.b.H., Hanau 1931.
380 Vgl. McLuhan (1995), S. 336.
381 Heiner Müller, Rotwelsch, Berlin 1982, S. 131.
382 Herbert Achternbusch, Die Autobahn, in: ders., Du hast keine Chance, aber nutze sie, Bd. 4, Das Haus am Nil, Frankfurt a.M. 1987, S. 193–199, hier S. 199.

Literatur

Achternbusch, Herbert (1987), Die Autobahn, in: ders., Du hast keine Chance, aber nutze sie, Bd. 4, Das Haus am Nil, Frankfurt/M. 1987, S. 193–199.

Agentur Bilwet (o.J.), Die Autobahn im Rückspiegel, in: dies., Der Datendandy, Mannheim o.J., S. 157–169.

Amtliche Mitteilungen des ADAC (1933), München.

Arntz, Wilhelm (1934), Zugänge und Knotenpunkte der Reichsautobahnen, in: Die Autobahn 1934/6, S. 230–232.

Arntz, Wilhelm (1935), Die Lage der Stadt zur Autobahn, in: Die Strasse 1935/21, S. 746–750.

Auberlen, Richard (1956), Vom Schwung der Fahrt zur Form der Straße, in: Forschungsarbeiten aus dem Straßenwesen, Neue Folge Heft 25, Bielefeld 1956.

Die Autobahn, HAFRABA-Mitteilungsblatt, Berlin 1931–1934.

Automobiltechnische Zeitschrift, Berlin 1933–1938.

Autobahnverzeichnis 2003, Berichte der Bundesanstalt für Straßenwesen, Verkehrstechnik Heft V 111, Bergisch Gladbach 2003.

Bauer, Karl Theodor (1939), Der Rasthof Magdeburger Börde, in: Finger/Wucher (1939), S. 47–59.

Die Bauzeitung, Stuttgart 1926.

Benevolo, Leonardo (1983), Die Geschichte der Stadt, Frankfurt/M.

Berliner Kurier vom 30.06.1996.

Berliner Stadtzeitung Scheinschlag, Ausgabe 19, 1998.

Berz, Peter (2001), 08/15. Ein Standard des 20. Jahrhunderts, München.

Berz, Peter/Steininger, Benjamin (2004), Die Zukunft der Kulturwissenschaft, Radiogespräch auf reboot.fm, Sendung vom 12.3.2004.

Beskow, Gunnar (1930), Om jordarternas kapillaritet, Stockholm.

— (1934), Schwedische Erfahrungen mit dem Einbau von Isolierschichten gegen Frostaufbrüche und Hebungen, in: Die Strasse 1934/5, S. 148–152.

Birk, Alfred (1934), Die Strasse, Karlsbad-Drahowitz.

Bitomsky, Hartmut (1986), Die Reichsautobahn, Fernsehfilm WDR 3, 26.6.1986.

Blöcker, W. (1934), Kreislösung oder Linienlösung, in: Die Autobahn 1934/5, S. 175–178.

Bonatz, Paul (1934), Die Gestaltung der Brücken im Zuge der Reichsautobahnen, in: Die Strasse 1934/2, S. 52–55.

Bosco, Roberto (1939), Die italienischen Autobahnen, in: Die Strasse 1939/14, S. 454–459.

Bramesfeld, E. (1934), Aufmerksamkeitslücken beim Autofahren, in: Die Autobahn 1934/7, S. 274–275.

Brauer, Peter (1940), Über die Form des Übergangsbogens, in: Die Strasse 1940/15/16, S. 352–356.

Caracciola, Rudolf (1938), Was mir die Reichsautobahn bedeutet, in: Die Strasse 1938/15, S. 481.

Casagrande, Arthur (1937), Betrachtungen eines ausländischen Straßenbaufachmannes über die Reichsautobahnen, in: Die Strasse 1937/21, S. 642–643.

Casagrande, Leo (1935), Warum und wie sollen Fugen in Betondecken verdübelt werden?, in: Die Strasse 1935/2, S. 53–57.

— (1936), Erfahrungen über das Hochpressen abgesackter Betondecken, in: Dittrich, Rudolf (1936a), S. 68–70.
— (1939a) Bodenmechanik und neuzeitlicher Straßenbau, Schriftenreihe der »Strasse«, Heft 16, Berlin.
— (1939b), Eindrücke vom holländischen Straßenbau, in: ders. (1939a), S. 126–130.
— (1939c), Das Moorsprengverfahren, in: Die Strasse 1939/1, S. 20–23.
Casagrande, Leo/Wheeler, T.A. (1934), Sprengen, ein einfaches Hilfsmittel zur raschen Stabilisierung von Straßendämmen, in: Die Strasse 1934/6, S. 184–188.
CENTRUM Industriekultur Nürnberg (Hg.) (1992), Kulissen der Gewalt, München.
Cesàro, Ernesto (1901), Vorlesungen über natürliche Geometrie, Leipzig.

DDAC-Motorwelt, Berlin 1938.
Deleuze, Gilles/Guattari, Félix (1992), Tausend Plateaus, Berlin.
Deutsche Technik, Technopolitische Zeitschrift der Architekten, Chemiker, Ingenieure, Techniker, Leipzig Berlin, 1933–1943.
Dittrich, Rudolf (1936a), Betonstraßenbau, Belebung und Entwicklung durch den Bau der Reichsautobahn, Schriftenreihe der Strasse, Heft 4, Berlin.
— (1936b), Die Entwicklung des Betonfahrbahndeckenbaues, in: ders. (1936a) S. 8–11.
— (1936c), Zur Ebenmäßigkeit von Betonfahrbahndecken, in: ders. (1936a) S. 65–68.
— (1953), Erfahrungen mit Betonstraßen, Berlin.
Der Duden, Etymologie (1989), Mannheim Wien Zürich.
Doßmann, Axel (2003), Begrenzte Mobilität, Essen.
Doßmann, Axel/Kroske, Gerd, Autobahn Ost, Eine Produktion der Leykauf Film im Verleih von Real Fiction, 2004.
Durth, Werner (1992), Deutsche Architekten, München.

Edelmann, Heidrun (1997), Der Traum vom »Volkswagen«, in: Dieniel, Hans-Luidger, Trischler, Helmuth (Hrsg), Geschichte der Zukunft des Verkehrs, Frankfurt/M. 1997, S. 281–288.
Eitel, Wilhelm (1934), Neue Probleme des Betonstraßenbaus, in: Die Strasse 1934/2, S. 58–59.
Euler's Spiral, in: American Mathematical Monthly, Volume 25, Menasha Wisc. 1918, S. 276–282.

Falk Straßen-Atlas 98, Hamburg 1998.
Fehlemann (1934), Gabelungen und Kreuzungen von Autobahnen, in: Die Autobahn 1934/3, S. 101–107.
Feuchtinger, Max-Erich (1935), Der Verkehr im Wandel der Zeiten seit dem Jahre 1000, Berlin.
— (1939), Die verkehrliche Leistungsfähigkeit der Reichsautobahnen, insbesondere der Autobahnknotenpunkte, in: Die Bautechnik, Jg. 17, Heft 32, Berlin 1939, S. 451–454.
Feuchtinger, Neumann (1925), Bericht über eine Studienreise in den Vereinigten Staaten von Nordamerika, Charlottenburg.
Finger F.A./Wucher, Waldemar (1939), Raststätten an der Reichsautobahn, Chiemsee, Magdeburger Börde und Holledau als Beispiele betrieblicher und architektonischer Gestaltung, Schriftenreihe der Strasse, Heft 13, Berlin.
Foucault, Michel (1977), Überwachen und Strafen, Frankfurt/M.
Franzius, O. (Marine-Hafenbaumeister) (1912), »Mehr Wasser«. Etwas über Beton am Panamakanal und bei uns, in: Zeitschrift des Verbandes Deutscher Architekten- und Ingenieurvereine, 1912, S. 33–35.
Freie Fahrt am Frankfurter Kreuz, Mannheimer Morgen, 20.12.2000.
Fritz, Georg, Straßen und Bauten Adolf Hitlers, Berlin 1939.

Gal, E., Geschichten vom Finden, in: Schattenlinien, Nr. 4/5, Berlin 1991, S. 3–35.

Genzmer, E. (1928), Kreuzung zweier Hauptkraftwagenstraßen, in: Deutsche Bauzeitung 62 (1928), Heft 60, Beilage Stadt und Siedlung Heft 7 (1928), S. 100–101.

Geyer, Michael (1984), Deutsche Rüstungspolitik 1860–1980, Frankfurt/M.

Giedion, Sigfried (1976), Raum, Zeit, Architektur, Zürich/München.

— (1982), Die Herrschaft der Mechanisierung, Frankfurt/M.

Gläser, Hans (1941), Schneespurmessungen auf der Autobahn, in: Die Strasse 1941/7/8, S. 133–134.

— (1943), Schneespurmessungen auf der Autobahn, in: Lorenz/Finger (1943), S. 148–154.

Goddard, Stephen B. (1994), Getting There, The Epic Struggle between Road and Rail in the American Century, Chicago.

Graf, Otto (1936), Betonstraßenbau und Materialprüfung, in: Die Strasse 1936/2, S. 52–58, sowie in: Dittrich, Rudolf (1936a), S. 16–21.

Gregory, J.W. (1936), The Story of the Road, From the Beginning to the Present Day, London 1936.

Grün, Richard (1936), Einfluss der Oberflächenbeschaffenheit der Zuschlagstoffe auf die Betonzugfestigkeit, in: Dittrich, Rudolf (1936a), S. 23.

Gsaenger, Georg (1939), Das Rasthaus in der Holledau, in: Finger/Wucher (1939), S. 61–71.

Guderian, Heinz (1925), Die Lebensader Verduns, in: Der Kampfwagen. Monatliche Beilage zum Militair-Wochenblatt Nummer 4, Januar 1925.

Haberlandt, Michael (1900), Cultur im Alltag, Gesammelte Aufsätze, Wien.

Haegermann, Gustav/Schwiete, Hans Ernst, Zemente für den Straßenbau, in: Dittrich, Rudolf (1936a), S. 12–16,

Hafen, Paul (1939), Das Rasthaus am Chiemsee, Verkehrslage und Bau, in: Finger/Wucher (1939) S. 17–20.

— (1956), Das Schrifttum über die deutschen Autobahnen, Bonn.

Hanker, Robert (1952), Eisenbahnoberbau, Wien.

Hasse, Jürgen (1993), Heimat und Landschaft, Über Gartenzwerge, Center Parcs und andere Ästhetisierungen, Wien.

Heidegger, Martin (1993), Sein und Zeit, Tübingen.

Heinicke, Erich (1935), Die Bedeutung der Straße im Luftschutz, in: Die Strasse 1935/11, S. 414–417.

Herrchen, A. (1934), Kabelverlegung im Zuge der Reichsautobahnen, in: Die Autobahn 1934/7, S. 276–277.

Hoffmann, Rudolf (1938), Die Verkehrsbedienung des Reichsparteitagsgeländes durch Reichsautobahnen und Kraftverkehr, in: Die Strasse 1938/17, S. 548–553.

— (1939), Die Kilometrierung der Reichsautobahnen, in: Die Strasse 1939/15, S. 486–488.

Hummel, Alfred (1936), Von der stetigen und unstetigen Kornabstufung der Straßenbetonzuschläge, in: Dittrich, Rudolf (1936a), S. 24–26.

James, Kathleen (1998), »Organisch! Einstein, Finlay-Freundlich, Mendelsohn und der Einsteinturm in Potsdam«, in: Stephan, Regina (Hrsg.), Erich Mendelsohn. Gebaute Welten, Ostfildern-Ruit 1998, S. 30–43.

Kaftan, Kurt (1955), Der Kampf um die Autobahnen. Geschichte und Entwicklung des Autobahngedankens in Deutschland von 1907–1935 unter Berücksichtigung ähnlicher Pläne und Bestrebungen im übrigen Europa, Berlin.

Kasper, Hugo (1943a), Welche Kurvenformen genügen als Trassierungselement?, in: Lorenz/Finger (1943), S. 52–54.

— (1943b), Ein Verfahren zur Berechnung und Absteckung beliebiger Übergangsbögen, in: Lorenz/Finger (1943), S. 61–66

Kasper, Hugo/Schürba, Walter/Lorenz, Hans (1968), Die Klothoide als Trassierungselement, Bonn.

Kieß, Walter (1991), Urbanismus im Industriezeitalter, Berlin.

Kittler, Friedrich (1988), Autobahnen, in: Wolfgang Storch (Hrsg.), Explosion of a Memory. Heiner Müller DDR. Ein Arbeitsbuch, Berlin 1988, S. 147–151.

— (1991), Rock Musik, ein Mißbrauch von Heeresgerät, in: Elm, Theo/Hiebel, Hans (Hgg.), Medien und Maschinen, Freiburg 1991, S. 245ff.

Knoflacher, Hermann (1995), Verkehrsnetze, in: Pamminger, Walter/PRINZGAU/podgorschek/Ries, Marc (1995), S. 14–25.

Knorr, Hans (1937), Erfahrungen bei der Winterwartung an der Reichsautobahnstrecke Schleiz-Lanzendorf, in: Die Strasse 1937/18, S. 532–537.

Kögler, Franz/Scheidig, Alfred/Leuffink, Hans (1939), Beiträge zur Frostfrage im Straßenbau, in: Casagrande, Leo (1939a), S. 32–41.

Koester, Hugo (1940), Erfahrungen beim Trassieren von Reichsautobahnen, in: Die Strasse 1940/15/16, S. 317–332.

König, Arnold (1936), Rundfunk und Kraftfahrt, in: Die Strasse 1936/3, S. 92–93.

Koolhaas, Rem (1999), Delirios New York/Aachen.

Kornrumpf, Martin (1990), HAFRABA e. V. Deutsche Autobahn-Planung 1926–1934, Bonn.

Krampen, Martin (1988), Geschichte der Verkehrszeichen, Diachronische Analyse eines Zeichensystems, Tübingen.

Kuhm, Klaus (1995), Das eilige Jahrhundert, Hamburg.

Lärmer, Karl (1975), Autobahnbau in Deutschland 1933–1945. Zu den Hintergründen, Berlin.

Lay, Maxwell G. (1994), Die Geschichte der Straße, Vom Trampelpfad zur Autobahn, Frankfurt/M./New York.

Liese, Albert (1934a), Die Bedeutung der 2000km durch Deutschland für die Reichsautobahnen, in: Verkehrstechnik, Zentralblatt für den Gesamten Landverkehr und Straßenbau, Berlin 1934, »Straßenbau und Straßenunterhaltung«, Straßenbaubeilage der Verkehrstechnik, 1934/1, S. 13–15.

— (1934b), Die Ausrüstung der Straße, in: Die Strasse 1934/9, S. 273–286.

Lorenz, Hans (1941a), Fahrspurenkunde, in: Die Strasse, 1941/9/10, S. 177–182.

— (1941b), Die Mitarbeit der lebendigen Natur beim technischen Werk, in: Die Strasse 1941/17/18, S. 289–295.

— (1943), Sinn und Anwendung von Übergangsbögen, in: Lorenz/Finger (1943), S. 43–51.

— (1971), Trassierung und Gestaltung von Straßen und Autobahnen, Wiesbaden/Berlin.

Lorenz, Hans/Finger, F. A (1943), Trassierungsgrundlagen der Reichsautobahnen, Schriftenreihe der »Strasse«, Heft 28, Berlin.

Macho, Thomas H. (1995), Übersehen, in: Pamminger, Walter, PRINZGAU/podgorschek, Ries, Marc (1995), S. 8–4.

Maier-Dorn, Emil (1938), Die kulturelle Bedeutung der Reichsautobahn, in: Die Strasse 1938/23, S. 736–738.

Marek, Hans Günter (1937), Rundfunk und Reichsautobahn, in: Die Strasse 1937/4, S. 110–111.

McLuhan, Marshall (1995), Die magischen Kanäle, Dresden/Basel.

Meffert, Robert (1939), Regelquerschnitte der Reichsautobahnen, in: Die Strasse 1939/8, S. 260–262.

Mendelsohn, Erich (2000), Die drei Dimensionen der Architektur, in: Heinze-Greenberg, Ita/Stephan, Regine, Erich Mendelsohn. Gedankenwelten, Ostfildern-Ruit 2000, S. 65–79.

Menzel, Herybert (1941), Das Erlebnis der Reichautobahn, in: Die Strasse 1941/23/24, S. 373–375.

Meyers Lexikon (1924ff.), Siebente Auflage, Leipzig.
Mittasch, Alwin (1948), Von der Chemie zur Philosophie, Ulm.
Müller, Heiner (1982), Rotwelsch, Berlin.

Nobel Lectures (1966), Chemistry 1901–1921, Amsterdam/London/New York.

Oerley, Leopold (1937), Übergangsbogen bei Straßenkrümmungen, Berlin.
Ostwald, Grete (1953), Wilhelm Ostwald, Mein Vater, Stuttgart.
Ostwald, Walter (1934), Der Rohstoff des Gummireifens, in: Die Strasse 1934/8 S. 243–245.
— (1937a), Fahrterlebnis und Straßenbau, in: Die Strasse 1937/19, S. 558–559.
— (1937b), Reichsautobahn und zukünftige Entwicklung der Kraftfahrt, in: Die Strasse 1937/21, S. 631–632.
— (1938a), Die schwarze Spur, Automobiltechnische Zeitschrift, 1938/15, S. 391.
— (1938b), Die Wirtschaftlichkeit von Autobahnen, Ergebnisse der Vergleichsfahrten auf Reichsautobahn und Reichsstraße, Schriftenreihe der Strasse, Heft 10, Berlin.
— (1938c), Die Nationalpreise für deutsche Kraftfahr- und Flugtechniker, in: Automobiltechnische Zeitschrift 1938/18, S. 479
— (1939), Reichsautobahnfahrt im ersten Deutschlandring, in: Die Strasse 1939/1, S. 6–10.
— (1940a), Die wirkliche Form des Übergangsbogens, in: Die Strasse 1940/7/8, S. 144–145.
— (1940b), Die Technik und die deutsche Zukunft, in: Die Strasse 1940/13/14, S. 287–289.
— (1941), Vom Wesen der Reichsautobahn, in: Schriftenreihe der Zeitschrift Deutsche Technik, Heft 12, Berlin 1941, S. 2–8.
— (1942), Führung und Technik, in: Die Strasse 1942/3/4, S. 28–29.
— (1943a), NS-Technik, in: Deutsche Technik 1943/2, S. 48–51.
— (1943b), Wünsche des Kraftfahrers um die Trassierung der Reichsautobahnen, in: Lorenz/Finger (1943), S. 119–127.
Ostwald, Wilhelm (1903), Stickstoff, eine Lebensfrage, in: ders., Abhandlungen und Vorträge allgemeinen Inhaltes (1887–1903), Leipzig 1904, S. 326–336.
Ostwald, Wilhelm/Brauer, Eberhard (1931), Platin als weltgeschichtlicher Faktor, in: Festschrift der Platinschmelze G. Siebert G.m.b.H., Hanau.

Pamminger, Walter/PRINZGAU/podgorschek/ Ries, Marc (1995), AutoBahn und Medien, Wien.
Paquet, Alfons (1939), Die Autobahn in der Landschaft und im Reich, in: Die Strasse 1939/8, S. 274–276.
Peters, Tom F. (1985), Die Anfänge der Stahlbetonbauweise, in: Eisenarchitektur, Die Rolle des Eisens in der historischen Architektur der ersten Hälfte des 20. Jahrhunderts, Mainz 1985, S. 15–18.
Pirschtat, Jutta (1992), Die Wirklichkeit der Bilder, Der Filmemacher Hartmut Bitomsky, Essen.
Poschardt, Ulf (2002), Über Sportwagen, Berlin.
Probst, E. (1926), Die Entwicklung des Beton- und Eisenbetonbaues in den Vereinigten Staaten von Nordamerika seit 1913, in: Die Bauzeitung 1926/22/23.
Preuß, Rainer (2002), Berlin auf Schienen erleben, München.

Radkau, Joachim (1989), Technik in Deutschland, Vom 18. Jahrhundert bis zur Gegenwart, Frankfurt/M.
Ranke, Viktor von (1943), Raumperspektive, in: Lorenz/Finger (1943), S. 81–98.
Raven, W. (1934), Die Versuchsstraße in Braunschweig und das neue Versuchsprogramm, in: Die Autobahn 1934/12, S. 526–533.

Reichsautobahn im Dachauer Moor, in: Die Strasse, Herausgegeben vom Generalinspektor für das deutsche Straßenwesen, 1937/16, S. 476.
Reismann, Otto (1935), Reichsautobahnen, Berlin.
Rühmkorf, Peter (1995), TABU 1, Reinbek.

Schaechterle, Karl/Leonhardt, Fritz (1936), Die konstruktive Gestaltung der Betonfahrbahndecken auf der Reichsautobahn, in: Die Strasse 1936/5, S. 143–147.
Scheiffele, Walter (2003), bauhaus junkers sozialdemokratie, ein kraftfeld der moderne, Berlin.
Scheerbart, Paul (1971), Glasarchitektur, München.
Schivelbusch, Wolfgang (1977), Geschichte der Eisenbahnreise, Zur Industrialisierung von Raum und Zeit im 19. Jahrhundert, München/Wien.
Schmidt, Arno (1985), Kühe in Halbtrauer, Frankfurt/M.
Schneider, Helmuth (1992), Einführung in die antike Technikgeschichte, Darmstadt.
Schnell (1926), Betonstraßenbau in Deutschland, in: Die Bauzeitung 1926/37.
Schönberg, Werner (1938), Die Herstellung der Betonfahrbahndecken auf der Rennstrecke der Reichsautobahn bei Dessau, in: Die Strasse 1938/16, S. 510–512.
Schoen, Max (1939), Das Rasthaus am Chiemsee. Die Gestaltung des Rasthauses und seiner Innenräume, in: Finger/Wucher (1939), S. 21–45.
Schönleben, Eduard (1939), Die Reichsautobahn als Lösung des Verkehrsproblems einer neuen Zeit, in: Die Strasse 1939/8, S. 273.
Schürba, Walter (1942a), Entwurf, Berechnung und Absteckung einer Klothoide als Straßenkrümmungsbogen mit Hilfe der Klothoiden-Abstecktafeln, in: Die Strasse 1942/5/6, S. 50–54. sowie in: Lorenz/Finger (1943), S. 56–61.
— (1942b), Klothoiden-Abstecktafeln, Berlin.
Schütz, Erhard/Gruber, Eckhard (1996), Mythos Reichsautobahn, Berlin.
Schunk, Theo Ernst (1943), Wie nimmt der gummibereifte Kraftwagen Seitenkräfte auf und welche Folgerung hat dies für die Querneigung der Straße in den Übergangsbögen?, in: Lorenz/Finger (1943), S. 140–142.
Seely, Bruce E. (1998), Der amerikanische Blick auf die deutschen Autobahnen, in: Doßmann, Axel u.a., Netzwerk Autobahn, Hamburg 1998, S. 11–28.
Seidler, Franz W. (1986), Fritz Todt, Baumeister des Dritten Reiches, München/Berlin.
Seifert, Alwin (1934), Baum und Stauch an der Reichsautobahn, in: Die Strasse 1934/1, S. 19–22.
— (1935), Reichsautobahnen und deutsche Landschaft, in: Reismann, Otto (1935).
— (1939), Lob der Brombeere, in: Die Strasse 1939/12, S. 400–401.
— (1940), Mehrung der Wildrosen, in: Die Strasse 1940/13/14, S. 290–291.
— (1941a), Im Zeitalter des Lebendigen, Dresden/Planegg.
— (1941b), Schlängelung?, in: ders. (1941a), S. 114–117.
— (1941c) Das alpenländische Baugesicht, in: ders. (1941a), S. S. 163–181.
— (1941d), Gedanken zur Linienführung der Reichsautobahnen, in: Die Strasse 1941/7/8, S. 130–132.
— (1941e), Heckenlandschaft, Goslar.
— (1962), Ein Leben für die Landschaft, Düsseldorf.
Sehl (1934), Die Fahrbahn der Reichsautobahnen, in: Verkehrstechnik, Zentralblatt für den Gesamten Landverkehr und Straßenbau, Berlin 1934/5, S. 118–120.
Semler, Rudolf/Erb, Hans F. (1960), Beton, Fundamente, Formen, Figuren, Düsseldorf.
Siedek, Peter (1934), Bodenkundlicher Schulungskurs. Abgehalten im Auftrag des Generalinspektors für das deutsche Straßenwesen an der Technischen Hochschule, Charlottenburg, vom 10–15. September 1934, in: Die Strasse 1934/4, S. 112–120.
Simonson, Wilbur H./Royall, R. E. (1935), Landschaftsgestaltung an der Strasse, Roadside Improvement, Gekürzte Wiedergabe einer Veröffentlichung des U.S. Department of Agriculture Bureau of Public Roads, Schriftenreihe der Strasse, Heft 2, Berlin 1935.
Sloterdijk, Peter (1989), Eurotaoismus, Zur Kritik der politischen Kinetik, Frankfurt/M.

Sombart, Werner (1954), Deutsche Volkswirtschaft im 19. Jahrhundert, Stuttgart.
Speer, Albert (1993), Erinnerungen, Frankfurt/M./Berlin.
Stackelberg, K.G. von (1938), 1800 km zwischen Morgen und Abend, in: DDAC-Motorwelt 1938/24, S. 932–933.
Stöcke, Kurt (1936), Mineraltechnisches der Zuschlagstoff des Straßenbetons, in: Dittrich, Rudolf (1936a), S. 21–23.
Stommer, Rainer (Hrsg.) (1982), Reichsautobahn, Pyramiden des Dritten Reichs, Marburg.
Die Strasse, Herausgegeben vom Generalinspektor für das deutsche Straßenwesen, Berlin 1934–1943.
Strowitzki, Bernhard (2002), S-Bahn Berlin.
Szöllösi-Janze, Margit (2002), Losing the war, but gaining ground: The German chemical industry during World War I, in: Lesch, John E., The German Chemical Industry in the Twentieth Century, Dordrecht 2002, S. 90–121.

Tamms, Friedrich (1938), Rastanlage an der Reichsautobahn-Kreuzung bei Hermsdorf in Thüringen, in: Die Strasse 1938/7, S. 214–15.
Terzaghi, Karl (1925), Erdbaumechanik auf bodenphysikalischer Grundlage, Leipzig/Wien.
Terzaghi, Karl/Peck, Ralph B. (1961), Die Bodenmechanik in der Baupraxis, Berlin/Göttingen.
Theweleit, Klaus (2000), Männerphantasien 1+2, München Zürich.
Todt, Fritz (1931), Fehlerquellen beim Bau von Landstraßendecken aus Teer und Asphalt, Halle/Saale.
— (1933), Das Straßenbauprogramm Adolf Hitlers und die deutschen Ingenieure, in: Deutsche Technik 1933/10, S. 53–54.
— (1938a), Abschließende Stellungnahme zu den verschiedenen Erörterungen über die Gefahren einer Versteppung Deutschlands, in: Deutsche Technik 1938/2, S. 72–74.
— (1938b), Benachrichtigung der Verkehrsteilnehmer auf den Reichsautobahnen, in: GI; 2233-65-A. 20. 48 v. 21.4.1938.
— (1938c), Mein Auftrag, in: Die Strasse 1938/15, S. 474–475.

Virilio, Paul (1978), Fahren, Fahren, Fahren..., Berlin.
— (1989), Der negative Horizont, München/Wien.
— (1992a), Bunkerarchäologie, München/Wien.
— (1992b), Rasender Stillstand, München/Wien.
Vitruv (1964), Zehn Bücher über Architektur, Darmstadt.
Vorläufige Anweisungen für die Durchführung der Bauarbeiten an den Reichsautobahnen, Nr. 8, in: Die Strasse 1937/16, S. 479–484.

Wagner, Richard (1981), Die Meistersinger von Nürnberg, hrsg. von Attila Csampai und Dietmar Holland, Reinbek.
Walz, Kurt (1936), Die Eignungsprüfung bei Straßenbeton, in: Dittrich, Rudolf (1936a), S. 26–30.
Wehner, Bruno (1938), Rastanlagen an der Reichsautobahn, in: Die Strasse 1938/6, S. 167–172.
— (1939), Rundfunk und Fernkraftverkehr, in: Die Strasse 1939/4, S. 135.
Weihsmann, Helmut (1998), Bauen unterm Hakenkreuz, Wien.
Windisch-Hojnacki, Claudia (1989), Die Reichsautobahn, Konzeption und Bau der RAB, ihre ästhetischen Aspekte, sowie ihre Illustration in Malerei, Literatur, Fotografie und Plastik. Diss. Bonn.
Wir fliegen mit Hitler (1934), Berlin.
Wunder, Thomas (1984), Das Reichsparteitagsgelände in Nürnberg, Nürnberg.

Zeller, Thomas (2002), Straße, Bahn, Panorama, Frankfurt/M.

Internetquellen

http://209.157.64.200/focus/f-news/976135/postS. download 2.1.05.
http://www.afrceurope.com. download 2.1.05.
http://www.afrceurope.com/inside/index.html. download 18.4.03.
http://www.aral.de. download 3.1.05.
http://www.avenue-hotel.de/200.htm. download 3.1.05.
http://www.defenselink.mil/news/Feb1998/n02191998_9802191.html. download 3.1.05.
http://www.dod.gov/news/Jul2002/n07012002_200207015.html. download 3.1.05.
http://www.dtic.mil/afps/news/9808252.html. download 19.4.03.
http://www.globalsecurity.org/military/library/news/2003/04/mil-030401-army-afrceclosures.htm. download 2.1.05.
http://www.karmabum.com/_disc7/00000189.htm. download 2.1.05.
http://members.tripod.com/~leehanj/recreation.htm. download 3.1.05.
http://www.olemiss.edu/courses/engr313/engr314/hist.htm. download 3.1.05.
http://www.tfhrc.gov/pubrds/julaug98/concrete.htm. download 3.1.05.
http://www.thirdreichruins.com/usarmyposts2.htm. download 3.1.05.
http://www.uspto.gov. download 2.1.05.

Bildnachweise

Abbildung 1: 2000 km durch Deutschland, Kienzle-Tachoscheibe
Albert Liese, Die Ausrüstung der Straße, in: Die Strasse 1934/9, S. 274.
Abbildung 2: Dunlop-Werbung
Die Autobahn 1934, S. 887.
Abbildung 3: Bau der Reichsautobahn
Die Strasse 1938/7, S. 210.
Abbildung 4: Autobahn-Übersichtskarte Stand 1940
Paul Hafen, Das Schrifttum über die deutschen Autobahnen, Bonn 1956, Tafelteil.
Abbildung 5: Strassenbau-Versuche
Albert Liese, Die Ausrüstung der Straße, in: Die Strasse 1934/9, S. 276.
Abbildung 6: Bitumen-Werbung
Die Strasse 1936/3, S. 6.
Abbildung 7: Teer-Werbung
Die Strasse 1938/19, Beilage S. 1.
Abbildung 8: Fritz Todt
Die Strasse 1942/3/4, S. 21.
Abbildung 9: Norddeutscher Cement-Verband GmbH
Die Strasse 1936/6, Beilage S. 30.
Abbildung 10: Moorsprengung Karl Bartel
Die Strasse 1938/15, Beilage S. 27.
Abbildung 11: Moorsprengung Skizze
Leo Casagrande, Das Moorsprengverfahren, in: Die Strasse 1939/1, S. 21.
Abbildung 12: Querschnitt durch einen Frostaufbruch
Die Strasse 1936/4, S. 119.
Abbildung 13: Frostschutzschichten
Leo Casagrande, Bodenmechanik und neuzeitlicher Straßenbau, Bd. 2, Schriftenreihe der »Strasse«, Heft 16, Berlin 1939, S. 59.
Abbildung 14: Westzement GmbH (Fertiger)
Die Strasse 1938/3, Beilage Deckblatt.
Abbildung 15: Fugenvergußapparat
Die Strasse 1936/17, Beilage S. 12.
Abbildung 16: »DADA« Autobahn-Fugenvergußmasse
Die Strasse 1938/11, Erste Sonderbeilage für das Land Österreich, S. 80.
Abbildung 17: Dursitekt-Fugenverguß-Masse
Die Strasse 1938/12, Zweite Sonderbeilage für das Land Österreich, S. 72.
Abbildung 18: Spezial-Fugenvergussmasse EHS
Die Strasse 1936/17, Beilage S. 11.
Abbildung 19: Wieland'sches Verfahren
Karl Schaechterle/Fritz Leonhard, Die konstruktive Gestaltung der Betonfahrbahndecken auf der Reichsautobahn, in: Die Strasse 1936/5, S. 145.
Abbildung 20: Klöckner-Wieland-Hohlfugeneisen
Die Strasse 1938/4, Beilage S. 6.

Abbildung 21: Verdübelung von Raum- bzw. Schwindfugen
Schaechterle/Leonhard, Die konstruktive Gestaltung der Betonfahrbahndecken auf der Reichsautobahn, in: Die Strasse 1936/5, S. 146.

Abbildung 22: Verdübelung einer Querfuge
Rudolf Dittrich, Betonstraßenbau, Belebung und Entwicklung durch den Bau der Reichsautobahn, Schriftenreihe der »Strasse«, Heft 4, Berlin 1936, S. 43

Abbildung 23: Ableuchten von Fahrbahnen
A.a.O., S. 68.

Abbildung 24: Sager & Woerner
Die Strasse 1938/6, Beilage S. 13.

Abbildung 25: Philipp Holzmann AG
Die Strasse 1937/16, Beilage S. 33.

Abbildung 26: Vereinigte Schlesische Granitwerke
Die Strasse 1938/24, Beilage S. 45.

Abbildung 27: Westzement GmbH (Brücke)
Die Strasse 1938/22, Beilage S. 11.

Abbildung 28a: Warum Steinpflaster?
Die Strasse 1936/5, Beilage S.1.

Abbildung 28b: 3 Gründe für Straßendecken aus Beton
Die Strasse 1936/5, Beilage S. 2.

Abbildung 29: Frosthebungen
Die Strasse 1935/16, S. 582.

Abbildung 30: Aug. Klönne Dortmund Sulzbachbrücke
Die Strasse 1938/3, Beilage Deckblattrückseite.

Abbildung 31: Mercedes-Benz
DDAC-Motorwelt 1937/5, S. 1.

Abbildung 32: Irschenberg
Die Strasse 1936/20, S. 661.

Abbildung 33: Schönheit der Autobahn
HAFRABA, Mitteilung des Hafraba e.V. 1932/3.

Abbildung 34: Alwin Seifert
Die Strasse 1940/11/12, S. 230.

Abbildung 35: »Springen in der Linienführung«
Hans Lorenz / Friedrich August Finger, Trassierungsgrundlagen der Reichsautobahnen, Schriftenreihe der »Strasse«, Heft 28, Berlin 1943, S. 30.

Abbildung 36: »Aus- und Eintritt im Wald«
A.a.O., S. 22.

Abbildung 37: Luftbild zwischen Berlin und Stettin
Die Strasse 1934/1, S. 10.

Abbildung 38: Luftbild zwischen Mannheim und Heidelberg
Die Strasse 1934/1, S. 11.

Abbildung 39: Reichsautobahn ohne bzw. mit Übergangsbogen
Lorenz / Finger (1943), S. 46

Abbildung 40: Form und Gleichung der Klothoide
Leopold Oerley, Übergangsbogen bei Straßenkrümmungen, Berlin 1937, S. 15.

Abbildung 41: Walter Ostwald
Das Photo wurde freundlicherweise zur Verfügung gestellt von Dr. Karl Hansel von der Wilhelm-Ostwald-Gesellschaft zu Großbothen e.V.

Abbildung 42: Klothoiden-Abstecktafel
Walter Schürba, Klothoiden-Abstecktafeln, Berlin 1942, S. 76.

Abbildung 43: und 44 Ableitungen von Autobahnabschnitten
Lorenz / Finger (1943), S. 110 bzw. 111.

Abbildung 45: Schneespuren am Waldrand
Hans Gläser, Schneespurmessungen auf der Autobahn, in: Die Strasse 1941/7/8, S. 134.

Abbildung 46: Schneespuren unter einer Brücke.
Lorenz / Finger (1943), S. 148.

Abbildung 47: Schneespurmessungen
A.a.O., S. 151.

Abbildung 48: Achsabsteckfeldbuch Reichsautobahn: Breslau-Wien
Walter Schürba, Entwurf, Berechnung und Absteckung einer Klothoide als Straßenkrümmungsbogen mit Hilfe der Klothoiden-Abstecktafeln, in: Die Strasse 1942/5/6, S. 52.

Abbildung 49: Klotoide 1968
Hugo Kasper / Walter Schürba / Hans Lorenz, Die Klotoide als Trassierungselement, Bonn 1968, S. 2.

Abbildung 50: »Deutschlandring«
Walter Ostwald, Reichsautobahnfahrt im ersten Deutschlandring, in: Die Strasse 1939/1, S. 7.

Abbildung 51: »Linien«-Lösung
(a): W. Blöcker, Kreislösung oder Linienlösung, in: Die Autobahn 1934/5, S. 176, (b) S. 177 und (c) Die Autobahn 1934/7, S. 268.

Abbildung 52: Kleeblatt und Verteilerring
Die Strasse 1936/13, S. 424.

Abbildung 53: State Roads 4 und 25
Maxwell G. Lay, Die Geschichte der Straße, Vom Trampelpfad zur Autobahn, Frankfurt/M./New York 1994, S. 260.

Abbildung 54: Belastungsplan für die Hakenlösung
Max-Erich Feuchtinger, Die verkehrliche Leistungsfähigkeit der Reichsautobahnen, insbesondere der Autobahnknotenpunkte, in: Die Bautechnik, Jg. 17, Heft 32, Berlin 1939, S. 452.

Abbildung 55: Chiemsee Südgiebel
Friedrich August Finger / Waldemar Wucher, Raststätten an der Reichsautobahn, Chiemsee, Magdeburger Börde und Holledau als Beispiele betrieblicher und architektonischer Gestaltung, Schriftenreihe der »Strasse«, Heft 13, Berlin, 1939, S. 25.

Abbildung 56: Rasthauswappen
A.a.O., S. 17.

Abbildung 57: Chiemsee Modell
A.a.O., S. 23.

Abbildung 58: Chiemsee »Führerzimmer«
A.a.O., S. 36.

Abbildung 59: Chiemsee Sitzecke
A.a.O., S. 38.

Abbildung 60: Chiemsee Betonwannen
A.a.O., S. 18.

Abbildung 61: Chiemsee Fundament
A.a.O., S. 20.

Abbildung 62: Chiemsee Lautsprecher
A.a.O., S. 42.

Abbildung 63: Großraum Nürnberg
Rudolf Hoffmann, Die Verkehrsbedienung des Reichsparteitagsgeländes durch Reichsautobahnen und Kraftverkehr, in: Die Strasse 1938/17, S. 548.

Abbildung 64: Reichsparteitagssonderspuren
A.a.O., S. 551.

Abbildung 65: Fahrtzeitdiagramm
A.a.O., S. 550.

Abbildung 66: »Lichtdom«
A.a.O., S. 552.

Abbildung 67: Sendepfeile
Die Autobahn 1934/5, S. 168–169.

Abbildung 68: Siemens Fernmeldekabel
Die Strasse 1936/17, Beilage S. 7.

Abbildung 69: Kabel- und Metallwerke Neumeyer
Die Strasse 1936/17, Beilage S. 17.

Abbildung 70: Kilometrierung
Rudolf Hoffmann, Die Kilometrierung der Reichsautobahnen, in: Die Strasse 1939/15, S. 486.

Abbildung 71: Deutsche Kabelwerke Berlin
Die Strasse 1938/15, S. 34.

Abbildung 72: Telefunken
DDAC-Motorwelt 1938, S. 210.

Abbildung 73: Shell führt durch den Motor Nr. 1
DDAC-Motorwelt 1938, S. 285.

Abbildung 74: Shell führt durch den Motor Nr. 2
DDAC-Motorwelt 1938, S. 299.

Abbildung 75: Shell führt durch den Motor Nr. 3
DDAC-Motorwelt 1938, S. 383.

Abbildung 76: Nürnberg-Langwasser
CENTRUM Industriekultur Nürnberg (Hg.), Kulissen der Gewalt, München 1992, S. 157.

Abbildung 77: 200 Meilen von Nürnberg
A.a.O., S. 155.

Abbildung 78: Bob Dylan Konzert
A.a.O., S. 154.

Abbildung 79: Chiemsee Gaststube 1938
Finger/Wacher (1939), S. 35.

Abbildung 80: Chiemsee Gaststube 1998
http://www.defenselink.mil/news/Feb1998/n02191998_9802191.html. download 3.1.5

Abbildung 81: Autobahnnetz 1998
Falk Straßen-Atlas '98, Hamburg 1998, S. 4–7.

Abbildung 82: Testfahrten Kienzle-Diagramm
Walter Ostwald, Die Wirtschaftlichkeit von Autobahnen, Ergebnisse der Vergleichsfahrten auf Reichsautobahn und Reichsstraße, Schriftenreihe der Strasse, Heft 10, Berlin 1938, S. 21.

Abbildung 83: Testfahrten Schema
A.a.O., S. 15.

Abbildung 84: Katalysator
Eigene Aufnahme.

Abbildung 85: Ende der Autobahn
Eigene Aufnahme.

Register